LES PIRES DÉCISIONS DE L'HISTOIRE 2

ET LES GENS QUI LES ONT PRISES

IAN WHITELAW

LES PIRES DÉCISIONS DE L'HISTOIRE 2

ET LES GENS QUI LES ONT PRISES

terres éditions

Édition originale publiée sous le titre
History's worst decisions and the people who made them

Traduction, adaptation : Emmanuel Denizot, Wiebke Jacob, Marie-Paule Zierski

Dépôt légal : octobre 2013
ISBN : 978-2-35530-157-5

Imprimé à Singapour.

SOMMAIRE

INTRODUCTION

Les gaffes, erreurs, mauvaises décisions, nous en avons tous fait, mais pour la plupart d'entre nous, les conséquences sont légères et n'affectent que nous-mêmes et nos proches. Très peu d'entre nous possèdent un pouvoir tel que nos erreurs puissent concerner des milliers d'autres personnes, ou sont suffisamment connus pour que nos gaffes puissent avoir des répercussions mondiales. C'est pourtant le cas de quelques personnalités. *Les pires décisions de l'histoire : volume II* concerne, pour la plus grande part, des individus puissants et célèbres ainsi que les effets négatifs (recherchés ou accidentels) que leurs décisions et actions ont pu avoir sur le monde et/ou sur eux-mêmes.

Définition négative

Le pour et le contre d'un événement historique dépendent, pour une grande part, du point de vue de l'observateur (la victoire de l'un est la défaite ou la mort de l'autre), et il y a très peu d'événements majeurs qui échappent à cette règle. Il y a hélas de nombreuses situations qui n'auront de toute façon aucun côté positif : ce ne sont que des actes de rapacité, de stupidité, d'égoïsme, ou de sauvagerie qui ne procureront rien à personne, tout en causant d'immenses souffrances à beaucoup. Vous trouverez de nombreux exemples de tout cela dans ce livre. Dans d'autres circonstances, une décision a pu être considérée comme négative parce qu'elle a atteint un but opposé à celui qui était recherché. Par exemple, le pape Léon X a essayé de faire taire Martin Luther pour sauver le monopole de l'Église catholique romaine sur l'Europe occidentale. Antonio López de Santa Anna a attaqué le fort d'Alamo pour préserver la mainmise du Mexique sur le Texas. Le Japon a attaqué Pearl Harbor dans le but de maintenir les États-Unis en dehors de la guerre. En ce qui concerne les dégâts environnementaux, comme l'explosion de Deepwater Horizon, ou encore la catastrophe nucléaire de Fukushima, les mauvaises décisions prises, notamment le manque de précautions, sont liées au problème global des sources énergétiques à risque. La chute ou la situation gênante d'un individu tel que celle du Président Clinton ou d'Antony Weiner, a souvent des effets négatifs à plus petite échelle, bien que le désastre de Napoléon à Waterloo ait coûté la vie à de nombreux soldats, ou que le comportement du président Nixon dans l'affaire du Watergate ait entraîné un dédain absolu pour la démocratie, l'administration et le peuple américain.

Quelle est la motivation ?

Il est parfois difficile d'identifier clairement ce qui pousse les gens à prendre des décisions ou à agir dans un sens qui paraît immanquablement courir au désastre, mais, pour résumer, nous avons identifié quelques-uns des sept pêchers capitaux et des vertus cardinales pour chacun des cas étudiés. La cupidité et l'orgueil y tiennent une grande part et la charité beaucoup moins. Ceci étant dit, si nous avions à choisir un seul mot pour décrire l'origine de la plupart des pires catastrophes décrites dans ce livre, ce mot serait « idéologie ». Cette manière de penser aboutit à convaincre les gens que leur croyance, qu'elle soit religieuse, politique, nationaliste ou ethnique, est non seulement juste, mais tellement juste qu'il est normal de l'imposer aux autres, même si cela doit les tuer.

Qui sont les coupables ?

Si l'importance d'une gaffe était appréciée en fonction du nombre de gens affectés et de l'importance du préjudice, les plus grands gaffeurs seraient ceux qui ont le plus de pouvoir. L'étude des événements décrits dans ce livre, montre cependant que les grosses erreurs nécessitent à grande échelle une coopération, et donc un partage des motivations. Hitler n'aurait pas pu faire autant de mal sans le soutien de millions de personnes. Mao Zedong pouvait compter sur le soutien de la police secrète, de l'armée, des gardes rouges, et même des citoyens ordinaires, pour briser la vie de millions de victimes. Dans des situations telles que le conflit qui suivit la partition de l'Inde ou les génocides rwandais et bosniaque, la violence n'eut même pas besoin de chef. Dans des circonstances moins dramatiques, il est parfois difficile d'attribuer une mauvaise décision à un seul individu. La dérégulation du système financier américain, l'installation de douzaines de plateformes pétrolières en eau profonde dans le golfe du Mexique, ou la décision de placer des réacteurs nucléaires sur une côte sujette aux tsunamis, ne peuvent être attribuées à un unique responsable. Des intérêts de groupe, des corporations, des gouvernements et même des sociétés entières peuvent rendre possible de telles bévues. Pour paraphraser une phrase bien connue, il suffit que les gens raisonnables ne fassent rien pour que de grandes catastrophes se produisent.

MOTIVATION

Colère
Charité
Envie
Foi
Gourmandise
Avidité
Espérance
Luxure
Orgueil
Paresse

LES DÉBUTS DE L’AGRICULTURE ET DE L’ÉLEVAGE

v. 10 000 av. J.-C.

Principaux coupables : nos ancêtres il y a environ 12 000 ans.

Dégâts causés : cela a jeté les bases de tous les maux de la société civilisée.

Raison : cela semblait une bonne idée à l’époque.

Dans un tel état [à savoir en l’absence de civilisation], il n’y a aucune place pour une activité laborieuse, parce que son fruit est incertain ; et par conséquent aucune culture de la terre, aucune navigation, aucun usage de marchandises importées par mer, aucune construction convenable, aucun engin pour déplacer ou soulever des choses telles qu’elles requièrent beaucoup de force ; aucune connaissance de la surface de la terre, aucune mesure du temps ; pas d’arts, pas de lettres, pas de société, et, ce qui est le pire de tout, la crainte permanente, et le danger de mort violente ; et la vie de l’homme est solitaire, indigente, dégoûtante, animale et brève.

Thomas Hobbes, *Léviathan*, 1re partie, *De l’homme*, 1651

Tout au long de ce livre nous allons examiner et expliquer de nombreuses bévues, erreurs et mauvaises décisions ainsi que leurs conséquences à travers les âges sur des individus, des groupes et, parfois, sur des millions de gens. Pratiquement sans exception, les responsables sont des gens de pouvoir, rois et reines, chefs militaires, politiciens, capitaines d'industrie qui cherchent à préserver ou à étendre leur autorité sur des peuples, des terres ou des ressources. Aucune de ces mauvaises décisions n'aurait cependant été possible sans une énorme bévue faite il y a bien longtemps. Chose curieuse, cette gaffe a été longtemps considérée comme l'une des meilleures décisions qu'ait prise l'humanité.

SEMER LES GRAINES DE LA CIVILISATION

Si nous remontons plus de 15000 ans en arrière et observons l'un de nos ancêtres, nous voyons quelqu'un qui se nourrit, lui et sa famille, principalement de la cueillette de plantes, de fruits et de racines, la chasse d'animaux sauvages n'étant qu'occasionnelle. Évidemment, les plantes et les animaux sont sauvages ; il n'y a rien d'autre. Lorsque la famille ou le groupe de familles qui nomadisent ont besoin d'un abri, une structure provisoire est construite puis abandonnée lorsque le groupe se déplace après avoir épuisé les ressources locales de nourriture. La chasse et la cueillette sont les moyens de subsistance utilisés depuis la nuit des temps et ce système fonctionne bien.

Durant les 5000 années suivantes, les moyens de subsistance de l'humanité vont subir des changements progressifs, mais radicaux et fondamentaux. Nous commençons par capturer et diriger quelques-uns des animaux comestibles tels que moutons, chèvres et cochons. Ils sont décharnés et agités, mais il suffit de nourrir les plus gras et les moins récalcitrants pendant des centaines de générations pour qu'ils deviennent plus faciles à gérer et plus dodus. De plus, nous n'avons plus besoin de courir les collines avec une lance chaque fois que nous voulons dîner.

Un principe similaire peut être appliqué aux plantes, et particulièrement aux céréales et aux légumes. Plantez les graines des meilleures et elles deviendront de plus en plus grosses et productives. Le résultat sera encore amélioré si vous creusez la terre, jetez dessus des crottes de chèvre puis des graines et ajoutez un peu d'eau. La domestication des plantes et des animaux, le développement de l'agriculture, semblent être vraiment une bonne idée.

Une succession de conséquences s'enchaîne lorsqu'un mode de vie agricole est adopté. Si vous plantez quelque chose et que vous le faites pousser il paraît logique de rester dans les parages et de surveiller les moissons et, donc, le mode de vie nomade du chasseur-cueilleur devient plus sédentaire. Les abris sont construits pour durer et des établissements fixes se créent. Les chasseurs-cueilleurs toujours en déplacement ne pouvaient avoir (ou garder) un nouvel enfant que lorsque le premier pouvait marcher mais il devint possible d'élever plus d'enfants en restant sur place et la population commença à augmenter plus rapidement. Cela ne posait pas de difficultés car le mode de vie agricole fournissait plus de nourriture. En fait, la production était suffisante pour dégager des surplus ce qui signifiait que l'ensemble de la population n'était pas obligé de travailler. La société pouvait maintenant se stratifier, certaines personnes indiquant aux autres quoi faire, organisant les travaux agricoles et, même, intercédant à l'aide d'offrandes auprès du pouvoir incompréhensible capable de ruiner les récoltes. Certains arrivèrent même à convaincre les autres qu'ils étaient le pouvoir incompréhensible, que les récoltes étaient à eux et ne pouvaient être partagées qu'avec ceux qui obéissaient aux ordres.

AGRICULTURE NÉOLITHIQUE
Les habitants de cette maison en pierre du Néolithique, la ferme de Knap of Howar dans l'archipel des Orcades en Écosse, élevaient des bovins, des ovins et des porcs, et cultivaient du blé et de l'orge, il y a plus de 5 000 ans. Peut-être auraient-ils dû continuer à pêcher.

Quelques établissements devinrent vraiment importants et dégagèrent d'importants surplus mais d'autres groupes qui ne faisaient pas aussi bien ou voulaient juste progresser essayèrent de les voler. Pour se défendre, les gens donnèrent de la nourriture aux plus solides de leurs membres en échange de leur protection mais, bientôt, on se rendit compte qu'une armée pouvait être utilisée pour conquérir d'autres colonies et obliger leurs habitants à cultiver et, d'une manière générale, à obéir. Ce livre décrira un certain nombre d'exemples de ce type de comportement.

C'est vrai, la civilisation présente quelques inconvénients mais, au moins, elle est préférable à la situation du chasseur-cueilleur ; regardez le monde qui vous entoure : il y a maintenant très peu de chasseurs-cueilleurs et ils semblent avoir une vie plutôt rude. Sans aucun doute, nous vivons plus longtemps, avons une meilleure alimentation et beaucoup plus de loisirs. Cela nous a donné la possibilité de développer les arts, la musique et l'architecture, les cités et les sciences et…

Nous devons être plus prudents dans nos comparaisons avec les chasseurs-cueilleurs modernes. Après tout, le reste du monde étant fait de sociétés basées sur l'agriculture et l'urbanisme avec des occupations spécialisées, une classe gouvernante et des armées, les chasseurs-cueilleurs ont depuis longtemps été repoussés loin des terres les plus fertiles. À la lointaine époque où ils régnaient sur la planète trouver de la nourriture était facile. Lorsque les ressources diminuaient, il suffisait de se déplacer vers une région plus accueillante alors que les sociétés établies risquent plus la famine en cas de sécheresse, d'inondation ou d'épidémie dévastant les récoltes. Le régime alimentaire d'un chasseur-cueilleur est beaucoup plus varié et contient un plus grand spectre de nutriments que celui d'un agriculteur qui subsiste avec un petit choix de sucres et d'hydrates de carbone. Les chasseurs-cueilleurs qui vivent en petits groupes mobiles et très dispersés sont beaucoup moins sujets aux maladies infectieuses qui sévissent dans les communautés importantes. De récentes études paléoanthropologiques des dents et des os de populations pré et post-agricoles montrent que les chasseurs-cueilleurs étaient en fait plus grands, en meilleure santé et vivaient plus vieux que les premiers agriculteurs. L'argument du temps libre ne tient pas non plus. Des études faites sur les chasseurs-cueilleurs actuels montrent qu'ils passent moins de vingt heures par semaine à se procurer de quoi vivre, nettement moins que la semaine de travail moyenne du monde civilisé.

LA MALÉDICTION DU SILLON
Cette peinture égyptienne qui date de 3 000 ans montre la terre qu'on laboure. La civilisation de l'Égypte ancienne était fondée sur la production de nourriture dans les plaines inondables fertiles du Nil.

Le philosophe du XVIIe siècle Thomas Hobbes pensait que l'état naturel de l'humanité est la guerre et que seul un « état civilisé » est capable de l'éviter. Il semble évident que les populations pré-agricoles avaient peu d'occasion de se battre et une étude approfondie des deux derniers millénaires montre que les peuples « civilisés » trouvent de nombreuses raisons de faire la guerre. Finalement, domestiquer ces chèvres et planter ces graines n'étaient peut-être pas une si bonne décision…

MOTIVATION

Colère

Charité

Envie

Foi

Gourmandise

Avidité

Espérance

Luxure

Orgueil

Paresse

PHARAON CONTRE MOÏSE : LES DIX PLAIES D'ÉGYPTE

v. 700 av. J.-C.

Principal coupable : le pharaon égyptien

Dégâts causés : la terre d'Égypte et son peuple souffraient de terribles fléaux et de malheurs, et il y eut de nombreux morts.

Raison : le pharaon ne voulait tout simplement pas accepter que le Dieu des Israéliens fût le vrai Dieu, et il ne voulait pas libérer les Israélites de l'esclavage et les laisser partir en Égypte.

L'Éternel dit à Moïse : Va vers Pharaon,
et tu lui diras : Ainsi parle l'Éternel : Laisse aller mon peuple,
afin qu'il me serve.

Exode 8:1, *Bible du roi Jacques*

© Ratmandude | Dreamstime.com

Au cours du premier millénaire av. J.-C., le pharaon égyptien fut amené à choisir la bonne option à plusieurs reprises et, chaque fois, il prit la mauvaise. En conséquence, des souffrances de plus en plus importantes l'accablèrent, lui et son peuple, mais malgré tout, il persista. D'après les écritures, Dieu lui-même l'amena à prendre ces mauvaises décisions. Mais est-ce une excuse suffisante ?

L'histoire débute par une famine qui força Jacob, ses douze fils et leurs familles, à quitter la terre de Canaan (l'État actuel d'Israël, les territoires palestiniens, et une partie de la Jordanie et du Liban). Ils partirent vers l'ouest et l'Égypte, où ils furent accueillis par le pharaon et s'établirent dans la province fertile de Goshen. (Jacob, petit-fils d'Abraham, avait été rebaptisé Israël par un ange, et ses descendants sont appelés les Israélites, chacun de ses fils fondant une des douze tribus d'Israël). En Égypte, leur population augmenta génération après génération et les Égyptiens, craignant qu'ils ne pussent prendre le pouvoir, les réduisirent en esclavage et les traitèrent très durement. Commandés par des contremaîtres, les Israélites étaient contraints de fabriquer les briques servant à construire les villes ou de travailler dans les champs, mais leur nombre continuait à augmenter. Finalement, le pharaon ordonna que tous les bébés mâles israélites fussent jetés dans le fleuve dès leur naissance. Une des femmes ne put supporter de tuer son fils nouveau-né et le cacha dans les roseaux poussant le long des rives. C'est là qu'il fut trouvé par la fille du pharaon qui le nomma Moïse et l'éleva comme son fils. À l'âge adulte, il vit un Égyptien battre un esclave hébreu et, pensant que personne ne le voyait, tua l'Égyptien. Le pharaon l'apprit et Moïse dut s'enfuir pour garder la vie sauve. Il se réfugia au Midian où il se maria et eut des enfants.

LA DÉCOUVERTE DE MOÏSE
La peinture de Sir Lawrence Alma-Tadema représente la fille du pharaon revenant du Nil avec l'enfant qui conduirait un jour le peuple juif hors d'Égypte.

Entre-temps, la condition des Israélites s'était encore aggravée. Dieu, en souvenir de la promesse faite à Abraham de lui donner pour toujours ainsi qu'à ses descendants la terre de Canaan, apparut à Moïse et lui ordonna de retourner voir le pharaon afin de conduire les enfants d'Israël hors d'Égypte. Moïse pensa que les Israélites ne croiraient pas qu'il avait reçu la visite de Dieu et que le pharaon n'accepterait pas de les laisser partir. Dieu lui indiqua que Aaron, fils aîné de Moïse, serait son porte-parole. Il lui montra qu'il pouvait transformer son bâton en serpent, prouvant ainsi qu'il était l'envoyé de Dieu. Il ajouta que le pharaon serait difficile à convaincre car Dieu avait endurci son cœur contre les Israélites. Ceux-ci crurent Aaron et Moïse et demandèrent au pharaon de les laisser partir quelques jours dans le désert afin de sacrifier à leur Dieu. Non seulement le pharaon refusa, mais il augmenta leur charge de travail. Sur l'injonction de Dieu, Moïse et Aaron retournèrent voir le pharaon, jetèrent au sol le bâton qui se transforma en serpent. Les magiciens du pharaon firent de même avec leur bâton, mais le serpent d'Aaron dévora les autres serpents. Malgré cela, le pharaon continua à refuser leur départ.

SUR L'INJONCTION DE DIEU, MOÏSE ET AARON RETOURNÈRENT VOIR LE PHARAON, JETÈRENT AU SOL LE BÂTON QUI SE TRANSFORMA EN SERPENT.

Selon le livre de l'Exode, Dieu lança d'autres malédictions sur les Égyptiens par l'intermédiaire de Moïse et d'Aaron. Pour commencer, Moïse agita son bâton au-dessus des eaux qui, dans toute l'Égypte (fleuve, mares, lacs et même eau des pots et des citernes), se transformèrent en sang. Les poissons des lacs et du fleuve moururent, l'odeur devint pénible et il n'y eut plus d'eau à boire dans tout le royaume. Ceci dura sept jours mais le pharaon ne céda pas.

Moïse l'avertit que, si les Israélites n'étaient pas relâchés, Dieu enverrait une invasion de grenouilles qui se répandraient dans tous les champs, toutes les pièces de chaque maison. Il refusa encore et les grenouilles furent si nombreuses et leur coassement si pénible que le pharaon céda, disant que les Israélites pouvaient partir. Le lendemain matin tout avait disparu mais, comme Dieu l'avait annoncé, le cœur du monarque se durcit et il revint sur sa parole.

Alors vint une nouvelle plaie de poux qui infesta tous les gens et les animaux. Même les magiciens égyptiens durent admettre qu'il fallait y voir la main de Dieu mais le pharaon resta inébranlable. Selon les instructions de Dieu il fut averti par Moïse et Aaron qu'une plaie de mouches allait survenir mais qu'elle n'affecterait pas les Israélites. C'est ce qu'il advint ; des nuages de mouches se répandirent dans toute l'Égypte et même dans le palais royal, mais la province de Goshen fut épargnée. Le pharaon convoqua Moïse et Aaron et leur dit d'emmener leur peuple dans le désert pour y faire leurs sacrifices, mais de demander à Dieu de chasser les mouches. Une fois encore, dès que la plaie cessa, le pharaon revint sur sa parole et interdit le départ des Israélites. Dieu envoya alors une terrible maladie qui infecta tous les animaux appartenant aux Égyptiens (moutons, chevaux, ânes, chameaux, bovins...) mais épargna ceux des enfants d'Israël. Le pharaon ne céda toujours pas.

Selon les instructions de Dieu, Moïse prit une poignée de cendres et la jeta en l'air. Toute la population et les animaux d'Égypte fut affectée de terribles furoncles, si horribles que les magiciens du pharaon ne pouvaient même pas se tenir devant Moïse tellement la douleur était forte. Néanmoins, le pharaon resta inflexible.

AVIS DE TEMPÊTE

Sur ordre de Dieu Moïse prévint le pharaon et son peuple qu'une tornade sans précédent allait s'abattre et que toute personne ou animal resté à découvert serait tué par la chute de grêlons. Ceux des Égyptiens qui avaient compris que ces terribles catastrophes étaient déclenchées par le dieu des Israélites mirent leurs animaux à l'abri et se barricadèrent. Moïse leva les bras au ciel et la mère de toutes les tornades se déchaîna, tuant les animaux, détruisant les cultures, brisant les arbres dans toute l'Égypte à l'exception de la province de Goshen. Cette fois, le pharaon fut réellement effrayé. Il dit à Moïse et Aaron qu'il croyait que leur dieu était le vrai dieu et qu'il les laissait partir. Moïse doutait de la sincérité du pharaon, mais il leva les bras au ciel et la tempête cessa. Bien évidemment, le cœur du pharaon se redurcit une fois de plus, et il revint sur sa parole.

Dieu expliqua à Moïse qu'Il durcissait délibérément le cœur du pharaon afin de montrer tous ces signes qui rappelleraient aux générations futures Sa puissance. Une fois de plus, Moïse et Aaron demandèrent au pharaon de relâcher les enfants d'Israël. Il voulut savoir qui allait partir ; Moïse répondit que tous s'en iraient, hommes, femmes, enfants, ainsi que les troupeaux. Le pharaon n'accepta que le départ des hommes et Dieu envoya une plaie de sauterelles. Le vent souffla de l'est et apporta de tels nuages de sauterelles qu'il n'y eut plus une plante verte dans toute l'Égypte. Le pharaon capitula, disant qu'il avait péché contre Dieu et qu'il laissait partir les Israélites. Dieu envoya alors un vent d'ouest qui chassa les sauterelles vers la mer Rouge. Une fois encore, Dieu durcit le cœur du pharaon et les Israélites ne furent pas autorisés à partir.

Dieu dit à Moïse d'étendre les mains et d'imposer une nuit totale sur la terre d'Égypte. Ce fut le noir absolu pendant trois jours. Finalement le pharaon dit qu'ils pouvaient partir, mais devaient laisser leurs troupeaux derrière eux. C'était inacceptable et Dieu dit à Moïse qu'Il enverrait une dernière plaie sur l'Égypte : il tuerait tous les premiers nés de tout le pays. Pour que les Israélites fussent épargnés, chaque famille devait sacrifier un agneau et badigeonner son sang sur le linteau et la porte de sa maison. Dieu verrait alors le signe et éviterait de tuer le premier né de cette maison. Telle est l'origine de la Pâque ou *Pesach*.

MORT DU PREMIER-NÉ
«Et tous les premiers-nés du pays d'Égypte mourront, depuis le premier-né de Pharaon assis sur son trône, jusqu'au premier-né de la servante qui est derrière la meule…

Moïse avertit le pharaon qui n'en tint pas compte. À minuit, le premier né de chaque maison égyptienne fut tué, depuis celle du monarque jusqu'à celle du plus humble serviteur. C'est alors que le pharaon libéra de l'esclavage les enfants d'Israël et les laissa partir. Les Égyptiens leur donnèrent en cadeau de départ de l'or, de l'argent, des bijoux et des vêtements.

Les mauvaises décisions du pharaon avaient mis à genoux le royaume dont les troupeaux, les arbres, les réserves, l'eau et même les premiers nés de chaque famille avaient été détruits. On aurait pu croire qu'il avait enfin compris l'intérêt de laisser partir les Israélites mais il avait encore une mauvaise décision de plus à prendre. Il ne pouvait se résoudre à les laisser partir et décida de les poursuivre avec son armée. Il les rattrapa sur les rives de la mer Rouge. Sur les instructions de Dieu, Moïse leva son bâton au-dessus des eaux qui se séparèrent. Les Israélites purent traverser à pied sec entre deux murs d'eau. L'armée égyptienne les suivit, mais Moïse leva de nouveau la main et les eaux se refermèrent, noyant tous les Égyptiens.

LA PERSE ENVAHIT LA GRÈCE

490 - 449 av. J.-C.

MOTIVATION

- **Colère**
- Charité
- **Envie**
- Foi
- Gourmandise
- **Avidité**
- Espérance
- Luxure
- **Orgueil**
- Paresse

Principaux coupables : l'empereur perse Darius Ier et son fils Xerxès

Dégâts causés : des dizaines de milliers de soldats perses sont morts et la flotte perse a été détruite.

Raison : quoi de mieux qu'un grand empire, sinon un empire immense ?

L'invasion des Sardes avait déjà fort irrité Darius, fils d'Hystaspes, contre les Athéniens ; mais la nouvelle de la bataille de Marathon l'aigrit encore davantage, et il n'en fut que plus animé à porter la guerre en Grèce. Incontinent, il envoya ordre à toutes les villes de ses États de lever un plus grand nombre de troupes et de fournir une plus grande quantité de chevaux, de vivres, et de vaisseaux de guerre et de transport, qu'elles n'en avaient donné pour la première expédition.

Histoire **d'Hérodote, livre VII,** ***Polymnie*****, 440 AV. J.-C.**

La première invasion de la Grèce eut lieu en -492 mais ses origines remontent à la révolte ionienne qui avait éclaté dix ans auparavant. À cette époque, l'Empire Perse était immense, s'étendant de l'Inde à l'est jusqu'au Bosphore et à l'Égypte à l'ouest. Il comprenait l'Ionie située au sud-ouest de la Turquie actuelle. Les Grecs y avaient établi plusieurs cités-États qui étaient tombées sous le contrôle des Perses. En -499 ces cités se rebellèrent contre la dureté des règles imposées par les Perses et reçurent l'aide d'Athènes et d'Érétrie (située sur l'Île d'Eubée proche du continent grec). Dès -493 les forces de l'Empereur Perse Darius 1er avaient réprimé la révolte ionienne et repris le contrôle de la situation mais cette mésaventure poussa le monarque à étendre sa domination sur les îles de la partie est de la mer Égée et à jeter son dévolu sur la Grèce continentale afin de punir Athènes et Érétrie d'avoir aidé les Ioniens.

SUPÉRIORITÉ NUMÉRIQUE

Prendre le contrôle de la Grèce continentale semblait un objectif facile pour le plus grand empire qui ait jamais existé (l'armée et la flotte perse étaient nettement plus importantes que celles des Grecs) et, sous le commandement de Mardonios, les Perses occupèrent la Thrace et la Macédoine. La flotte fut prise dans une forte tempête qui coûta la vie à environ 20 000 soldats.

Mardonios fut remplacé par les généraux Datis et Artaphernes. Ils envoyèrent en -490 par la mer Égée un corps expéditionnaire qui prit plusieurs îles avant de débarquer sur celle d'Eubée. La cité d'Érétrie fut pillée et brûlée.

Une courte traversée permettait d'atteindre la Grèce continentale et les Perses choisirent de débarquer dans une baie proche de la ville de Marathon à 40 km au nord-est d'Athènes. Au moins 25 000 soldats et 1 000 cavaliers débarquèrent alors que beaucoup plus restaient à bord. Athènes rassembla des troupes provenant des dix tribus athéniennes ainsi que des soldats de la cité de Platée. L'armée, composée d'environ 10 000 hoplites (infanterie lourde équipée d'épées, lances et armures) fit mouvement vers la plaine de Marathon, empêchant les Perses d'avancer dans l'intérieur des terres. Les deux armées se firent face pendant plusieurs jours ; durant cette période le plus rapide coureur grec du nom de Pheidippides fut envoyé à Sparte, pour obtenir une aide militaire de protection de la ville d'Athènes laissée sans défense.

Les Spartiates répondirent qu'ils ne pouvaient intervenir avant au moins dix jours car ils célébraient des festivités pendant lesquelles la paix était sacrée.

Au cinquième jour, bien qu'inférieure en nombre, l'armée grecque attaqua les forces perses parce qu'elle avait appris que la cavalerie ennemie avait rembarqué afin d'aller attaquer directement Athènes ou, peut-être, parce qu'il y avait eu des signes d'attaque imminente de la part des Perses. La bataille de Marathon aurait dû être une formalité pour les Perses qui étaient deux fois plus nombreux que les Athéniens mais l'armée grecque surprit les Perses en se regroupant en phalanges (formations rectangulaires d'hommes se déplaçant en bloc) sur une ligne de bataille aussi étendue que celle de ses ennemis. Bouclier en avant, les Grecs se ruèrent à l'assaut, pénétrant énergiquement dans les lignes ennemies. Les Grecs aux lourdes cuirasses submergèrent les flans perses puis se rabattirent sur le centre, infligeant de terribles pertes à coups de lance et d'épée. Les Perses furent contraints de rembarquer et contournèrent la presqu'île vers le sud afin d'attaquer Athènes directement par la mer mais l'armée grecque arriva la première et empêcha le débarquement. Les Perses abandonnèrent alors et naviguèrent vers leur pays.

BATAILLE DE MARATHON
La défaite des Perses par l'armée athénienne plus petite a marqué un tournant dans l'histoire grecque.

La victoire athénienne a été considérée comme un tournant de l'histoire européenne et le commencement de la période classique grecque. Jusqu'à cette date l'invasion perse paraissait plus ou moins inévitable mais, par la suite, les Grecs et les Perses virent que, grâce à la coopération des tribus, la résistance était possible. Bien que la guerre fût leur mode de vie normal, les Spartiates eux-mêmes furent impressionnés quand ils arrivèrent quelques jours plus tard et découvrirent le champ de bataille de Marathon. L'histoire a retenu que plus de 6 000 Perses furent tués alors que les Grecs n'avaient perdu que moins de 200 hommes.

D'une manière prévisible, Darius 1er n'était pas décidé à en rester là. Il commença à planifier une nouvelle campagne contre les Grecs et leva une gigantesque armée mais sa mort intervint en -486. Son fils Xerxès reprit le projet et la seconde attaque perse de la Grèce eut lieu en

-480. Les effectifs des forces d'invasion varient selon les versions mais 250 000 soldats, 1 200 trirèmes (bateaux de guerre de plus de 30 m avec 3 rangs de rameurs) et 3 000 bateaux de transport semblent des chiffres plausibles. Cette fois-ci, les Perses ne voulaient prendre aucun risque.

PRÉPARATIFS DE GUERRE

Les deux cités d'Athènes et de Sparte s'étaient préparées à l'inévitable retour des Perses. Elles avaient construit leur propre flotte de trirèmes mais ne pouvaient lutter en termes d'effectifs. Afin de combattre cet ennemi si puissant elles tissèrent des alliances avec les autres cités-États et formèrent une coalition du même genre que celles qu'elles avaient bâties l'une contre l'autre dans des guerres précédentes.

À l'été -480 les Perses traversèrent l'Hellespont et marchèrent vers le sud en territoire grec. Les Grecs envoyèrent une force de 7 000 hommes sous les ordres du roi de Sparte Léonidas pour bloquer le défilé des Thermopyles, entre les montagnes et la mer. Les Spartiates résistèrent plusieurs jours. Les Perses découvrirent alors un sentier de montagne permettant de contourner les Grecs. Léonidas connaissait le sentier et y avait posté des éclaireurs. Il fut informé du mouvement tournant et décida de renvoyer ses troupes à l'exception de 1 500 hommes avec lesquels il combattit jusqu'à la mort. Le sacrifice de cette arrière-garde permit de gagner du temps et rendit fameuse la légendaire bravoure spartiate. Les Perses poursuivirent leur avance mais ils la payèrent de la mort d'environ 20 000 hommes aux Thermopyles. Les Thermopyles devinrent le symbole d'hommes libres choisissant de défendre leur pays contre ce qui était, en effet, une armée d'esclaves.

LE BAROUD D'HONNEUR DE LÉONIDAS
La bravoure de Léonidas et ses hommes aux Thermopyles, qui ont retardé l'avance des Perses au prix de leurs vies, est entrée dans l'histoire.

Les Grecs, durant cette bataille, avaient également utilisé leurs forces navales pour empêcher les Perses de passer par la mer. Les deux flottes avaient subi de fortes pertes et les Grecs se replièrent vers l'île de Salamine, à l'ouest d'Athènes, lorsqu'ils apprirent la chute des Thermopyles. À l'approche des Perses, les citoyens athéniens furent évacués sur l'île et la ville fut rapidement prise et brûlée. Les Perses contrôlaient maintenant la Grèce continentale mais les Grecs résistaient encore, leur flotte croisant au large des côtes dans l'espoir d'attaquer les vaisseaux ennemis. Finalement, les Perses attaquèrent mais l'importance de leur flotte s'avéra être un désavantage, leurs grandes trirèmes manœuvrant difficilement dans les détroits séparant l'île de la côte. Les Grecs gagnèrent une victoire décisive qui mit fin à la supériorité navale perse.

FINALEMENT, LES PERSES ATTAQUÈRENT MAIS L'IMPORTANCE DE LEUR FLOTTE S'AVÉRA ÊTRE UN DÉSAVANTAGE, LEURS GRANDES TRIRÈMES MANŒUVRANT DIFFICILEMENT DANS LES DÉTROITS SÉPARANT L'ÎLE DE LA CÔTE.

L'année suivante, le général perse Mardonios fit des offres de paix aux Athéniens, espérant briser la coalition des cités-États qui montrait quelques signes d'instabilité. Athènes refusa et demanda de l'aide à Sparte afin de lancer une attaque vers le nord. En fait, les Spartiates étaient déjà en route pour combattre et, à cette nouvelle, Mardonios et ses troupes firent retraite. Les forces grecques et perses se combattirent près de Platée et, bien qu'une fois encore en infériorité numérique, les hoplites obtinrent une victoire remarquable et, cette fois, définitive. En mer, peut-être galvanisés par la nouvelle de la défaite perse, les navires des Athéniens et ceux de leurs alliés attaquèrent conjointement la flotte perse qui avait été tirée sur le rivage de l'île de Samos et était gardée par 60 000 soldats. Les Grecs débarquèrent des troupes, battirent les forces perses bien plus nombreuses et brûlèrent la flotte sur les rivages. Ceci mit fin à la seconde et dernière invasion perse de la Grèce.

Dans les années suivantes, une coalition encore plus importante des cités grecques placée sous la direction d'Athènes repoussa les Perses vers le nord-est. En -449, ils avaient été expulsés de Macédoine, de Thrace ainsi que des îles ioniennes et égéennes. Bientôt, ce serait au tour de la civilisation grecque d'envahir l'Empire Perse.

MOTIVATION

Colère

Charité

Envie

Foi

Gourmandise

Avidité

Espérance

Luxure

Orgueil

Paresse

ALEXANDRE LE GRAND VA TROP LOIN

334 - 323 av. J.-C.

Principal coupable : Alexandre le Grand

Dégâts causés : il a poussé son armée à la mutinerie, et plusieurs milliers de soldats ont péri sur le chemin du retour.

Raison : quoi de mieux qu'un empire immense, sinon qu'un empire mondial ?

Alexandre naquit le 6 du mois d'Hécatombéon, que les Macédoniens appellent Loüs, le même jour que le temple de Diane fut brûlé à Éphèse. Hégésias de Magnésie fait sur cet événement une réflexion si froide, qu'elle aurait pu éteindre cet incendie : « Il ne faut pas s'étonner, dit-il, que ce temple ait été brûlé, Diane étant occupée ce jour-là auprès d'Olympias, pour la naissance d'Alexandre. » Tous les mages qui se trouvaient alors à Éphèse, persuadés que l'embrasement du temple était le présage d'un plus grand malheur, couraient dans les rues en se frappant le visage, en criant que ce jour avait enfanté pour l'Asie le fléau le plus redoutable.

Plutarque, *Vie d'Alexandre*, 75 apr. J.-C.

Athènes avait pris la tête du monde grec à la fin des guerres médiques. Au cours des cent années qui suivirent, le pouvoir changea plusieurs fois de main, passant d'Athènes à Sparte puis à Thèbes pour finalement aboutir au nord, en Macédoine. Le roi macédonien Philippe II était monté sur le trône en - 359 à l'âge de 21 ans. Il avait rapidement unifié la Macédoine, récupérant des territoires autrefois abandonnés à des tribus voisines grâce à une organisation militaire nouvelle et particulièrement efficace. Ayant observé durant son adolescence l'armée grecque en action, il avait apporté deux innovations : afin d'améliorer le concept grec de la phalange, il avait armé les soldats de « sarisses ». Grâce à ces lances particulièrement longues (6 mètres) les ennemis se faisaient empaler bien longtemps avant de pouvoir être dangereux. Il avait, d'autre part, réorganisé l'armée en un corps de professionnels bien payés, s'entraînant à plein temps et toujours disponibles.

© Andrew Dunn | Creative Commons

ALEXANDRE LE GRAND
Jeune homme, Alexandre fait preuve de talents remarquables et de courage. Tout au long de sa vie, il nourrira l'ambition de gouverner le monde.

Durant les vingt années suivantes, par une combinaison de pressions diplomatiques et d'actions militaires, Philippe II dirigea l'expansion macédonienne vers l'est et l'ouest puis finalement vers le sud, c'est-à-dire la Grèce. Le couronnement de ces succès fut la victoire de Chéronée (- 338) qui eut pour conséquence la fin de l'indépendance de la Grèce. Après cette bataille, des milliers de Grecs s'enfuirent vers les côtes ioniennes, préférant se placer sous la domination des Perses plutôt que de celle des Macédoniens.

Philippe entreprit ensuite des préparatifs d'invasion de l'empire perse. Au printemps - 336 il envoya une avant-garde d'environ 10 000 Macédoniens en Asie Mineure mais fut assassiné au mariage de sa fille avant de pouvoir les rejoindre.

Son fils Alexandre III hérita de la situation suivante : un empire étendu et composite, une armée importante et hautement efficace ainsi que des préparatifs déjà en place pour un projet ambitieux : envahir le plus grand empire du monde connu. Alexandre « le Grand » prouva rapidement qu'il était largement capable d'atteindre cet objectif. Il avait été particulièrement bien préparé. Durant son enfance, il avait vu son père voler de victoire en victoire. Dès son adolescence il avait eu comme précepteur le grand Aristote qui lui avait donné de bonnes connaissances en littérature, rhétorique, sciences et philosophie. À l'âge de 16 ans, il était considéré par son père comme suffisamment compétent pour se voir confier la direction de la Macédoine durant l'invasion de la Thrace. Pendant l'absence du roi, le jeune Alexandre leva et dirigea une armée afin de mâter une rébellion qui menaçait la frontière. Deux ans plus tard, il participa à la bataille de Chéronée, où il fit preuve d'une bravoure et d'un sens tactique remarquables.

SÉRIE IMPITOYABLE

Alexandre dut suspendre pendant deux ans l'invasion de l'empire perse car l'annonce de la mort de Philippe avait déclenché des révoltes en divers points du territoire. Déplaçant à toute vitesse son armée dans toutes les directions, il réprima ces insurrections rapidement et sans pitié. Ainsi, dans le tourbillon de la révolte de la cité grecque de Thèbes, 6 000 hommes, femmes et enfants furent massacrés et 30 000 autres vendus comme esclaves. La cité fut ensuite pillée et rasée.

Au printemps de - 334 une force de plus de 10 000 soldats fut laissée aux ordres d'Antipater (l'un des deux principaux généraux de son père) avec pour mission le contrôle des territoires soumis à la Macédoine.

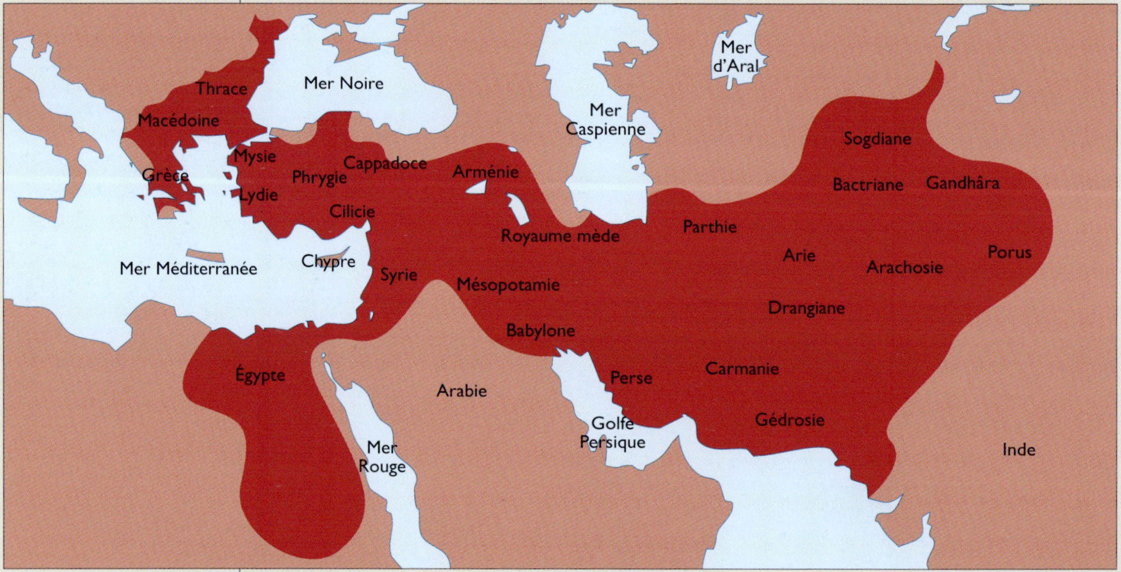

EMPIRE
À son apogée, l'empire macédonien d'Alexandre le Grand s'étend de la péninsule des Balkans, à travers la Mésopotamie, jusqu'au sous-continent indien.

Alexandre pénétra en Asie par l'Hellespont avec environ 50 000 hommes dont au moins 1/6e était grec. Le deuxième grand général, Parménion, était commandant en second. Le fait que des Grecs occupent beaucoup de postes importants, que le grec soit la langue commune utilisée tout au long de la campagne, et que l'armée apporte avec elle une influence « hellénisante » au nouvel empire en devenir, a abouti à ce que cette armée soit qualifiée de grecque bien qu'en de nombreuses circonstances elle fût confrontée à des Grecs combattant pour les Perses.

Dans la première des nombreuses batailles victorieuses, l'armée d'Alexandre (qui resta invaincue tout au long des dix années de campagne) se heurta aux Perses au Granique. Elle reçut la reddition du gouverneur perse de ce qui est maintenant le nord-ouest de la Turquie puis poursuivit sa marche, longeant la côte est de la Méditerranée. La rencontre avec les forces de Darius III eut lieu à la bataille d'Issos (près de la cité turque moderne d'Iskenderum, anciennement Alexandrie d'Issos). Se battant à un contre deux et bien qu'attaquée par surprise, l'armée d'Alexandre prit le dessus sur les Perses. Le roi Darius s'enfuit, abandonnant son armée (massacrée) et sa famille (épargnée par Alexandre). Cette action décisive, première défaite de leur armée commandée par leur roi, fut un choc pour les Perses. Darius fit une offre de paix, proposant une partie du territoire perse ainsi qu'une importante somme d'argent pour la rançon de sa mère, sa femme et ses enfants. Alexandre refusa, disant qu'il voulait la totalité de l'Empire perse et n'acceptait pas de se faire dicter les termes de la capitulation.

SE BATTANT À UN CONTRE DEUX ET BIEN QU'ATTAQUÉE PAR SURPRISE, L'ARMÉE D'ALEXANDRE PRIT LE DESSUS SUR LES PERSES. LE ROI DARIUS S'ENFUIT, ABANDONNANT SON ARMÉE (MASSACRÉE) ET SA FAMILLE (ÉPARGNÉE PAR ALEXANDRE).

Durant les neuf années suivantes, il garda cette ligne. Se dirigeant au sud par la Syrie, il prit ville après ville. Lorsque Tyr résista, il en fit le siège jusqu'à sa reddition. Les hommes furent massacrés, les femmes et les enfants vendus comme esclaves. En - 332 Alexandre atteignit l'Égypte où il fut accueilli en libérateur et acclamé en tant que fils d'Amon Rê, dieu du soleil et équivalent du dieu grec Zeus. À partir de cette date, Alexandre semble avoir été convaincu de son origine divine, illusion qui allait ultérieurement altérer ses relations avec l'armée.

Ayant conquis l'Égypte (où il fonda la ville d'Alexandrie), Alexandre contrôlait maintenant l'ensemble des cités et des ports de la Méditerranée orientale. Ce verrouillage des côtes rendait impossible toute campagne des Perses ou de leurs sujets Grecs vers la Grèce continentale occupée par les Macédoniens.

Ayant ainsi assuré ses arrières, Alexandre se dirigea vers la Mésopotamie où il vainquit de nouveau Darius à la bataille de Gaugamèle. De

ALEXANDRE VA EN PERSE

nouveau, Darius s'enfuit. Alexandre prit alors Babylone puis Suse et, enfin Persépolis, capitale cérémoniale des Perses. Darius fut capturé par l'un de ses gouverneurs provinciaux, Bessus, qui le tua et se proclama son successeur. Alexandre poursuivit Bessus à travers l'Afghanistan et le Tadjikistan où l'usurpateur fut finalement exécuté. L'empire perse était maintenant entièrement aux mains d'Alexandre. Il prit le titre de Roi des Rois, commença à s'habiller à la mode perse et à adopter des coutumes perses à sa cour. C'est ainsi qu'il ordonna à ses sujets de se prosterner devant lui à la manière des Perses. Pour les Grecs et les Macédoniens un tel signe d'obéissance était seulement dû aux dieux et ils refusèrent. Alexandre fut forcé de reculer mais ses actes qui laissaient entendre qu'il croyait vraiment être un dieu lui attirèrent une forte animosité. Celle-ci s'intensifia quand il eut vent d'un complot et découvrit que le fils de son général Parménion en avait été informé et ne l'avait pas prévenu. Il fit non seulement exécuter le jeune officier mais aussi son père, fidèle allié et brillant commandant durant toutes les campagnes. Alexandre provoqua une nouvelle forte réprobation lorsque, au cours d'un banquet, dans une bouffée de colère alcoolique, il tua d'un jet de javelot un jeune officier qui lui avait sauvé la vie au Granique, mais qui, désormais, le critiquait.

Au cours de nouvelles campagnes dans ce qui est maintenant l'Afghanistan et le Pakistan, de brutales et sanglantes batailles lui permirent de prendre le contrôle de ces régions et d'atteindre l'Indus. Il avait maintenant conquis l'ensemble de l'empire perse et régnait sur plus de 5 millions de km^2 en Europe et en Asie mais tout cela n'était pas suffisant. Le fils de Zeus voulait encore agrandir son empire et accomplir son but : devenir le Roi du monde. Il fit alors traverser l'Indus à ses soldats qui atteignirent l'Hydaspe. À l'été -326 ils traversèrent la rivière et vainquirent les forces du roi Porus. Poursuivant vers l'est ils arrivèrent à la rivière Hyphase (actuellement Beas), affluent de l'Indus. Ce fut alors que l'armée se mutina. Cela faisait 8 ans que les soldats avaient quitté leur maison ; ils avaient entendu des rumeurs sur les ennemis auxquels ils risquaient de se heurter s'ils allaient plus loin et ils étaient démotivés.

Malgré lui, Alexandre dut céder. L'armée construisit une immense flotte et descendit la rivière jusqu'au confluent avec l'Indus. Une halte eut lieu à 320 km de l'océan Indien et Alexandre renvoya une partie de l'armée vers le nord-ouest par les routes terrestres.

150 km plus loin, il débarqua avec 80 000 soldats pendant que les 2 000 restants continuaient leur voyage en naviguant sur la rivière puis sur mer. Son plan était de marcher vers l'ouest en traversant le désert côtier de la Gédrosie au sud-ouest du Pakistan actuel. On se trouvait alors en août, la période la plus chaude. Il y avait très peu d'eau sur ce trajet, des femmes et des enfants en nombre accompagnaient l'armée, les moyens de transport étaient réduits et inadaptés au terrain rocheux, rude et stérile. Le plan était en fait mauvais. L'armée atteignit Suse au printemps suivant mais des milliers d'hommes, femmes et enfants étaient morts dans le désert de sable, sans parler des chevaux ou des ânes. Ironiquement, un grand nombre de femmes et d'enfants moururent noyés lorsque leur camp situé près d'un oued fut submergé par une inondation provenant de lointaines montagnes.

À Suse, Alexandre organisa de grandes fêtes avant de continuer sa route vers Babylone où il commença à planifier une invasion de la Péninsule Arabique. Cette invasion n'eut jamais lieu car, pendant la deuxième semaine de juin -323, Alexandre mourut d'une forte fièvre. Les causes de sa maladie sont inconnues mais il commença à se sentir mal après avoir bu du vin deux semaines auparavant. Il y eu suspicion d'empoisonnement, peut-être à l'instigation du général Antipater qui avait été convoqué à Babylone et qui pouvait craindre de subir le même sort que son compagnon, Parménion.

Après sa mort, les généraux d'Alexandre se partagèrent son empire mais la diffusion de la langue, des connaissances et de la culture grecque à travers le Proche-Orient et le monde occidental continua. La mort d'Alexandre marque l'aube de « la période Hellénistique » qui perdurera jusqu'à ce que l'Empire Romain prenne son essor et lui succède.

LA BATAILLE DE L'HYDASPE
L'armée d'Alexandre défait les forces du roi Porus à l'Hydaspe, malgré les éléphants de guerre des Indiens, mais ses hommes refusent d'aller plus loin et de combattre des armées. toujours plus grosses.

MOTIVATION

Colère

Charité

Envie

Foi

Gourmandise

Avidité

Espérance

Luxure

Orgueil

Paresse

LES COÛTEUSES VICTOIRES DE PYRRHUS, ROI D'ÉPIRE

280 et 279 av. J.-C.

Principal coupable: Pyrrhus d'Épire

Dégâts causés: il a atteint ses objectifs et a battu les Romains, mais a perdu de nombreux soldats, commandants et amis.

Raison: les Romains pouvaient recruter des renforts, mais il était trop loin de chez lui pour le faire.

À la fin, les éléphants rompirent les Romains, dont les chevaux, même de loin, se cabraient à la vue de ces animaux, et emportaient leurs cavaliers. Pyrrhus, profitant du désordre, fit donner la cavalerie thessalienne, mit les ennemis en déroute, et leur tua beaucoup de monde. Denys rapporte que les Romains ne perdirent guère moins de quinze mille hommes ; Hiéronyme dit seulement sept mille : suivant Denys, Pyrrhus perdit treize mille hommes ; et, suivant Hiéronyme, moins de quatre mille. Mais c'étaient les plus braves de ses amis et de ses généraux, ceux qu'il aimait le plus à employer, et en qui il se fiait le plus.

Plutarque, *Vie de Pyrrhus*, 75 apr. J.-C.

Pyrrhus, qui vivait en Grèce au IVe siècle av. J.-C., était incontestablement un grand chef militaire. Hannibal, loin d'être un empoté en matière de tactique de guerre, le classait juste derrière Alexandre le Grand. Il est donc dommage que son nom ne soit passé à la postérité que dans l'expression « victoire à la Pyrrhus » qui signifie une victoire remportée à un coût bien trop élevé.

© De Agostini | Getty Images

BRAVE ET IMPÉTUEUX
De son vivant, Pyrrhus est salué comme un grand chef militaire, mais il est ambitieux et toujours à la recherche de nouveaux défis.

Né en 319 av. J.-C., Pyrrhus était le fils d'Éacide qui régnait sur la région d'Épire, située sur la côte nord-ouest de la péninsule grecque. Alors qu'il n'avait encore que 2 ans, son père fut renversé et c'est Glaucias, roi d'Illyrie, qui le recueillit et l'éleva parmi les siens. Glaucias refusa de livrer Pyrrhus à Cassandre, le fils d'Antipatros (général d'Alexandre le Grand) malgré la considérable somme d'argent que ce dernier lui offrait. Lorsque Pyrrhus eut 12 ans, Glaucias l'envoya à Épire avec une armée pour reprendre le trône. Toutefois, alors qu'il avait 17 ans, Pyrrhus quitta Épire pour assister au mariage d'un des fils de Glaucias ; un coup d'état pendant son absence lui fit tout perdre.

Depuis la mort d'Alexandre le Grand ses généraux et ses amis, connus sous le nom collectif de Diadoques, rivalisaient entre eux pour contrôler certaines parties de son empire. Une des sœurs de Pyrrhus était mariée à Démétrios, fils d'Antigonos, un des Diadoques. En 301 av. J.-C., Pyrrhus combattit aux côtés de son beau-frère à la bataille d'Ipsos, dans ce qui est aujourd'hui la Turquie, contre une coalition dont faisait partie Cassandre. Pyrrhus se fit remarquer pour sa bravoure et son talent de guerrier mais Antigonos fut tué, l'armée fut battue et Démétrios se réfugia en Grèce. Pyrrhus fut alors envoyé en Égypte pour tenter de négocier un accord entre Démétrios et le roi Ptolémée d'Égypte.

Manifestement Pyrrhus fit sensation à la cour d'Égypte car on lui offrit la main d'Antigone, belle-fille de Ptolémée. Avec l'aide de cette dernière il rassembla suffisamment d'argent pour lever une armée et, en 297 av. J.-C., il retourna à Épire où il négocia un accord de partage du pouvoir avec l'impopulaire Néoptolème, neveu d'Alexandre le Grand. Lorsque Pyrrhus eut vent d'un complot pour l'empoisonner, il tua Néoptolème et resta seul à gouverner Épire.

Quand son ex-beau-frère Démétrios (la sœur de Pyrrhus était décédée), maintenant roi de Macédoine, envahit Épire en 291, Pyrrhus battit une de ses armées puis envahit la Macédoine dont les soldats, lassés de la décadence et de l'attitude tyrannique de Démétrios, firent défection ; il réussit quasiment à prendre le contrôle de l'ensemble du royaume avant de retourner à Épire. Profitant de sa propre réputation et de l'hostilité des soldats macédoniens vis-à-vis de Démétrios, Pyrrhus revint ensuite en Macédoine en libérateur et prit le contrôle du royaume sans même dégainer son épée. Il régna de 286 à 283 av. J.-C. date à laquelle il fut évincé et redevint simplement roi d'Épire.

Ses tribulations le conduisirent ensuite en Italie où Tarente, une des nombreuses colonies grecques dans le pays, était menacée par Rome. En 280 av. J.-C., sur demande des Tarentins, Pyrrhus traversa la mer Adriatique avec une armée de quelque 25 000 soldats, cavaliers, archers et frondeurs ainsi que 20 éléphants. En dépit d'une tempête qui dispersa la flotte le long de la côte italienne, l'armée parvint à se regrouper à Tarente, dont Pyrrhus s'employa à convertir les habitants, contre leur gré, en soldats. Plusieurs autres villes grecques proposèrent également d'envoyer des renforts.

EN ROUTE VERS LA RUINE

Lorsque Pyrrhus apprit qu'une importante armée romaine était en route il décida de ne pas attendre les renforts mais de marcher sur les Romains avant qu'ils n'approchent la ville. Les deux armées se rencontrèrent dans la plaine d'Héraclée et, lorsque Pyrrhus eut constaté la taille et le niveau d'organisation du camp romain, il songea à attendre finalement les renforts, mais il était trop tard. Les Romains n'avaient nullement l'intention d'attendre. La bataille fut longue et, après avoir tué plusieurs guerriers romains renommés, Pyrrhus réalisa que tôt ou tard son armure et son casque facilement reconnaissables (son casque était orné de cornes de chèvres) le feraient remarquer d'adversaires désireux de le tuer ; il les échangea alors avec ceux d'un ami. Cette décision eut deux funestes conséquences. Non seulement son ami fut rapidement tué (qui voudrait d'un ami comme Pyrrhus ?) mais lorsque le vainqueur romain arbora comme un trophée le casque distinctif, les soldats grecs et tarentins pensèrent que leur chef était mort et commencèrent à perdre espoir. Pyrrhus dut traverser le champ de bataille tête nue sur son cheval pour leur prouver qu'il était toujours en vie et les rassembler.

Les deux armées étaient de forces équivalentes mais les hommes de Pyrrhus réussirent une percée avec les éléphants qui terrifièrent les chevaux de la cavalerie romaine ; il réussit ainsi à prendre le camp romain et à marcher sur Rome. Sachant que son armée était trop peu nombreuse pour prendre Rome, Pyrrhus proposa un traité de paix que les Romains acceptèrent à condition que Pyrrhus et ses hommes quittent l'Italie. Pyrrhus refusa et l'année suivante les deux armées – celle de Pyrrhus épaulée par les soldats d'autres colonies grecques en Italie – s'affrontèrent de nouveau, cette fois à Asculum. Ce fut de nouveau une longue bataille où tour à tour chacun avançait puis reculait. Et cette fois encore les éléphants l'emportèrent et les Romains furent battus. Pourtant, lorsqu'on le félicita de sa victoire, Pyrrhus eut une réponse désabusée. Dans les deux batailles les Romains avaient perdu davantage d'hommes que les Grecs (environ 13 000 Romains contre 7 000 Grecs) mais Pyrrhus était réaliste. L'armée qu'il avait amenée d'Épire était largement décimée, il avait perdu la plupart de ses loyaux commandants et amis, il ne pouvait plus compter sur ses alliés grecs en Italie pour lui prêter main-forte et il n'avait aucun moyen de reconstituer ses troupes. Rome, en revanche, pouvait puiser dans d'importants contingents de milices bien formées pour compenser ses pertes. Oui, il avait gagné les deux batailles mais le coût en avait été trop élevé. « Encore une victoire contre les Romains et nous serons perdus », dit-il.

REJET DE L'OFFRE DE PAIX
Ce tableau de Cesare Maccari montre Appius Claudius convaincre le Sénat romain de ne pas accepter l'offre de paix de Pyrrhus à moins qu'il ne quitte le pays.

MOTIVATION

Colère
Charité
Envie
Foi
Gourmandise
Avidité
Espérance
Luxure
Orgueil
Paresse

JULES CÉSAR EST ASSASSINÉ PAR DES CONJURÉS

44 av. J.-C.

Principaux coupables : les *Liberatores*, un groupe de sénateurs romains

Dégâts causés : ils suppriment un dictateur inoffensif et ouvrent la porte à la domination tyrannique des empereurs romains.

Raison : ils souhaitaient conserver ou retrouver leurs privilèges personnels et leur influence sur les affaires de l'État au sein de la République romaine.

ANTOINE
… Le noble Brutus
vous a dit que César était ambitieux :
si cela était, c'était un tort grave,
et César l'a gravement expié.

Extrait de *Jules César*, acte III, Scène II,
William Shakespeare, 1599

On considère généralement qu'assassiner quelqu'un est mal mais, abstraction faite des considérations morales, on peut juger de la sagesse des conjurés qui décidèrent de se débarrasser de Jules César, en observant si les conséquences de cet assassinat ont été conformes à leurs attentes. Bien qu'il ait finalement payé le prix de l'énorme pouvoir personnel qu'il avait accumulé, il n'en reste pas moins que c'était un homme plein de talents et qu'il eut une vie hors du commun.

Caius Julius Caesar naît vers 100 av. J.-C. dans une famille patricienne relativement peu fortunée ou influente. Entre les deux principales factions politiques de Rome, sa famille entretient des liens avec les Populares, des dirigeants aristocratiques dont le pouvoir repose sur les assemblées du peuple et les tribunaux et qui sont soutenus par la plèbe (citoyens propriétaires terriens), par opposition aux Optimates plus conservateurs qui tiennent leur pouvoir du Sénat et de la noblesse. À l'âge de 16 ans, à la mort de son père, il devient le chef de famille et à 18 ans il épouse la fille d'un des dirigeants populares qui lui donne une fille, Julia. Il obtient le poste de Grand prêtre de Jupiter mais doit se cacher pour échapper au dictateur optimate Sylla qui a lancé une purge de ses ennemis politiques. Privé de son titre de Grand prêtre (ainsi que de sa fortune et de son héritage), César passe alors plusieurs années dans l'armée où il se fait rapidement remarquer tant sur le champ de bataille qu'en diplomatie. Il peut rentrer à Rome en 78 av. J.-C. à la mort de Sylla, s'y établit comme avocat et se révèle un excellent orateur avec un certain talent pour se mettre en valeur. À l'âge de 28 ans il gravit le premier échelon de la vie politique en se faisant élire tribun (magistrat de la république), puis très vite questeur (fonctionnaire chargé de gérer les deniers publics), Grand prêtre de la religion romaine et enfin sénateur. En tant qu'édile de la ville il engage des fonds personnels importants pour organiser en 65 av. J.-C. les jeux de Rome qui lui valent une immense popularité. Puis comme consul, en 59 av. J.-C. il fait adopter, contre la volonté du Sénat mais avec le soutien de l'assemblée publique, une loi octroyant des terres aux soldats vétérans, ce qui lui vaut le soutien de l'armée.

JULES CÉSAR
Il se distingué dans l'armée, en tant que gouverneur et surtout en tant que politicien,. Mais le succès de César lui vaut l'inimitié de la noblesse romaine.

Il est alors nommé gouverneur d'Espagne mais, toujours très endetté, il se tourne vers le riche Crassus pour obtenir une aide financière en échange de son soutien politique contre son rival Pompée. Une fois César de retour d'Espagne et élu consul, il fait venir Crassus et Pompée, tous deux populaires, et ils forment à trois une coalition informelle qui fait passer des lois en force au Sénat avec l'aide des partisans armés de César.

UNE INFLUENCE CROISSANTE

Avec l'aide de puissants alliés, César obtient le poste de gouverneur de trois provinces supplémentaires – le nord de l'Italie, le sud de l'Europe et le sud de la France, ce qui place quatre légions sous ses ordres. Il étend le contrôle de Rome vers le nord jusqu'au Rhin, conquérant les tribus les unes après les autres et profitant de sa position pour amasser une immense fortune personnelle en pillant les villes saccagées par l'armée. En 55 av. J.-C. il traverse la Manche et conduit l'armée romaine jusqu'en Grande-Bretagne pour la première fois sans toutefois parvenir à y établir une présence permanente. Pendant les cinq années qui suivent il place la Gaule sous l'entier contrôle de Rome grâce à une série de victoires militaires remarquables dont il est largement rendu compte à Rome, en grande partie à travers ses propres écrits. Mais dès l'an 50 av. J.-C. sa popularité et son pouvoir croissants commencent à inquiéter le Sénat romain. Pompée, qui a été nommé consul unique, lui ordonne de rentrer à Rome sans son armée mais, sachant que n'étant plus gouverneur il ne bénéficie plus de l'immunité face à la justice, César entre en Italie en traversant le Rubicon avec une légion, acte qui équivaut à une déclaration de guerre civile. Pompée fuit le pays avec ses légions, de même que la majorité du Sénat qui avait manifesté son opposition. Dans les années qui suivent César bat les forces de Pompée puis le suit en Égypte où le pharaon Ptolémée XIII lui remet la tête de son rival, espérant gagner ainsi les faveurs de Rome. Ce calcul se retourne toutefois contre lui. Le meurtre d'un noble romain met César dans une telle fureur qu'il prend le contrôle de l'Égypte, s'allie à la jeune Cléopâtre âgée de 21 ans dans une guerre civile contre le pharaon (frère, mari et co-souverain de Cléopâtre) et la fait reine ce dont elle lui est extrêmement reconnaissante. À l'été de l'an 47 av. J.-C. elle donne naissance à Césarion, fils unique de César.

Après des victoires militaires au Moyen-Orient et en Afrique (où il met en échec les derniers sénateurs opposants), César reçoit des Romains le titre de dictateur pour dix ans, ainsi que celui de consul unique. Il introduit alors une nouvelle constitution qui non seulement renforce son pouvoir mais cherche également la paix et la cohésion dans l'Empire romain.

Il engage aussi un grand nombre de réformes dans différents secteurs comme la police, les céréales subventionnées, le système judiciaire, les impôts, l'attribution des terres et l'endettement des personnes. Il remplace également l'année lunaire par l'année solaire. Il a aussi de grands projets de construction et d'ingénierie tels que temples, ports, canaux mais qui n'aboutiront jamais.

On peut choisir d'être indulgent et considérer que les sénateurs, qui trouvent que César va trop loin, regrettent peut-être la disparition des vertus et des idéaux de la République romaine. Quoique César ait refusé publiquement d'accepter la couronne de roi, son régime a fait des assemblées publiques et du Sénat des instances qui doivent se borner à approuver sans discussion ses volontés. Bien qu'il ait élargi le Sénat il y nomme ses partisans et il s'est octroyé le droit de désigner les magistrats et les consuls qui deviennent ainsi de fait ses représentants. Tout ceci est bien éloigné des principes d'une république qui, quoique loin d'être démocratique, donnait au moins à une partie du peuple voix au chapitre dans les affaires de l'État. Mais on peut aussi être plus critique et penser que les chefs des familles nobles de Rome - qui auparavant composaient le Sénat – ayant vu leur pouvoir, leur fortune et leurs privilèges largement amputés veulent à tout prix récupérer leur statut et leur influence. Quoi qu'il en soit, se débarrasser de César semble être la solution au problème.

SÉNAT ROMAIN
Dans les dernières années de sa vie, César nomme sénateurs plusieurs de ses alliés et dépossède effectivement le Sénat de sa puissance et de son indépendance.

En février de l'an 44 av. J.-C. César est nommé dictateur à vie et ce pas vers la tyrannie est la goutte d'eau qui fait déborder le vase pour un grand nombre de sénateurs mécontents qui se font appeler Liberatores ou libérateurs. César doit partir en campagne militaire pour Parthe le 18 mars et les conjurés fixent la date de son assassinat au 15 mars, les ides de mars, jour où il doit assister à une réunion du Sénat au théâtre de Pompée et où les conjurés pourront entrer avec des poignards cachés sous leurs toges.

Le 14 mars Marc Antoine, fidèle ami et commandant en second de César, a vent du complot et tente le lendemain de le prévenir mais un groupe de sénateurs l'en empêche. L'épouse de César craint aussi pour sa sécurité et l'implore de ne pas se rendre au Sénat mais Decimus Brutus (frère de Marcus Brutus, un des principaux conjurés) réussit à convaincre César de ne pas décevoir les sénateurs. Le déroulement des événements qui suivent a été relaté par plusieurs historiens romains et la pièce *Jules César* de Shakespeare en est une assez fidèle reconstitution.

Lorsque César entre dans le théâtre de Pompée, Tillius Cimber vient à sa rencontre sous prétexte de lui remettre une pétition en faveur du retour d'exil de son frère; c'est alors que les conjurés l'encerclent. Lorsque César refuse de l'entendre, Cimber l'agrippe par les épaules et lui arrache sa toge. Un sénateur du nom de Casca poignarde alors César dans le cou mais ce dernier lui attrape le bras. Casca appelle à l'aide et les conjurés sortent alors leurs poignards et frappent César qui, réalisant ce qui est en train de se passer et qu'il est inutile de résister, s'enveloppe la tête de sa toge. Selon un historien, ses dernières paroles, adressées en grec à Marcus Brutus, furent ' toi aussi mon fils ? tandis qu'un autre relate qu'il n'aurait pas prononcé un mot. La phrase de Shakespeare *Et Tu Brute ?* – «Toi aussi Brutus» ? prononcée en latin est la version littéraire plutôt qu'historique. Poignardé à 23 reprises, César s'écroule sans vie au pied de la statue de son grand rival Pompée. (Il devait y rester plusieurs heures jusqu'à ce que trois esclaves rapportent sa dépouille chez lui sur une litière).

CASCA APPELLE À L'AIDE ET LES CONJURÉS SORTENT ALORS LEURS POIGNARDS.

Tandis que les autres sénateurs fuient les lieux, les conjurés se rendent à la capitale, annonçant aux citoyens de Rome qu'ils sont de nouveau libres; mais la plupart des habitants, ayant appris ce qui s'est passé et craignant la suite des événements, se terrent chez eux.

Si les Liberatores crurent qu'ils allaient ainsi pouvoir récupérer leur pouvoir ou sauver la République de Rome, ce fut une grave erreur. Dans son éloge funèbre à César, Marc Antoine met habilement en lumière tout le bien que le chef disparu a fait pour son peuple et présente l'acte de «libération» des conjurés comme un meurtre et une trahison. Il retourne ainsi les Romains contre eux et les contraint à fuir le pays pour sauver leur peau. Avec un tel soutien populaire, Marc Antoine aurait pu espérer prendre la tête de l'État mais César a désigné pour lui succéder Octave, son petit-neveu et fils adoptif, et ce dernier parvient rapidement à consolider son pouvoir politique. De nombreuses années de guerres civiles violentes s'ensuivent, d'abord entre d'un côté Octave et Marc Antoine et de l'autre les principaux conjurés et leurs armées, puis entre d'une part Octave et de l'autre Marc Antoine et l'ancienne amante de son maître, Cléopâtre. Les troupes d'Octave triomphent des Égyptiens en 31 av. J.-C. (à la suite de quoi Marc Antoine et Cléopâtre se suicident tous deux), et Rome revendique l'Égypte. En 27 av. J.-C. Octave devient non seulement premier empereur de l'Empire romain (*Imperator Caius Julius Caesar Augustus*) mais également chef spirituel suprême du peuple romain. En dépit du maintien d'un semblant de représentation populaire, à partir de ce moment-là le chef de l'Empire romain devient en réalité un tyran autocrate. L'assassinat de César a mis fin à toutes les ambitions personnelles que pouvaient nourrir les conjurés et annihilé tout espoir de retour aux idéaux de la République de Rome.

LE FANTÔME DE CÉSAR
Dans la pièce de Shakespeare, César mort apparaît à Brutus et l'avertit de sa défaite imminente à la bataille de Philippes, au cours de laquelle Cassius et Brutus se suicident tous les deux.

MOTIVATION

Colère
Charité
Envie
Foi
Gourmandise
Avidité
Espérance
Luxure
Orgueil
Paresse

CALIGULA DEVIENT EMPEREUR

37 - 41 apr. J.-C.

Principal coupable : lorsque l'empereur Tibère choisit Caligula comme son successeur, il n'a aucune raison de soupçonner son petit-fils adoptif d'être fou.

Dégâts causés : la faillite de l'État et la mort de nombreux innocents romains.

Raison : Caligula était un mégalomane qui se prenait pour un dieu.

Caligula, que la nature me semble n'avoir fait naître que pour montrer ce que peut l'extrême dépravation dans une extrême fortune, dévora en un souper dix millions de sesterces.

Sénèque, *Le philosophe*

Lorsque la République de Rome fut transformée en empire, l'empereur devint souverain à vie avec pouvoir de désigner son successeur. Le premier empereur, Auguste, transmit le trône à son beau-fils et fils adoptif Tibère, qui se révéla un dirigeant compétent mais plutôt brutal vis-à-vis de l'opposition. Tibère désigna à son tour Caius Julius Caesar Germanicus (plus connu sous le nom de Caligula), fils de son neveu et fils adoptif Germanicus, comme co-héritier avec le petit-fils de Tibère, Tiberius Gemellus. À la mort de Tibère vers l'an 37 (sans doute avec un petit coup de pouce de Caligula et de Macron, préfet du prétoire), Rome fêta l'avènement de ce jeune empereur qui profitait de la popularité de son père, le très apprécié et prospère général Germanicus, ce qui lui garantissait le soutien de l'armée.

Excepté la mise à mort immédiate du jeune Tiberius Gemellus, le règne de Caligula commença bien ; il révoqua certaines lois impopulaires, mit fin aux sanglants procès pour trahison suscités par Tibère et rappela les victimes en exil, et dépensa une petite fortune en jeux du cirque. Mais la lune de miel fut de courte durée. Au bout de quelques mois Caligula tomba malade et lorsqu'il revint à la vie publique c'était un autre homme – suffisant, avide de pouvoir, sadique, irrationnel, psychotique et dépravé.

© De Agostini | Getty Images

L'EMPEREUR CALIGULA
Tibère aurait dit de son héritier : « Je soignais une vipère dans le giron de Rome. J'élève un Phaéton qui veut abîmer le féroce chariot de feu du soleil et brûler le monde entier ».

Se croyant divin, et insistant pour être traité comme tel, il exigea que le peuple et l'armée rendent les honneurs à ses trois sœurs ; on raconte qu'il commit des incestes avec elles et qu'il les aurait même prostituées avec d'autres hommes. Il faisait preuve d'aucun respect vis-à-vis du Sénat et tenta même de faire élever son cheval préféré, Incitatus (qui vivait au palais et pour lequel on organisait des soirées), au rang de consul.

Même si les récits sur son comportement ont pu être exagérés, il ne fait aucun doute que Caligula s'adonnait à l'extrême aux plaisirs des sens : il couchait ouvertement avec les épouses d'autres hommes, faisait organiser des orgies, pratiquait toute une panoplie de perversions sexuelles et aimait tuer pour le plaisir. Il dépensait sans compter, non seulement pour distraire le peuple et pour des projets de construction tels que des infrastructures portuaires, aqueducs, canaux dont le peuple bénéficiait, mais également pour faire bâtir des édifices et des monuments à sa gloire. Parmi ses folies dépensières il y eut la construction d'un pont flottant de 4 kilomètres sur la baie de Baiae, à l'ouest de Naples, pour pouvoir la traverser à cheval. Ce projet était destiné à traiter par le mépris la prophétie d'un devin qui avait prédit que Caligula n'avait pas plus de chance de devenir empereur que de traverser la baie à cheval. Il fit aussi construire un luxueux palace flottant pour recevoir ses invités sur le lac de Nemi, un cratère volcanique voué au culte de Diane.

SE FAIRE DES ENNEMIS

À peine deux ans après son investiture, les coffres du trésor étaient pratiquement vides. Il lança alors des procès pour trahison dans le style de Tibère afin de mettre la main sur les biens de citoyens fortunés, exilant voire tuant ses victimes désignées. Lorsque les grondements d'un Sénat de plus en plus hostile commencèrent à s'amplifier, Caligula s'en prit alors aux sénateurs avec des enquêtes sur la loyauté de certains d'entre eux et des exécutions. Il ne fait aucun doute qu'on ourdissait des complots contre lui et, en l'an 39, on en découvrit un impliquant Lépide (mari de la sœur préférée de Caligula décédée l'année précédente) ainsi que les deux autres sœurs de Caligula. Lépide fut exécuté et les deux sœurs exilées.

Ressentant peut-être le besoin de marcher dans les pas de son illustre prédécesseur Tibère et de son père Germanicus, Caligula se lança dans une campagne militaire vers le nord, traversant la Gaule dans l'intention d'ajouter la Grande-Bretagne à son empire. Mais on raconte que lorsqu'il atteint la Manche il ordonna à ses soldats de ramasser des coquillages et la campagne s'arrêta là.

Dès l'an 40 Caligula semblait totalement persuadé d'être un dieu ; il avait transformé son palais en temple, se présentait au peuple revêtu des atours de diverses divinités et exigeait d'être traité comme tel. Il ordonna même de dresser une statue de lui dans le temple de Jérusalem, ordre qui, s'il avait été exécuté, aurait sans aucun doute provoqué une guerre civile.

Même si le peuple continuait majoritairement à soutenir Caligula en dépit de ses excès, par exemple faire jeter une partie de la foule aux lions lorsque les jeux du cirque venaient à manquer de gladiateurs, l'hostilité des sénateurs, de la noblesse et de l'armée finit par aboutir à un complot fructueux. En janvier 41, des officiers de la garde prétorienne se jetèrent sur lui dans un couloir sous le palais impérial et le poignardèrent à plusieurs reprises, de façon très semblable à celle dont était mort Jules César. L'épouse et la fille de Caligula furent assassinées peu après, les sénateurs espérant éliminer la famille impériale et rétablir la République, mais le soutien au statut de l'empereur était plus grand qu'ils ne l'imaginaient. Une autre section de la garde prétorienne mit sous protection le dernier descendant mâle de la famille – l'oncle de Caligula, Claude – qui fut rapidement acclamé comme son successeur.

S'ASSURER LE POUVOIR
Avec l'aide de la garde prétorienne, Claudius succède à Caligula comme empereur, rétablissant l'ordre dans l'Empire romain.

Le règne paranoïaque de Caligula, fait de meurtres et de débauche, avait duré moins de quatre ans mais il avait suffi pour mettre l'État en quasi-banqueroute. Il revint à Claude de rétablir l'ordre et la probité dans l'Empire, tâche dont il se révéla à la hauteur.

MOTIVATION

Colère
Charité
Envie
Foi
Gourmandise
Avidité
Espérance
Luxure
Orgueil
Paresse

JULIEN L'APOSTAT REJETTE LE CHRISTIANISME

362 apr. J.-C.

Principal coupable: l'empereur romain Flavius Claudius Julianus (Julien)

Dégâts causés: il persécuta les chrétiens et bouleversa l'Église chrétienne naissante.

Raison: il croyait aux anciens dieux romains et a souhaitait rétablir le polythéisme dans l'empire romain.

Les hommes doivent être éduqués et conquis par la raison, et non par des coups, des insultes et des punitions corporelles. J'avertis donc très sérieusement les adeptes de la vraie religion de ne pas blesser ou insulter les autres Galiléens en aucune façon. Ceux qui sont dans le faux en matière d'importance suprême, sont dignes de pitié plutôt que de haine.

Flavius Claudius Julianus

Tout le monde s'accorde à reconnaître (et tant sa vie que ses actes sont amplement documentés), que l'empereur Julien qui ne régna que de 361 à 363 était un homme remarquable sur le plan intellectuel, administratif et militaire. Malheureusement pour lui, et pour beaucoup d'autres dans l'Empire romain, il choisit d'avancer à contre-courant des changements religieux qui commençaient à se répandre dans son royaume.

Flavius Claudius Julianus naquit en 331 dans la famille impériale, fils de Julius Constantinus, demi-frère de l'empereur Constantin 1er connu également sous le nom de Constantin le Grand ; c'est d'ailleurs avec ce dernier que commence cette histoire. Ce fut Constantin qui étendit la grande ville de Byzance, ensuite rebaptisée Constantinople, et en fit la capitale de l'Empire romain ; et c'est là que naquit Julien. Constantin était aussi le premier empereur chrétien à se vouer à la religion depuis une vision qu'il avait eue avant une grande bataille en 312. En 313 il légalisa le culte chrétien et sous son règne le christianisme devint la religion dominante dans tout l'Empire. Bien que baptisé seulement peu de temps avant sa mort, Constantin le Grand s'intéressa de très près aux affaires de l'Église chrétienne, convoquant les évêques en concile et s'efforçant de résoudre les profondes divisions théologiques naissantes. Il confia également des fonctions de l'État au clergé, faisant ainsi de l'Église un organe de l'État. Il essaya d'éliminer le culte païen des anciens dieux en ordonnant la fermeture ou la saisie des temples, en les vidant de leurs trésors et en interdisant les sacrifices d'animaux.

LE PENSEUR BARBU
Beaucoup considèrent la barbe de « vieux » philosophe de l'empereur Julien comme inappropriée pour un dirigeant de sa position.

Lorsque Julien avait six ans, Constantin le Grand (qui avait accordé des honneurs à son père et l'avait fait consul) mourut, suivi de près par ses trois fils, dont les noms prêtent facilement à confusion, Constant, Constance II et Constantin II. Les trois empereurs éliminèrent immédiatement tous les rivaux potentiels dans une purge sanglante des familles des demi-frères de leur père. Julien et son jeune demi-frère, Gallus, furent les seuls descendants mâles à survivre, probablement parce qu'on les jugeait trop jeunes pour représenter un danger. Julien fut envoyé à Nicomédie, ancienne capitale de l'Empire romain oriental, où il reçut une éducation chrétienne stricte sous la protection de l'évêque Eusèbe. Lorsqu'il eut 13 ans, il fut exilé en Cappadoce avec Gallus pour poursuivre leur éducation chrétienne. Julien devint féru de christianisme et de la Bible mais il commença aussi à étudier les enseignements de la Grèce antique que lui avait prêtés l'évêque Georges de Cappadoce.

En 351, après la mort de ses deux frères, Constance II nomma Gallus consul et Julien retourna à Nicomédie où il se plongea dans la doctrine religieuse néo-platonicienne, sorte de mysticisme païen. Il étudia auprès des plus grands philosophes néo-platoniciens et s'initia aux mystères d'Éleusis, système ancien de croyances et de cérémonies vieux de plus de 1 000 ans.

TOUCHE POPULAIRE

En 354 Gallus fut exécuté pour trahison et Julien fut ramené en Italie où, soupçonné de complot, on l'assigna à résidence. Mais on le libéra l'année suivante et il put retourner en Grèce poursuivre ses études – quoique brièvement. Réalisant que son empire était trop vaste pour y faire ressentir sa présence partout, Constance II rappela Julien, le nomma César (soit vice-empereur) et l'envoya en Gaule. Mais il commit une erreur en pensant que Julien se bornerait à être son représentant. L'érudit à la barbe se révéla un excellent administrateur et un habile tacticien militaire. Durant les cinq années qui suivirent il conquit et/ou négocia la paix avec de nombreuses tribus de la région et son sens de la justice en matière de gouvernement et d'impôts lui valut le soutien du peuple. Il gagna également le soutien et l'admiration de ses soldats, dont beaucoup étaient originaires de la région mais, dès 360, sa popularité et sa réussite avaient avivé la jalousie de l'empereur. Constance II commença par priver Julien de certaines de ses légions, sous prétexte d'en avoir besoin pour une campagne contre les Perses, mais lorsque les Pétulants, une unité d'infanterie composée principalement de Germaniques, reçurent l'ordre de marcher vers l'est, ils se rebellèrent contre les ordres de Constance II car ils ne voulaient pas quitter leurs familles. Ils proclamèrent alors Julien empereur. Malgré son refus d'accepter cet honneur, les troupes insistèrent et le transportèrent sur un bouclier la tête ceinte d'une chaîne pour symboliser la couronne royale. Julien restait très hésitant et il dirait plus tard qu'il n'avait accepté qu'après avoir reçu les conseils du dieu Zeus. Il raconterait aussi qu'il avait guidé ses troupes pour faire des sacrifices aux dieux qui lui avaient ordonné de revenir aux rituels anciens.

Julien écrivit à Constance II pour lui expliquer qu'il n'avait pas souhaité recevoir le titre d'empereur mais que c'était ses soldats qui l'avaient voulu lorsqu'ils avaient reçu l'ordre injuste de quitter leurs familles. La situation resta sans solution pendant un an puis Julien décida de la régler et prit la route de l'est avec son armée pour affronter Constance II. Il n'était probablement pas animé d'un fort sentiment de loyauté vis-à-vis de l'empereur qui l'avait exilé et après avoir vu sa famille assassinée sur ordre de Constance et de ses frères.

© Edward A. Armitage

DIVISER POUR MIEUX RÉGNER
Julien l'Apostat a encouragé les nombreuses sectes au sein du christianisme, avec l'intention de créer des scissions au sein de l'Église.

La guerre civile se dessinait mais, alors que les deux armées étaient toutes proches, le danger fut écarté par la mort soudaine, de cause naturelle, de l'empereur et ce dernier aurait désigné Julien pour lui succéder juste avant de mourir. Entrant dans Constantinople le 11 décembre 361, Julien organisa pour son ancien rival des funérailles chrétiennes en grande pompe puis entreprit de réaliser son objectif de redonner à l'Empire romain sa gloire passée. Il installa ses fidèles aux commandes de l'État, réduisit de façon radicale la pléthorique bureaucratie impériale et élimina la corruption qui était devenue monnaie courante. Il annonça alors ouvertement qu'il renonçait au christianisme et se convertissait à l'ancienne religion polythéiste gréco-romaine. C'est pour cette raison que l'histoire l'a baptisé Julien l'Apostat, apostasie signifiant renoncer à ou abandonner une religion. Imputant l'adoption du christianisme à la faiblesse de l'Empire romain, il limita le pouvoir du clergé, interdit aux chrétiens d'enseigner les classiques grecs (car faisant référence à des déités dont les chrétiens réfutaient l'existence) et supprima un grand nombre des privilèges dont ils jouissaient. Il permit aux évêques dissidents en exil de rentrer, peut-être dans l'objectif d'attiser les dissensions au sein de l'Église chrétienne.

Pour restaurer la grandeur de Rome Julien avait besoin de l'aide des dieux. Afin de tenter de faire revivre l'ancienne religion romaine il rouvrit les temples, encouragea et parfois exigea le sacrifice d'animaux

aux déités romaines et désigna dans les provinces des grands prêtres chargés de surveiller leurs subordonnés au sein d'une église païenne structurée sur le modèle de celle des chrétiens. Tout en attaquant sur le terrain philosophique les croyances chrétiennes (Julien considérait que les chrétiens étaient ceux qui s'étaient rendus coupables d'apostasie en reniant la religion de leurs ancêtres), il fit preuve d'une plus grande tolérance envers le Judaïsme, peut-être dans l'espoir d'anéantir le christianisme. Il alla même jusqu'à entreprendre la reconstruction du temple de Jérusalem, détruit par les Romains en 70, mais le projet fut abandonné, officiellement parce que des boules de feu ne cessaient de jaillir des fondations empêchant les ouvriers de travailler.

Bien qu'il soit dans une large mesure parvenu à dépouiller la puissante élite chrétienne de ses droits – et dans certaines parties de l'Empire, les chrétiens subissaient de véritables persécutions – il ne parvint pas à raviver l'ancienne religion à Rome, principalement par manque d'adhésion de la population. Son alliance très particulière de paganisme et de philosophie était éminemment intellectuelle et peu attrayante pour le peuple ; le paganisme, de par sa nature et contrairement au christianisme, était une religion privée plutôt que publique qui englobait toutes sortes de croyances et qui se prêtait mal à devenir un socle structurant pour l'Empire. Quoi qu'il en soit, l'expérience fut de courte durée. Julien régna moins de deux ans avant de mourir en 363, blessé par flèche pendant une campagne militaire contre les Perses. Bien que son règne ait réussi à causer beaucoup de tort à l'Église chrétienne organisée et à ses relations avec l'État, le christianisme allait survivre tandis que le paganisme allait être bientôt interdit par les empereurs de Rome.

LE MONOPHYSISME EST DÉCLARÉ HÉRÉTIQUE

451 apr. J.-C.

MOTIVATION

- Colère
- Charité
- Envie
- **Foi**
- Gourmandise
- Avidité
- Espérance
- Luxure
- **Orgueil**
- Paresse

Principaux coupables : les théologiens intransigeants et une église autoritaire

Dégâts causés : cela entraîne une scission majeure dans la communauté chrétienne.

Raison : l'Église catholique (avec le soutien de l'État) s'arroge le droit de déterminer ce qui est une doctrine acceptable, et ne tolère aucune déviation par rapport à l'orthodoxie.

Tous nos peuples… doivent se rallier à la foi transmise aux Romains par l'apôtre Pierre, celle que professe le pontife Damase… c'est-à-dire reconnaître… la Divinité une et la Sainte Trinité du Père, du Fils et du Saint-Esprit. Ceux-là seuls qui observent cette loi ont droit au titre de chrétiens catholiques. Quant aux autres, ces insensés extravagants, ils sont hérétiques et frappés d'infamie, leurs lieux de réunion n'ont pas droit au nom d'églises, ils seront soumis à la vengeance de Dieu d'abord, puis à la nôtre…

Extrait de l'*Édit de Thessalonique*, délivré par les empereurs romains Théodose Ier, Gratien et Valentinien II en 380 apr. J.-C.

Les conflits entre religions ont engendré des guerres parmi les plus violentes et les plus longues de l'histoire, mais n'allez pas penser pour autant que tout va pour le mieux dans le meilleur des mondes à l'intérieur des religions. Durant ses premiers siècles d'existence, le christianisme a été rongé par de profondes divisions dont une, qui déchira irrémédiablement la communauté, provenait de désaccords à propos de quelque chose que beaucoup considéreraient comme impossible à connaître – le lien entre la nature divine et la nature humaine du Christ

La doctrine de la Trinité – selon laquelle Dieu est unique en trois personnes : le Père, le Fils et le Saint-Esprit – est le socle du christianisme depuis le début mais, selon les Écritures, Jésus-Christ est à la fois Dieu et homme ; quelle est donc le lien entre Jésus-Christ et Dieu le Père et comment peut-il être à la fois divin et humain ? Les nombreuses tentatives pour comprendre ce complexe problème philosophique engendrèrent de graves divisions.

ÉGALITÉ, ÉTERNITÉ
La nature du Christ, et son rapport aux deux autres éléments de la Trinité, sont des sujets hautement controversées aux débuts de l'Église chrétienne.

Selon la ligne orthodoxe, les trois éléments de la Trinité étaient, et demeurent, consubstantiels, coexistants et coéternels. Aucun n'est plus grand que l'autre et ils existent en même temps à tout jamais. La première tentative de chamboulement date de l'époque de Constantin le Grand lorsque Arius, grand érudit d'Alexandrie, déclara que le Christ n'était ni consubstantiel ni coéternel avec Dieu le Père. Citant plusieurs versets de la Bible, Arius professait que, alors que Dieu le Père avait toujours existé, le Christ avait été créé par lui pour sauver le monde et que non seulement le Christ était subordonné à Dieu le Père mais qu'il n'était pas non plus de même substance, qu'il était en réalité humain et non divin. Ceci allait totalement à l'encontre de la doctrine trinitaire majoritaire. L'Église déclara immédiatement ses idées hérétiques et Arius fut excommunié. Mais ses enseignements avaient déjà acquis une influence significative dans toute la Méditerranée orientale. Pour mettre fin à cette hérésie en plein essor qui menaçait de diviser l'Église, l'Empereur Constantin convoqua le premier concile des évêques de toute la chrétienté qui se réunit en 325 à Nicée (l'actuelle Iznik en Turquie) et débattit de la question pendant plusieurs semaines. Les discussions tournaient autour des définitions, dans différentes langues, de termes tels qu'« existence », « substance », « essence », « engendré » et « créé » ainsi que de thèses telles que « si Dieu le Père est éternel et qu'il a de tout temps été le Père, alors son fils est également éternel ». Les débats aboutirent à une déclaration du premier concile de Nicée proclamant que Dieu le Père et Dieu le Fils sont consubstantiels et coéternels, et cet élément de la doctrine fut repris dans le credo de Nicée, profession de foi encore en usage (bien que de manière modifiée) de nos jours. Les évêques réunis à Nicée proclamèrent également que le Christ est un, mais à la fois pleinement humain et pleinement divin, une personne en laquelle deux natures – la nature humaine et la nature divine – s'unissent. C'est ce que l'on appelle l'union hypostatique – une personne, deux natures. De nos jours il existe des confessions chrétiennes qui professent des croyances non trinitaires semblables à l'arianisme, comme l'Église unitarienne et les Témoins de Jéhovah.

CROYANCES HÉRÉTIQUES

Le terme « hypostase » fut pour la première fois utilisé par l'évêque syrien Apollinaire pour faire référence à l'existence concrète du Christ mais, pour ce qui est de la nature du Christ, sa vision était diamétralement opposée à celle d'Arius car pour lui, bien que le Christ ait un corps humain, la parole divine avait pris la place de son âme humaine et le Christ n'avait dès lors plus qu'une seule nature – une nature divine. L'Église rejeta également cette idée car elle n'admettait pas que le Christ puisse être pleinement humain et le concile des évêques réuni à Constantinople en 381 la déclara hérétique. Cette croyance en une seule et unique nature du Christ fut appelée « monophysisme » (une seule nature) ; elle allait provoquer de profondes divisions au sein de l'Église et en réduire l'influence.

Nestorius, nommé évêque de Constantinople en 427, choisit l'autre extrême. Refusant d'accepter que le Fils de Dieu puisse n'avoir qu'une forme humaine, il professa que le Christ avait deux natures mais qu'il était également deux personnes, une divine et une humaine. Il affirmait que la Vierge Marie ne devait pas être appelée Mère de Dieu (puisque Dieu avait toujours existé) mais Mère du Christ, puisqu'elle avait seulement donné naissance à la personne humaine du Christ qui fut ensuite imprégnée d'une nature divine. Nestorius était un grand orateur et ses enseignements gagnèrent rapidement du terrain mais beaucoup jugeaient ses idées hérétiques. Son adversaire le plus acharné était Cyrille, Patriarche d'Alexandrie, et leur différend prit une telle ampleur que l'Empereur Théodose II dut convoquer en 431 un autre concile, à Ephèse cette fois. Cyrille, qui s'était organisé pour avoir la majorité des évêques de son côté, y accusa Nestorius d'hérésie et le concile le condamna. Il fut exilé dans le désert de Libye mais ses disciples restèrent fidèles à ses enseignements ce qui conduisit à la création de l'Église nestorienne, ou Église orientale, principalement en Perse puis plus tard dans d'autres régions d'Asie. Cette église existe toujours et elle rejette les déclarations du premier concile d'Ephèse.

Il y avait au premier concile d'Ephèse un ancien de l'Église de Constantinople nommé Eutychès qui s'opposait de façon virulente à Nestorius. Il proposa plus tard l'idée que la nature humaine et la nature divine se fondent en une seule dans le Christ, comme si la première était absorbée par la seconde. Bien que prenant la précaution de dire que ceci n'affectait nullement la nature humaine du Christ, il présenta ses idées avec une telle vigueur qu'elles furent considérées comme une hérésie monophysite et il fut excommunié en 448. L'année suivante, le deuxième concile d'Ephèse annula cette décision mais le concile de Chalcédoine la rétablit en 451 déclarant que, même si la nature divine et la nature humaine s'unissent dans le Christ, elles demeurent distinctes et inaltérées et qu'il y a bien en lui « deux natures ».

CYRILLE
L'évêque d'Alexandrie réprime l'« hérésie nestòrienne » et crée la première scission majeure. L'Église nestorienne existe encore aujourd'hui.

Eutychès fut exilé mais le patriarche d'Alexandrie et ses évêques, considérant que la formulation « deux natures » avait des relents d'hérésie nestorienne, refusèrent d'accepter les déclarations du concile de Chalcédoine. Ceci conduisit à la fin du Ve siècle au schisme définitif entre ce qui allait devenir l'Église orthodoxe d'Orient « non chalcédonienne » et le reste de l'Église qui déclara la théorie alexandrine monophysite, donc hérétique.

L'Église orthodoxe d'Orient prospéra dans le nord-est de l'Afrique et le Proche-Orient, et l'ostracisme que lui faisait subir le reste du monde chrétien oriental allait avoir deux conséquences historiques majeures. Au VIIe siècle, lorsque les armées musulmanes partirent d'Arabie vers le nord et l'ouest, les chrétiens orthodoxes d'Égypte, de Syrie et de

Palestine, subissant déjà l'hostilité du reste de la chrétienté et opprimés par Byzance, opposèrent peu de résistance, en partie aussi parce qu'ils étaient plus tolérants que le reste de l'Église chrétienne. Ces régions tombèrent alors rapidement sous le joug arabe, quittant l'Empire byzantin pour faire partie de l'Empire musulman en pleine expansion. Le monde chrétien payait là bien cher un différend à propos de quelque chose qui était impossible à prouver.

CES RÉGIONS TOMBÈRENT ALORS RAPIDEMENT SOUS LE JOUG ARABE, QUITTANT L'EMPIRE BYZANTIN POUR FAIRE PARTIE DE L'EMPIRE MUSULMAN EN PLEINE EXPANSION.

De nos jours, 1 400 ans plus tard, l'Église orthodoxe d'Orient (différente de l'Église orthodoxe orientale) comprend les Églises copte orthodoxe, syriaque orthodoxe (ou « jacobite »), apostolique arménienne, éthiopienne orthodoxe, érythréenne orthodoxe ainsi que les Églises malankares orthodoxes d'Inde. Ces églises réfutent l'accusation de monophysisme car leur position est différente de celle d'Eutychès. Elles se considèrent « miaphysites » (nature, réuni), professant que le Christ a une seule nature dans laquelle se fondent le divin et l'humain tout en gardant chacune pleinement ses propriétés.

MOTIVATION

Colère

Charité

Envie

Foi

Gourmandise

Avidité

Espérance

Luxure

Orgueil

Paresse

LE GRAND SCHISME D'ORIENT

1054 apr. J.-C.

Principal coupable : le leadership autocratique de l'Église catholique romaine

Dégâts causés : cela entraîne une scission majeure entre les Églises d'Occident et d'Orient.

Raison : Rome revendique le droit de gouverner l'Église chrétienne, et introduit unilatéralement des changements dans la doctrine et la pratique.

Je crois en l'Esprit Saint, qui est Seigneur et qui donne la vie ;

Il procède du Père et du Fils.

Avec le Père et le Fils, il reçoit même adoration et même gloire ;

Il a parlé par les prophètes.

Je crois en l'Église, une, sainte, catholique et apostolique.

Je reconnais un seul baptême pour le pardon des péchés.

J'attends la résurrection des morts, et la vie du monde à venir.

Amen.

Extrait du Credo de Nicée

Après plusieurs siècles de désaccords grandissants entre Rome et l'Église d'Orient, les relations entre les deux institutions atteignirent un point de rupture au milieu du XIe siècle. Bien qu'il existât entre elles de nombreux sujets de querelles, l'élément déclencheur porta, une nouvelle fois, sur les relations liant les membres de la Sainte Trinité. Mille ans plus tard, la division qui en résulta n'est toujours pas apaisée.

Après que l'empereur Constantin déplaça la capitale de l'empire Romain de Rome à Constantinople au IVe siècle, l'Église fut divisée en cinq « patriarcats », avec à leur tête, un patriarche, ou archevêque. Ces patriarches étaient ceux de Rome, Constantinople, Antioche, Jérusalem et Alexandrie. Tous estimaient avoir des compétences égales sur les questions de doctrine et de théologie, et reconnaissaient le Saint Père de Rome comme « premier parmi ses pairs ». Au lendemain de la chute de Rome qui laissa derrière elle une sorte de vide politique, au Ve siècle, le chef de l'Église s'attribue des pouvoirs séculiers ainsi qu'une plus forte autorité ecclésiastique, provocant un mécontentement grandissant des autres patriarcats, où s'entretenaient des relations bien différentes entre l'empereur et les archevêques. D'autres facteurs contribuèrent à les éloigner de Rome : en premier lieu, alors que la langue de l'Église de Rome est le latin, le reste de l'Église parle le grec, et alors que l'Église d'Occident impose ses enseignements sur une population largement illettrée, les populations sont beaucoup plus souvent alphabétisées en Orient, où la Bible est traduite en langage courant et où les débats théologiques de grande envergure sont encouragés. Il en résulta des divergences philosophiques et liturgiques entre les deux Églises, mais la première pomme de discorde mêla à la fois la nature de plus en plus dictatoriale du pouvoir du pape et une question doctrinale.

CONCILE DE NICÉE
Le texte original du Credo de Nicée date du premier concile de Nicée, qui se tient en 325 apr. J.-C. sous l'empereur Constantin.

FILIOQUE

Dans la première moitié du VIe siècle en Espagne, un élément fut ajouté à la version locale du Concile de Nicée. On introduisit, à la fin de la phrase « Et je crois en l'Esprit Saint, au Seigneur et Créateur de toute Vie ; qui procède du Père », les mots « et du Fils », ou, en latin, filioque. Cet ajout visait à contrer une revendication des Arianistes espagnols qui affirmaient que si le Saint-Esprit procédait du Père et non du Fils

— car le Père est unique source de divinité —, le Fils ne pouvait être entièrement Dieu, et dans ce cas, les membres de la Trinité n'étaient pas égaux. Ce qui impliquait que l'on ne pût ressentir Dieu directement à travers le Fils ou le Saint-Esprit.

Bien qu'il fût convenu depuis le IVe siècle qu'aucune modification ne pouvait être apportée au Concile de Nicée sans l'accord du Synode des évêques, ce changement fut approuvé par les sphères d'influence de l'Église d'Occident, mais fut refusé par les quatre autres patriarcats. Ceux-ci soutenaient, en premier lieu, qu'affirmer que le Saint-Esprit procède du Fils équivalait à supposer que le Fils était lui aussi source de divin, ce qui contredisait le monothéisme intrinsèque de l'Église Chrétienne. D'autre part, ils remettaient en question le droit du pape à opérer un tel changement du Credo sans les avoir consultés au préalable.

La querelle monta d'un cran au IXe siècle, quand la papauté contesta la nomination de Photius au titre de patriarche de Constantinople, et insista pour voir figurer le filioque dans le Credo de Bulgarie, une région que Constantinople considérait comme faisant partie de son diocèse et sur laquelle l'Église de Rome n'avait aucun droit d'imposer sa juridiction. La réponse de Photius fut non seulement de nier au pape Nicolas Ier le droit d'intervenir dans les affaires du patriarcat de Constantinople, mais encore de l'excommunier sur la base d'une liste de griefs, parmi lesquels figuraient le célibat des prêtres et l'ajout du filioque au Credo. Connu sous le nom de schisme de Photius, cet événement ne fit qu'aggraver les divisions entre Rome et le reste de l'Église.

LE COUP DE GRÂCE

Au début du XIe siècle, dans un document connu plus tard comme la doctrine pétrinienne, l'Église de Rome affirma que Jésus Christ avait confié à Saint Pierre un pouvoir spécial sur l'Église, que l'évêque de Rome était le successeur de Saint Pierre et, de fait, le vicaire du Christ, et que par conséquent le pape jouissait d'une suprématie spirituelle sur l'ensemble de l'Église et sur tous les évêques. Cette doctrine, rejetée par de précédents conciles, était perçue par l'Église d'Orient, plus démocratique, comme une usurpation du pouvoir, et en 1054 Michel Cérulaire, patriarche de Constantinople, écrivit une lettre à l'évêque Jean de Trani, en Italie. Dans sa lettre, il dénonçait les nombreux changements décidés unilatéralement par l'Église de Rome, en qualifiant certains d'hérétiques, et demanda à l'évêque que le contenu de sa lettre fût diffusé le plus largement possible.

En guise de réponse, le Pape Léon IX envoya une délégation à Constantinople afin de procéder à la déposition du patriarche et demander à Constantinople de reconnaître l'autorité de Rome sur l'Église. Le patriarche refusa de recevoir les légats, et ceux-ci s'en furent non sans avoir déposé au préalable une bulle papale d'excommunication à l'encontre du patriarche Michel Cérulaire sur l'autel de l'église Sainte-Sophie. Le patriarche les excommunia à son tour et le grand Schisme entre l'Église romaine catholique et l'Église grecque (ou orientale) orthodoxe fut consommé, chacune affirmant qu'elle est la seule véritable Église. Cette séparation est, jusqu'à aujourd'hui, permanente, et certains événements postérieurs n'ont fait que contribuer à l'accentuer. En 1204, les soldats de la quatrième croisade sont envoyés par le pape Innocent II qui voulait reprendre l'Égypte aux musulmans. Au lieu de cela, ils mirent à sac Constantinople et, non contents de commettre les pires atrocités, pillèrent des centaines d'églises et cathédrales de la majestueuse ville, dérobant des trésors et reliques inestimables appartenant à l'Église grecque orthodoxe. Tous ces trésors furent rapportés dans les grandes villes d'Europe occidentale, et notamment au Vatican, à Rome.

L'ORIENT CONTRE L'OCCIDENT
Au XXIe siècle, le pape Jean-Paul II a présenté ses excuses pour le siège de Constantinople et les dommages causés aux relations entre les Églises latines et grecques.

En 1870, la volonté de domination du pape fut appuyée par la déclaration du Concile du Vatican qui affirma que, dans l'exercice de ses fonctions, le pape était infaillible sur les questions de foi et de morale. Cela ne contribua guère à rapprocher les deux Églises. Au fil du temps, on tenta de colmater les brèches, et bien que les excommunications mutuelles fussent levées en 1965 et qu'un dialogue fut instauré entre Rome et l'Église grecque Orthodoxe, la liste des querelles doctrinales et liturgiques qui les séparent demeure très longue.

MOTIVATION

- **Colère**
- Charité
- Envie
- Foi
- Gourmandise
- Avidité
- **Espérance**
- Luxure
- **Orgueil**
- Paresse

LE ROI HAROLD FACE À GUILLAUME LE CONQUÉRANT : LA BATAILLE D'HASTINGS

1066

Principal coupable: le roi Harold II d'Angleterre

Dégâts causés: le trône d'Angleterre passe au duc Guillaume de Normandie, qui partage le pays entre ses amis.

Raison: l'armée de Harold était fatiguée et épuisée, mais le roi était trop impatient pour attendre des renforts.

La victoire étant assurée, le duc revint au champ de bataille, où il constata l'épouvantable carnage, qu'on ne pouvait contempler sans commisération. La fleur de la jeunesse et de la noblesse d'Angleterre recouvrait le sol taché de sang.

Orderic Vital (1075-1142), *Histoire de Normandie*

La bataille de Hastings, qui eut lieu dans le sud de l'Angleterre en 1066, est une des batailles de l'histoire les plus connues car elle marque un tournant : le pays passa des mains des Anglo-Saxons à celles des Normands. Mais pour ceux dont l'âme saxonne déplorerait l'invasion soudaine des Français, il est important de noter que, d'une part, les Normands n'étaient pas français et que d'autre part, l'invasion menée par Guillaume le Conquérant fut la conséquence de nombreux liens tissés au fil des ans entre la monarchie anglaise et la noblesse normande. La défaite du roi Harold face aux Normands marqua un changement radical pour les Britanniques, mais ni son armée ni sa stratégie n'en étaient totalement responsables. Tout juste peut-on l'accuser de s'être précipité face à l'ennemi.

QUEL EST LE PROBLÈME ?

Le conflit entre le roi Harold et Guillaume le Conquérant démarra un siècle et demi plus tôt, en 911, alors que le roi de France offrait au chef viking Rollon un territoire autour de Rouen en contrepartie de l'arrêt de ses pillages. Ce territoire devint la Normandie, et les Normands adoptèrent la langue française et les us et coutumes du pays. En l'an 1002, le roi d'Angleterre Ethelred II épousa Emma, sœur de Richard II duc de Normandie, qui présenta beaucoup de ses amis normands à la cour d'Angleterre. Ethelred et Emma eurent trois enfants, Alfred, Édouard et une fille Goda. Quand le roi Sven Ier de Danemark envahit l'Angleterre en 1013, la famille s'exila en Normandie. Le fils de Sven, Knut, devint roi d'Angleterre et à la mort d'Ethelred, Emma épousa Knut, très certainement pour sauver la vie de ses fils qui pouvaient prétendre au trône. Un nouveau lien entre la Normandie et l'Angleterre fut créé.

À la mort de Knut en 1035, les deux garçons, Alfred et Édouard retournèrent en Angleterre. Mais Édouard fut contraint de s'exiler à nouveau en Normandie quand Alfred fut fait prisonnier par Godwin, comte de Wessex, un des seigneurs les plus influents d'Angleterre, qui le remit au fils de Knut, Harold. Alfred, victime d'une attaque qui le rendit aveugle, mourut de ses blessures peu de temps après. Édouard revint en 1041 sur l'invitation du fils de Knut, le roi Harthacnut, qui en fit son héritier et Édouard le Confesseur accéda au trône l'année suivante.

Bien qu'Édouard fût un roi incontesté, Godwin, le comte de Wessex, détenait autant de pouvoir que lui, et ce dernier avec sa famille s'opposait farouchement à l'influence grandissante qu'exerçaient les Normands dans la vie politique anglaise sous le règne d'Édouard. Édouard était marié à

DÉBARQUEMENT NORMAND
Cette lithographie du XIXe siècle par l'artiste français Alphonse de Neuville représente le débarquement des forces de Guillaume, sur la côte sud de l'Angleterre.

la fille de Godwin, Édith, mais cela n'empêcha pas la discorde entre les deux hommes et ce dernier choisit d'exiler sa famille en 1051. Il revint l'année suivante, mais entre-temps, le roi Édouard, qui n'avait pas d'enfants, avait invité Guillaume, duc de Normandie, à le rejoindre en Angleterre pour le nommer héritier du trône anglais. Guillaume était le petit-fils illégitime de Richard II de Normandie, le frère de la mère d'Édouard, Emma.

Les rivalités entre Godwin et Édouard perdurèrent et Godwin déploya tous les moyens possibles et imaginables pour éliminer les Normands des arcanes du pouvoir en Angleterre, allant jusqu'à destituer l'archevêque de Cantorbéry. À la mort de Godwin en 1053, son fils, Harold Godwinson, devint le porte-parole du sentiment anti-normand en Angleterre. À la fin de l'an 1065, Édouard tomba gravement malade et il mourut le 5 janvier 1066, en ayant quand même pris soin auparavant de confier son royaume et son épouse, la sœur de Harold, à ce dernier. Au cours d'une assemblée de nobles convoquée autour du roi, le witan, il fut approuvé que Harold était bien le successeur d'Édouard et il fut couronné dès le lendemain. Cette décision ne satisfit pas Guillaume de Normandie qui fit immédiatement préparer une flotte de navires et une armée. Le règne de Harold fut pourtant de courte durée.

Malheureusement pour Harold, Guillaume n'était pas le seul à convoiter la couronne d'Angleterre. Le frère de Harold, Tostig, s'était allié au roi Harald Hardrada de Norvège afin d'envahir l'Angleterre. En septembre 1066, ils débarquèrent sur la côte est de l'Angleterre avec une flotte de 300 navires et 15 000 hommes. Après la mise à sac de la ville de Scarborough, ils remontèrent le plus possible la rivière Humber pour prendre la ville d'York. Harold comptait sur les armées des comtes de Mercie et de Northumberland pour les repousser, mais les Vikings les battirent à plate couture au cours de la bataille de Fulford. La ville de York s'est rendue et l'armée victorieuse s'est installée le long de la rivière où leurs navires étaient amarrés.

Quand Harold qui se trouvait dans le sud de l'Angleterre pour préparer l'invasion des Normands apprit la nouvelle, il ordonna une marche forcée à son armée qui dut parcourir 320 kilomètres vers le nord en tout juste cinq jours, prenant ainsi les Vikings par surprise tandis qu'ils se réunissaient pour recevoir les otages à Stamford Bridge. Avec leurs armures abandonnées sur les navires, les Vikings connurent de terribles pertes contre l'armée saxonne. Aussi bien Tostig que Harald Hardrada, victime d'une flèche dans la gorge, succombèrent aux combats et les envahisseurs durent finalement se rendre. On accorda aux survivants le droit de rassembler les blessés et de repartir sur leur terre par la mer, après avoir juré de ne plus jamais attaquer la Grande-Bretagne, mais leur nombre avait tellement diminué qu'ils n'embarquèrent que sur 24 de leurs 300 navires.

Même si elle était victorieuse, l'armée de Harold avait également subi de lourdes pertes, tout comme les armées de Mercie et de Northumberland, sur lesquelles Guillaume de Normandie avait pu compter. Il fut annoncé que la flotte de Guillaume avait débarqué sur la côte sud de l'Angleterre. À bout de forces, les soldats de Harold se dirigèrent vers le sud aussi rapidement qu'il était humainement possible.

Du côté de Guillaume, tout était prêt pour mettre les voiles au départ de la Normandie avec une flotte de 500 navires et près de 20000 hommes dès la deuxième quinzaine du mois d'août, mais les mauvaises conditions météorologiques l'en empêchèrent. Au mois de septembre, il fit se déplacer la flotte le long des côtes françaises et put finalement traverser la Manche le 27 septembre. Après une nuit de traversée, Guillaume fit une première arrivée boueuse à Pevensey Bay pour y établir le campement avant de décider rapidement de mener la flotte et l'armée à un meilleur endroit plus à l'est sur la côte, à Hastings. Ils y construisirent un château en bois et une palissade, et pendant deux semaines, les soldats pillèrent la région, en tuant et en dépossédant des villageois. En plus d'alimenter l'armée en viande et en céréales, ces pillages avaient comme objectif de pousser Harold à livrer bataille le plus rapidement possible, ce qu'il fit.

GUILLAUME FIT UNE PREMIÈRE ARRIVÉE BOUEUSE À PEVENSEY BAY POUR Y ÉTABLIR LE CAMPEMENT AVANT DE DÉCIDER RAPIDEMENT DE MENER LA FLOTTE ET L'ARMÉE À UN MEILLEUR ENDROIT PLUS À L'EST SUR LA CÔTE, À HASTINGS.

L'armée de Harold, à bout de forces, se dirigea vers le sud et marqua une pause de quelques jours à Londres. C'est là que beaucoup souhaitèrent retarder la prochaine bataille. L'armée était exsangue, manquait de préparation, et il paraissait judicieux d'attendre un peu afin que les soldats puissent bénéficier d'un peu de repos et de renforts avant de retourner au combat. Au même moment, les hommes de Guillaume étaient en pleine forme et prêts au combat avec toutes les munitions nécessaires, mais s'ils devaient rester à Hastings tout l'hiver, ils seraient bientôt à court de nourriture et avec un moral en baisse. Le comte Gyrth, le frère de Harold, lui prodigua également un bon conseil en lui suggérant qu'il pourrait mener l'armée contre Guillaume le Conquérant à sa place. En effet, Harold avait prêté allégeance à Guillaume de Normandie en 1064 en promettant de soutenir son accession au trône, mais il n'en était rien pour le comte Gyrth. En outre, si les Normands devaient gagner la bataille, Harold aurait toujours la possibilité de lever une deuxième armée contre Guillaume le Conquérant, ou dans le pire des cas, pratiquer la politique de la terre brûlée pour affamer les Normands et les faire abandonner leur tentative d'accession au trône.

Mais le très volcanique roi Harold décida de ne pas suivre ces conseils et partit à l'assaut sans plus attendre. Au bout de quelques jours, Harold et son armée continuèrent leur route vers le sud. Ils atteignirent Caldbec Hill, à quelques kilomètres au nord de Hastings, le soir du 13 octobre et ils y établirent leur campement. Mais des Normands les avaient vus arriver et ils ne pouvaient plus les prendre par surprise.

Quand la bataille fut déclenchée le lendemain matin à neuf heures, tactiquement, le roi Harold avait l'avantage puisque son armée occupait la crête d'une colline et était protégée par les cours d'eau, le terrain accidenté et le sol humide. Les archers normands lancèrent l'assaut, mais c'est un front de boucliers anglais qu'ils durent affronter devant eux. Une attaque de l'infanterie normande fut contrée avec succès, puis Guillaume le Conquérant lança la cavalerie, mais la pente à escalader les força à faire demi-tour. Le front anglais se mit à leur poursuite, réussissant presque à faire reculer les lignes normandes. Des Normands s'enfuirent et Guillaume le Conquérant dut ôter son casque pour montrer son visage et mettre un terme à la rumeur qui le disait mort. Les Anglais étaient à deux doigts de triompher des Normands, mais ils ne s'approchèrent pas davantage. Guillaume le Conquérant renvoya les archers et cette fois, en visant plus haut que le mur de boucliers, ils firent beaucoup plus de dégâts. C'est certainement à ce moment-là que le roi Harold reçut une flèche dans l'œil. Les troupes de Guillaume le Conquérant ne relâchèrent pas leur assaut et la fatigue commença à se faire sentir dans le camp anglais. Les Normands finirent par percer la ligne de défense des Anglais. Les frères de Harold, Gyrth et Leofwine succombèrent et malgré un vaillant combat des soldats en fuite, les Normands remportèrent cette bataille. Le roi Harold, trop impatient et à la tête d'une armée épuisée et en sous-effectif, avait perdu la bataille et la vie. Le 14 octobre 1066 marqua le début d'un nouveau chapitre de l'histoire anglaise.

LES FRANÇAIS SOUS-ESTIMENT LES ARCHERS ANGLAIS À AZINCOURT

1415

MOTIVATION

Colère
Charité
Envie
Foi
Gourmandise
Avidité
Espérance
Luxure
Orgueil
Paresse

Principal coupable: la faiblesse du leadership de l'armée française

Dégâts causés: cela entraîne la destruction massive d'une grande partie de l'armée et la plupart de la noblesse française.

Raison: un excès de confiance et pas assez de planification et d'organisation

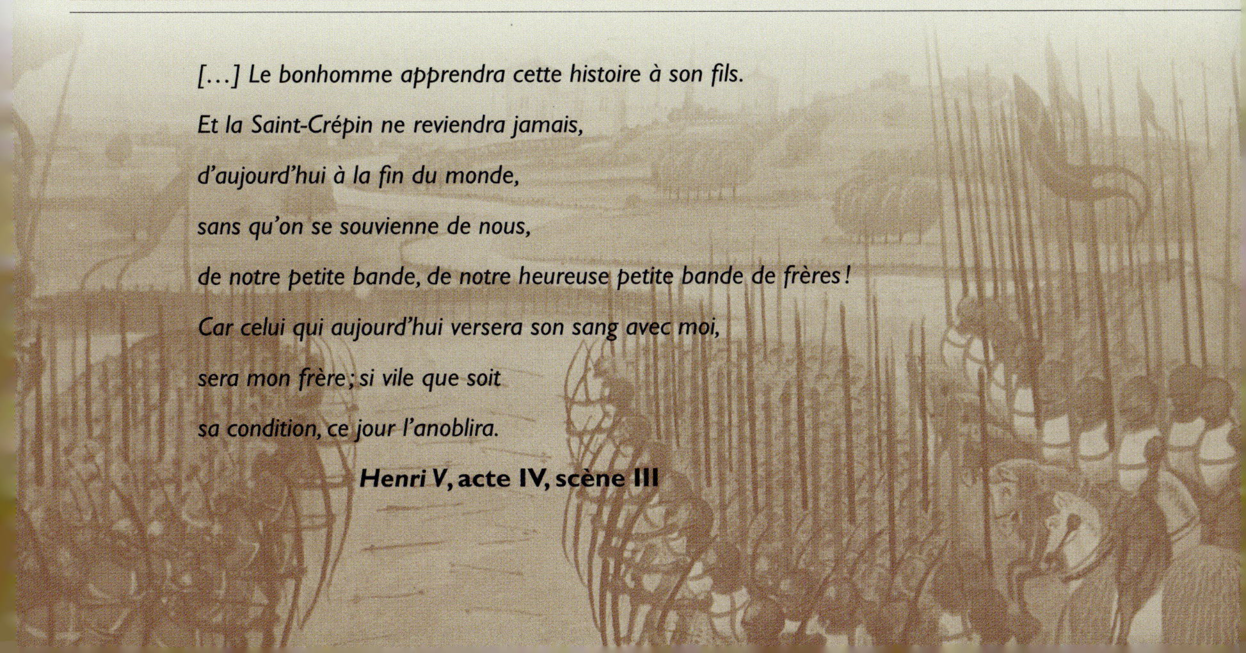

[…] Le bonhomme apprendra cette histoire à son fils.
Et la Saint-Crépin ne reviendra jamais,
d'aujourd'hui à la fin du monde,
sans qu'on se souvienne de nous,
de notre petite bande, de notre heureuse petite bande de frères !
Car celui qui aujourd'hui versera son sang avec moi,
sera mon frère ; si vile que soit
sa condition, ce jour l'anoblira.

***Henri V*, acte IV, scène III**

HENRI V
Après son succès à Azincourt, Henri repart pour deux autres campagnes, mais il meurt en France (probablement de la dysenterie) avant de pouvoir être couronné roi de France.

En 1415, près de 350 ans après la bataille de Hastings qui avait permis à Guillaume, duc de Normandie, de remporter la couronne d'Angleterre, une armée anglaise menée par le roi Henri V se retrouvait en terre française. Les rois Plantagenêt, dont Henri faisait partie, revendiquaient le trône français et avaient mené une série de guerres successives, la fameuse guerre de Cent Ans, contre la maison de Valois depuis 1337. Les Plantagenêt prétendaient à ce trône du fait de leur parenté avec le roi Édouard III, fils d'Isabelle de France, épouse d'Édouard II. Les rois de Valois ne reconnaissaient que la descendance patrilinéaire et niaient la légitimité d'une demande d'accession au trône liée à une ascendance maternelle.

Depuis son accession au trône en 1413, Henri était entré en négociation avec les Français, mais ses requêtes étaient considérées comme inacceptables. Henri s'était déclaré lui-même prêt à ne plus prétendre à la couronne de France en échange d'une rançon exceptionnelle d'1,6 million de couronnes, de la main de la fille de Charles VI, la princesse Catherine, avec une dot de 2 millions de couronnes, et la reconnaissance de certaines terres comme l'Aquitaine que l'Angleterre réclamait. La meilleure contre-offre proposée par les Français fut la main de la princesse Catherine, une dot de 600 000 couronnes, et l'Aquitaine, qu'Henri refusa. Au même moment, une armée de soldats anglais et gallois se préparait, des navires avaient été réquisitionnés, et Henri s'apprêtait à livrer bataille pour obtenir gain de cause.

La flotte anglaise, composée d'environ 8 000 hommes – 6 000 archers et 2 000 hommes d'armes – débarqua dans l'embouchure de la Seine le 13 août. Il était prévu de s'emparer du port de Harfleur qui ferait office de base d'où l'armée serait réapprovisionnée, puis de marcher sur Paris à environ 200 kilomètres, mais deux problèmes se posèrent. Premièrement, Harfleur ne fut pas si simple à prendre. Les Français avaient réussi à renforcer leur petite garnison de 100 soldats avec 300 autres et le siège dura un peu plus d'un mois. Deuxièmement, ses soldats furent frappés par une épidémie de dysenterie qui en tua certains et en affaiblit beaucoup d'autres. Quand l'armée fut enfin prête à prendre la route, le 8 octobre, composée environ de 5 000 hommes, les conditions climatiques empiraient et il était trop tard dans l'année pour envisager d'attaquer Paris. Au lieu de ça, Henri décida de se diriger vers la ville de Calais, pour y faire une démonstration de force tandis que son armée traversait la campagne. Ses conseillers lui déconseillèrent cette stratégie risquée alors que des forces françaises puissantes étaient en chemin, mais il voulut persister. Il s'avéra que ses conseillers avaient raison.

LES ARMÉES SE RENCONTRENT

Quand l'armée atteignit la rivière Somme, la présence d'un contingent français contraignit Henri à faire un grand détour et alors qu'ils étaient à 50 kilomètres de Calais, un observateur de l'armée les informa que la vallée le long de laquelle ils marchaient était bloquée par l'armée française qui les avait dépassés et devancés. À moins de renoncer à la couronne française, Henri et son armée devraient livrer bataille. Les estimations du nombre de soldats français varient selon les sources, mais ils étaient au moins le double et jusqu'à six fois plus nombreux que les Anglais. Les soldats anglais et gallois installèrent leur campement et passèrent une nuit terrible en perspective d'une défaite imminente. Les Français, en revanche, étaient plein d'assurance et passèrent la nuit à faire la fête. Non seulement ils étaient bien plus nombreux, mais en plus, ils faisaient entière confiance à leurs chevaliers équipés d'armures en métal, à cheval et à pied, qui composaient la majeure partie de leur armée avec la crème de la noblesse française aux commandes. Le reste de l'armée était composé de paysans enrôlés pour l'occasion.

L'armée d'Henri, au contraire, était une armée professionnelle de soldats permanents, bien payés et disciplinés, dont une grande partie était composée d'archets équipés des meilleures armes de l'époque, des arcs puissants et des flèches perforantes. Le match était moins déséquilibré qu'il n'en avait l'air. Les Français avaient choisi un mauvais terrain pour la bataille et les conditions météorologiques aggravaient la situation.

Le 25 octobre au matin, les deux armées s'affrontèrent au fond de la vallée sur laquelle la pluie était tombée à torrents entre deux forêts denses de chaque côté. La vallée faisait moins d'un kilomètre de largeur côté français et se réduisait côté anglais. Henri organisa son armée en plaçant les hommes d'armes au centre et les archers en arc de cercle de chaque côté. Les Français formèrent trois lignes de front en rangs bien serrés, l'une devant l'autre. Las d'attendre l'assaut des Français, à 11 heures du matin, Henri ordonna à ses hommes d'avancer puis de s'arrêter à 300 mètres du front français. Les archers placèrent une rangée de bâtons aiguisés dans le sol, inclinés vers l'avant pour rendre compte de l'avancée de la cavalerie, avant de lâcher une volée de flèches. Les Français chargèrent avec les premières rangées de chevaliers aux lourdes armures courant dans la boue épaisse. Sous une pluie de flèches, décochées toutes les dix secondes, de plus en plus serrés dans la vallée qui se rétrécissait et dans l'impossibilité de dégainer leurs épées, les chevaliers français tombèrent et furent piétinés par les rangées devant eux. Sans savoir ce qui se tramait devant eux, la cavalerie française arriva à vive allure ajoutant au chaos. Les chevaux, victimes des flèches, renversaient leurs cavaliers et fuyaient le danger en percutant les rangées derrière eux.

Les archers anglais et gallois légèrement vêtus se débarrassèrent de leurs arcs et revinrent à la charge avec leurs épées. Le carnage fut terrible, et environ 1700 chevaliers et nobles les plus riches furent capturés. À ce moment-là, Henri fut prévenu qu'une autre vague de forces françaises les attaquait par l'arrière, et sur-le-champ il ordonna à ses hommes d'éliminer tous leurs prisonniers afin qu'ils ne puissent pas s'échapper et reprendre le combat. Décidés à ne perdre aucune rançon potentielle, les hommes d'Henri durent être menacés par un groupe d'archers, des centaines de personnes furent tuées avant que l'on apprenne que la fameuse "attaque par l'arrière" était le fait de villageois locaux qui pillaient le campement anglais. C'est toute une génération de noblesse française qui fut massacrée.

Le reste de l'armée française avait pris la fuite et la vallée était jonchée de cadavres. On estime que l'armée d'Henri a dû perdre moins de 200 hommes tandis que l'armée française enregistrait des pertes atteignant les 10 000 hommes. Les Anglais, chargés du butin récupéré sur le champ de bataille, continuèrent leur marche vers Calais et le roi Henri V revint en Angleterre victorieux. Certains, surtout parmi les Français, considéraient qu'Henri avait manqué d'honneur en faisant exterminer les prisonniers, mais c'est en héros conquérant qu'il fut reçu, bien que lui-même invoquât Dieu pour justifier le succès de son armée.

En réalité, en ayant sous-estimé la menace posée par les arcs anglais, et en choisissant de livrer bataille dans un lieu qui empêchait l'usage de la cavalerie et de tout un arsenal, ce furent les Français qui transformèrent une victoire annoncée en défaite.

LA DYNASTIE MING TOURNE LE DOS AU RESTE DU MONDE

1435

MOTIVATION

- Colère
- Charité
- Envie
- Foi
- Gourmandise
- Avidité
- Espérance
- Luxure
- **Orgueil**
- Paresse

Principaux coupables : les empereurs de la dynastie Ming

Dégâts causés : la Chine a perdu son avance en matière de culture et de technologie.

Raison : la civilisation chinoise s'est repliée sur elle-même, estimant que le pays pouvait être économiquement et intellectuellement autonome.

Nous, Zheng He et ses compagnons, au début du règne de Zhu Di avons reçu un ordre impérial nous envoyant chez les barbares. Jusqu'à aujourd'hui nous avons entrepris sept voyages et chaque fois nous avions sous nos ordres des dizaines de milliers de soldats gouvernementaux et plus d'une centaine de vaisseaux de haute mer. Nous avons atteint des villes des régions occidentales, en tout plus de trois milles pays. Nous avons affronté sur l'océan des vagues énormes comme des montagnes s'élevant vers le ciel, et nous avons aperçu au loin des régions barbares cachées derrières des vapeurs légères et d'un bleu transparent, tandis que nos voiles, arrogantes déployées comme des nuages, continuaient leur course jour et nuit, rapides comme celles d'une étoile, traversant les vagues sauvages.

Zheng He, amiral chinois, 1431

Au début du XVe siècle, après avoir dominé le monde dans les domaines technologique, culturel, agricole, de l'infrastructure et de l'organisation sociale pendant plus de mille ans, la Chine vécut une période d'exploration et d'autopromotion exceptionnelle. Le pays était sur le point de devenir une puissance dominante quand la dynastie Ming au pouvoir décida tout à coup et délibérément de fermer la porte sur le reste du monde. C'est une décision qui plongea la Chine dans des siècles d'isolement commercial et intellectuel et qui fit d'elle un acteur mineur sur la scène internationale.

KUBLAI KHAN
La dynastie des Yuan, qui a précédé celle des Ming, a été créée en 1271 par le chef mongol Kublai Khan, petit-fils de Gengis Khan.

Le Moyen Âge en Europe, qui se situe approximativement entre le déclin de l'empire romain et la Renaissance italienne, du Ve au XIVe siècles, a souvent été qualifié d'âge des ténèbres en référence à une période qui connut peu de progrès aussi bien dans les domaines des lettres et de l'architecture qu'aux niveaux intellectuel et scientifique. Cette description est quelque peu injuste, si l'on ne compare pas ce qui passait en Europe avec les événements en Chine. Au cours de ces mille années, la Chine devint une des civilisations les plus évoluées au monde, en grande partie grâce à ses nombreuses inventions technologiques. Les fameuses quatre grandes inventions, le papier, l'imprimerie, la poudre et la boussole, étaient toutes très développées en Chine avant d'atteindre l'Occident.

Le papier fut inventé en Chine au début du IIe siècle, et c'est au VIIIe siècle que l'imprimerie fut développée, d'abord avec la technique des blocs de bois, et plus tard, au XIe siècle, avec les caractères mobiles. La littérature, et par conséquent l'alphabétisation, connut ses premières heures de gloire, avec tout un tas de dictionnaires, de recueils, de registres d'état civil, et même de journaux. Dans la Chine du Xe siècle, la poudre fut utilisée pour les premiers fusils et grenades, et plus tard, pour les mines terrestres, les canons et les fusées. Dès le XIIe siècle, la boussole magnétique servait à la navigation.

Ces fameuses quatre inventions ne sont que les plus connues. La fonte, par exemple, ne fut utilisée en Occident qu'au XIVe siècle. Les Chinois l'avaient utilisée dans un grand nombre de domaines depuis 1 700 ans : dans l'agriculture, l'armement et même le bâtiment. La porcelaine, l'abaque, l'horloge mécanique, la pompe à eau : la liste des inventions chinoises est sans fin. Les connaissances scientifiques également atteignirent des niveaux remarquablement élevés dans de nombreux domaines comme les mathématiques, l'astronomie, la biologie et la médecine.

ORGANISATION NATIONALE

Sous les empereurs successifs, et une bureaucratie gouvernementale bien organisée, la production agricole du pays connut un grand développement à l'aide de méthodes qui étaient bien en avance sur celles de l'Europe à l'époque. Des routes bien entretenues connectaient de grands centres urbains, permettant la bonne circulation des biens, des troupes et des représentants de l'État. Le Grand canal de Chine, une voie majeure pour le transport d'une longueur de plus de 1600 kilomètres de Pékin à Hangzhou, fut terminé au VIIe siècle et il est toujours le canal le plus long du monde. Une grande muraille, d'une longueur totale de près de 6500 km, fut construite et entretenue pour protéger la frontière nord de la Chine.

Après une période de malaise social aigu sous le règne de la dynastie mongole des Yuan (1271 – 1368), l'ordre et la stabilité furent restaurés dans le pays sous la dynastie des Ming, nom qui signifie brillant. Le troisième empereur Ming, l'empereur Yongle, né Zhu Di, fit de Pékin la capitale du pays et fut l'initiateur de la construction de sa Cité interdite, siège du gouvernement et de la famille impériale. Avec son pouvoir militaire, il étendit l'influence de la Chine jusqu'en Mongolie et au Tibet au nord, et jusqu'en Corée et au Vietnam au sud. L'empereur Yongle visait encore plus loin, et en 1405, il entreprit le premier voyage d'une longue série, avec des expéditions remarquables en termes d'échelle et de durée.

La direction de ces voyages était attribuée à l'eunuque Zheng He, marin expérimenté et commandant de la marine impériale. La flotte qui prit le départ en 1405 comptait plus de 250 navires, dont 60 « navires trésors » gigantesques de plus de 120 mètres de long, c'est-à-dire cinq fois la longueur du *Santa Maria* de Christophe Colomb, avec quatre ponts et neuf mâts, et pouvant accueillir chacun 500 passagers. Les navires d'escorte transportaient les troupes, les chevaux, les victuailles, les provisions et l'eau. Au regard de la taille des flottes de ces explorateurs qu'étaient Christophe Colomb en 1492 – trois navires et 90 hommes – Vasco de Gama en 1498 – quatre navires et 150 hommes – ou Magellan en 1521 – cinq navires et près de 300 hommes – on peut véritablement parler d'exploration ambitieuse.

© Hassan Saeed | Creative Commons

AMIRAL ZHENG HE
Les exploits de l'amiral, décédé lors d'un voyage en 1433, ont été supprimés par les autorités, mais ils vivaient dans les écrits populaires et sont maintenant célébrés par les Chinois.

Le dessein de ses voyages, dont sept furent réalisés entre 1405 et 1433, était de démontrer au monde la puissance et la splendeur de la dynastie des Ming, ainsi que de remporter l'adhésion des « barbares ». Il s'agissait essentiellement d'un exercice de relations diplomatiques dont le succès fut indéniable. La vue d'une telle flotte aura forcément inspiré la terreur et l'admiration partout où elle passait. Même si la flotte transportait sa propre armée, la force fut rarement utilisée, et Zheng He visita les côtes d'une trentaine de pays autour de l'océan indien, de la Thaïlande en passant par Java et l'Inde jusqu'au Golfe Persique et à l'Afrique de l'Est. Ils auraient même contourné le Cap de Bonne Espérance et remonté un petit peu la côte atlantique de l'Afrique. À chaque pays, ils faisaient don de métaux précieux, de porcelaine et de soie, et ils rentrèrent en Chine avec toutes sortes de tributs pour l'empereur, dont la première girafe jamais introduite en Chine, et même des envoyés spéciaux des pays auxquels ils avaient rendu visite.

Bien que ces voyages n'aient pas eu de vocation commerciale, les contacts noués et les informations recueillies par Zheng He et son entourage auraient permis à la Chine de dominer la région économiquement et politiquement. Au terme du dernier voyage de Zheng He en 1435, les Ming interdirent le commerce maritime, d'une part parce qu'il fallait des fonds pour améliorer les fortifications au nord et faire reculer les Mongols prêts à envahir la Chine, et d'autre part à cause d'un retour à une philosophie nationaliste qui considérait que la Chine se suffisait à elle-même et qu'elle n'avait pas besoin d'aller voir au-delà de ses frontières.

La plus grande civilisation au monde, en passe de devenir la plus grande puissance maritime mondiale, s'en retourna à un isolement qu'elle s'infligea elle-même. Tandis que les évolutions s'accéléraient en Europe, surtout avec la Révolution industrielle, l'innovation technologique chinoise connut un terrible ralentissement, et même si une part de négoce perdura, ce fut les nouvelles nations commerçantes, le Portugal, l'Espagne, le Japon, les Pays-Bas, la Grande-Bretagne et plus tard les États-Unis, qui en vinrent à dominer les mers orientales et même la côte chinoise.

LE PAPE EXCOMMUNIE MARTIN LUTHER

1521

MOTIVATION

- **Colère**
- Charité
- Envie
- Foi
- Gourmandise
- **Avidité**
- Espérance
- Luxure
- Orgueil
- Paresse

Principal coupable : le pape Léon X

Dégâts causés : cela entraîne la Réforme protestante, et la moitié de l'Europe rejette l'Église catholique romaine.

Raison : le pape refusa d'écouter ou de répondre aux critiques adressées à la papauté ou l'Église catholique romaine.

Puisque Votre Majesté Impériale et Vos Seigneuries me demandent une réponse nette, je vais vous la donner, sans cornes et sans dents : non. À moins que je ne sois convaincu par le témoignage des Écritures ou par des raisons évidentes, car je ne puis me soumettre aux décisions seules du pape et des conciles, lorsqu'il est constant qu'ils ont souvent erré et qu'ils se sont même contredits, je demeure ferme dans ma foi, qui repose sur les paroles mêmes de Dieu. Je ne peux donc ni ne veux me rétracter, car il n'est ni sûr ni honnête d'agir contre sa conscience.

Martin Luther, répondant à la Diète de Worms

Au XVe siècle, en Europe, alors que l'Église catholique romaine gagnait encore en pouvoir politique et accumulait toujours plus de richesses, parfois par des moyens discutables, des voix discordantes se firent entendre. Pour ses écrits contre la corruption de la papauté, le théologien anglais John Wycliffe, dont les sympathisants furent appelés les Lollards, fut déclaré hérétique à titre posthume, et déterré puis brûlé 44 ans après sa mort. À Prague, le réformateur tchèque Jan Hus fut condamné au bûcher en 1415 pour avoir critiqué l'Église catholique, mais la vaste majorité des Tchèques suivirent ses enseignements et rompirent avec le catholicisme romain. Quand un siècle plus tard, Martin Luther publia la liste de ses griefs contre la doctrine et les pratiques de l'Église, et remit en cause l'autorité papale, le pape refusa le dialogue et finit par l'excommunier. S'ensuivit la réforme protestante, une série de guerres religieuses, un deuxième schisme majeur dans l'Église, et la perte de l'autorité papale dans la moitié de l'Europe.

MARTIN LUTHER
Le prêtre allemand a soulevé d'importantes questions de doctrine et d'autorité, croyant que la connaissance de Dieu est une question d'expérience directe et personnelle.

Né en Allemagne en 1483 et baptisé catholique le lendemain de sa naissance, Martin Luther fut élève de plusieurs écoles où il étudia la grammaire latine, la rhétorique et la logique, puisque son père souhaitait qu'il devienne avocat. Après une licence et une maîtrise à l'université de Erfurt, il s'inscrivit en école de droit tout en s'intéressant davantage à la philosophie puis à la théologie. Déjà à cette époque, le jeune Luther avait la forte conviction que la connaissance de Dieu ne pouvait passer que par la révélation divine, et non pas par la logique, la philosophie ou la raison. Il quitta rapidement l'université pour rejoindre un couvent des Augustins, au grand dam de son père, où il se consacra à la lecture de l'Écriture sainte, à la prière, au jeûne, à la confession de ses péchés et à l'introspection. Sur les conseils de son supérieur qui lui recommandait l'enseignement, il fut ordonné prêtre en 1507 et l'année suivante, il rejoint l'université de Wittenberg comme professeur de théologie. Il continua ses propres études de la Bible et termina son doctorat en 1512. Ses études de l'Écriture sainte l'amenaient de plus en plus vers la conclusion que la doctrine et beaucoup des pratiques de l'Église catholique romaine, ainsi que sa structure et son mode de fonctionnement, n'étaient pas en phase avec les enseignements de la Bible, voire totalement contraires à celle-ci. Ses critiques visaient particulièrement les indulgences qui étaient monnayées.

LE PROBLÈME DES INDULGENCES

Depuis le XIe siècle, l'Église catholique avait développé cette pratique consistant à monnayer les indulgences, c'est-à-dire la rémission partielle ou totale devant Dieu de la peine temporelle encourue en raison d'un péché déjà pardonné. L'Église était en mesure de le faire en tant que seule détentrice du trésor des satisfactions du Christ et des saints. Au fur et à mesure des siècles, la pratique s'était généralisée et les abus avaient augmenté jusqu'à représenter une source de revenus importante pour la papauté à qui une grande partie de l'argent était remise ainsi qu'aux autorités ecclésiastiques locales. Les indulgences n'étaient ni un pardon ni la rémission de la peine éternelle, mais c'est ainsi qu'elles étaient dépeintes et comprises. Pour Martin Luther, l'affaire atteignit son paroxysme en 1516 au cours de la visite en Allemagne d'un certain Johann Tetzel, envoyé par le pape Léon X afin de récolter de l'argent par la vente des indulgences pour la reconstruction de la basilique Saint Pierre à Rome. Luther exprimait de fortes réserves sur la pratique en général, arguant qu'il était étrange que le pape, un des hommes les plus fortunés au monde, pût récolter de l'argent pour ses projets auprès des pauvres, mais il critiqua particulièrement les arguments de vente de Tetzel qui affirmait que l'achat d'une indulgence permettait à une personne décédée d'échapper au purgatoire. Plus fondamentalement encore, Martin Luther remettait en cause le droit moral de l'Église à vendre quelque chose que seul Dieu pouvait offrir. Il pensait que la justification n'était pas une récompense contre de bonnes actions, comme le don d'argent à des hommes d'Église, mais était offerte par Dieu à tous ceux qui avaient la foi. Les indulgences avaient déjà été l'objet de critiques de la part de réformateurs par le passé, mais Luther fut le premier à fonder ses objections sur des arguments théologiques.

À la fin du mois d'octobre 1517, Luther inscrivit toutes ses critiques de cette pratique dans un recueil en forme de discussion intitulée La Dispute de Martin Luther sur la puissance des indulgences, qu'il envoya à l'archevêque Albrecht de Magdebourg et Mayence. On raconte qu'il aurait placardé ce document plus connu sous le nom des 95 Thèses à la porte d'une église, mais la réalité de cet événement fait débat parmi les historiens.

L'archevêque n'acceptait pas facilement la critique. C'était lui qui le premier avait invité Tetzel en Allemagne et il bénéficiait directement des sommes réunies qu'il utilisait pour régler au pape une dispense spéciale lui permettant d'être archevêque de deux évêchés à la fois. Plutôt que d'ouvrir le débat avec Luther, l'archevêque Albrecht transféra le document au pape, qui était le sujet de l'essentiel de la critique.

LE PAPE LÉON X
Le pape exerce une pression considérable sur Luther afin de le faire rentrer dans le rang. Son excommunication ne fait que renforcer la protestation populaire contre le pouvoir de l'Église catholique.

Pendant une certaine période, le pape Léon X dressa les théologiens contre Luther, invoquant le délit d'hérésie, et tenta même de l'obliger à renier ses positions ; en conséquence de quoi, Luther n'eut de cesse de s'exprimer toujours davantage en refusant de reconnaître l'autorité du pape et en rédigeant d'autres essais visant l'Église. Pour finir, en 1520, le pape fit promulguer un décret rendu public dans la ville de Wittenberg menaçant Luther d'excommunication s'il ne revenait pas sur un grand nombre de ses 95 Thèses. En guise de réponse, Luther brûla le décret du pape, et au début janvier 1521, il fut excommunié. Il fut ensuite convoqué devant la diète de Worms, à laquelle il confirma qu'il maintenait la véracité de ses écrits, et il en profita pour en rajouter une couche sur les erreurs et les contradictions du pape et de l'Église. La diète de Worms décréta que ses écrits devaient être interdits et que lui-même devait être déclaré hérétique et hors la loi. Si l'Église romaine pensait mettre un terme à cette affaire, elle se trompait largement.

Il ne s'agissait pas simplement d'un conflit local entre l'Église et un jeune théologien. En 1518, un ami et soutien de Luther avait traduit ses 95 Thèses du latin en allemand et en quelques semaines, grâce au développement récent de l'imprimerie, son tract avait été distribué dans toute l'Allemagne. En l'espace d'une année, ses critiques ont fait écho dans toute l'Europe. Comme de nombreux réformateurs soutenaient activement les objectifs de Luther, des différences de vues sur la doctrine chrétienne commencèrent à se faire jour et plusieurs dénominations pour qualifier les protestants apparurent, souvent soutenues par des chefs d'État et des institutions soucieuses de s'affranchir du pouvoir politique papal. Parmi ces dénominations figuraient celle de l'Église luthérienne en Allemagne et en Scandinavie, celle de l'Église réformée calviniste en Suisse et en France, ainsi qu'une succession de variations plus radicales.

Malgré une contre-réforme de l'Église romaine, couronnée de succès en Espagne et en Italie, le protestantisme se mit à dominer le nord et l'est de l'Europe dès le milieu du XVIIe siècle, et le traité de Westphalie, qui mit fin à la guerre de Trente Ans, affirma le droit aux chefs d'État européens de déterminer la religion d'État, catholicisme, luthéranisme ou calvinisme. Le protestantisme représentait une rupture par rapport à l'Église catholique en rejetant le dogme de la seule et vraie Église. Les chrétiens de toutes dénominations étaient libres de pratiquer la religion qu'ils avaient choisie et l'hégémonie papale sur l'Europe est rompue. Le pape Innocent X riposta en déclarant le traité de Westphalie nul et non avenu, et naturellement hérétique et insensé, ce qui ne changea rien à la réalité.

MALGRÉ UNE CONTRE-RÉFORME DE L'ÉGLISE ROMAINE, COURONNÉE DE SUCCÈS EN ESPAGNE ET EN ITALIE, LE PROTESTANTISME SE MIT À DOMINER LE NORD ET L'EST DE L'EUROPE DÈS LE MILIEU DU XVIIE SIÈCLE.

MOTIVATION

Colère
Charité
Envie
Foi
Gourmandise
Avidité
Espérance
Luxure
Orgueil
Paresse

ATAHUALPA L'INCA RENCONTRE PIZARRO LE CONQUISTADOR

15 novembre 1532

Principal coupable : Francisco Pizarro

Dégâts causés : la destruction totale de toute une civilisation

Raison : pour convertir les païens à la vraie religion et recueillir des richesses inimaginables pour le roi et son pays.

Bien que les nations sauvages soient souvent rusées et fausses, pourtant, si un système de tromperie et de trahison doit être imputé, soit à un monarque qui n'avait aucune bonne raison d'être alarmé par la visite d'étrangers qui sollicitaient d'entrer en sa présence en tant qu'amis, soit à un aventurier si audacieux et si peu scrupuleux que Pizarro, on ne peut pas hésiter à déterminer où placer la présomption de culpabilité.

William Robertson, *Histoire générale de l'Amérique du Nord et du Sud*, 1834

En 1532, Francisco Pizarro se trouvait à la tête d'une expédition qui quittait la côte Pacifique de l'actuel Pérou. Cette incursion à l'intérieur des terres lui permit de découvrir une société extrêmement bien organisée. Au cours du XVIe siècle, à grand renfort de conquêtes et d'alliances politiques, les différents souverains de la dynastie inca avaient établi un véritable empire qui allait de la Colombie au Chili. Il s'étendait sur près de 4800 kilomètres de long et englobait l'Équateur, le Pérou et certaines régions de la Bolivie et de l'Argentine. Il regroupait une grande diversité de paysages : la jungle à l'ouest, le désert plus au sud, sans oublier les sommets andins et les plaines côtières. Les villes étaient construites à partir d'énormes blocs de pierre dans un style architectural recherché et avec des moyens sophistiqués. Une administration centrale régissait la vie de la population. Le milieu rural était, quant à lui, fondé sur un système féodal qui contraignait les paysans à exécuter certaines tâches et à s'acquitter de différents impôts. Les instructions de l'empereur circulaient rapidement à travers le pays grâce à un réseau de sentiers particulièrement bien entretenus. Il permettait aussi de transporter à dos d'animaux les biens et victuailles d'un point à l'autre de l'empire. De magnifiques tissus, des poteries soigneusement ornées, des pierres précieuses ainsi que des objets en or et en argent ciselés, qui intéressaient tout particulièrement les Espagnols, attestent de la richesse culturelle de ses peuplades.

FRANCISCO PIZARRO
Salué par les Espagnols comme un grand explorateur et conquérant, Pizarro est considéré par de nombreux Péruviens comme le destructeur de leur culture d'origine, de leur langue et de leur religion.

Le navire espagnol qui mouilla au large de cet empire n'avait à son bord que 170 hommes et 27 chevaux. Leur mission était de conquérir l'empire inca au nom de Charles 1er, roi d'Espagne. Ils débarquèrent à point nommé pour cela. En effet, cela faisait cinq ans que le pays était en pleine guerre civile. Atahualpa et Huascar, deux des fils du souverain Huayna, se livraient une lutte fratricide suite à la mort de leur père. De plus, certaines tribus qui vivaient sur la frontière de l'empire inca commencèrent à se rebeller contre le pouvoir central et la variole faisait ses premiers ravages dans les régions du nord. Atahualpa, dont le fief était au nord du pays, se dirigeaient avec ses troupes vers Cuzco et venaient d'infliger une défaite à l'armée de Huascar quand il eut vent de la présence d'un groupe d'étrangers. Il envoya un membre de la noblesse inca en émissaire. Celui-ci passa deux jours avec les Espagnols et fut impressionné par leurs armures, leur artillerie et leurs chevaux, du jamais vu en Amérique du Sud. Après avoir transmis aux Espagnols l'invitation faite par Atahualpa de les rencontrer à Cajamarca, une ville proche de la côte, il revint faire son rapport à son suzerain.

Pizarro accepta l'invitation et arriva le 15 novembre avec ses troupes à Cajamarca. La ville était en grande partie désertée. Il fit porter un message à Atahualpa, invitant ce dernier à le rejoindre le lendemain sur la place centrale. Prêt à capturer le suzerain inca par la force, Pizarro dispersa ses hommes dans trois immenses bâtiments qui entouraient la place. Atahualpa arriva sur un palanquin déplacé par 80 porteurs. Plusieurs milliers de ses soldats, apparemment non armés, le suivaient et ses troupes constituées de 80 000 hommes étaient stationnées sur les hauteurs à l'extérieur de la ville. Cette démonstration de force porte à croire qu'Atahualpa pensait dominer la situation et envisageait sans doute de se saisir ou d'écraser ces étrangers qu'il était parvenu à attirer sur son territoire. Mais ce qui se produisit fut bien différent de ce qu'il avait pu imaginer.

Il existe deux versions des faits. Une première version selon laquelle un groupe d'Espagnols, dont Pizarro, soit venu à la rencontre d'Atahualpa et une deuxième version selon laquelle le missionnaire de l'expédition, Vicente de Valverde, s'est approché de lui. Le moine l'aurait enjoint de se convertir au catholicisme et lui aurait rendu une Bible ou un livre de prières. Ce geste aurait surpris Atahualpa. Ne sachant sans doute pas lire, il aurait jeté l'ouvrage au sol. Pizarro profita de ce geste qui pouvait facilement être interprété comme un signe de défiance face à l'Église catholique et ordonna à ses hommes d'attaquer. Armés de mousquets et de quatre petits canons, ils ouvrirent le feu sur les soldats incas avant l'assaut de la cavalerie qui fit près de 2 000 victimes. Les autres Incas présents s'enfuirent pris de panique. Selon la légende, les porteurs d'Atahualpa continuèrent de le protéger, même après s'être fait amputer les mains par les Espagnols. Et quand le palanquin finit par toucher le sol, d'autres hommes accoururent pour faire rempart de leur corps, succombant sous la lame des Espagnols. Pizarro finit par s'emparer d'Atahualpa juste au moment où l'un de ses soldats s'apprêtait à l'achever. Il fut blessé en parant le coup, un chef mort ne lui étant d'aucune utilité.

ARMÉS DE MOUSQUETS ET DE QUATRE PETITS CANONS, ILS OUVRIRENT LE FEU SUR LES SOLDATS INCAS AVANT L'ASSAUT DE LA CAVALERIE QUI FIT PRÈS DE 2 000 VICTIMES.

Une fois emprisonné, Atahualpa fut traité avec égard et, grâce à lui, Pizarro put s'emparer du pouvoir dans l'empire inca. Dans les jours qui suivirent cet événement, le campement abandonné par les troupes incas fut pillé et les Espagnols s'emparèrent d'une importante quantité d'or et d'argent. Cela les confirma dans l'idée que l'empire inca renfermait de nombreux trésors. Une pièce fut choisie dans l'un des bâtiments de Cajamarca. Atahualpa accepta de donner aux Espagnols l'équivalent de la moitié de sa superficie en or et le double en argent. Il donna l'ordre de dépouiller les temples et palais de leurs objets d'art et de culte. En mai 1533, il avait rempli sa part du contrat. On estime que cela représentait un peu plus de onze tonnes d'or et vingt-deux tonnes d'argent qui finirent en lingots. Un cinquième de ce trésor fut envoyé au roi d'Espagne et le reste fut réparti entre les soldats.

CAPTURE DE L'INCA
Cette gravure du XVIIIe siècle montre Pizarro et ses hommes arrêter l'empereur inca Atahualpa dans la ville de Cajamarca. Il sera ensuite étranglé.

De peur que Huascar ne tombât entre les mains des Espagnols et ne le remplaça en tant qu'empereur fantoche, Atahualpa fit en sorte de faire assassiner son frère. Quand Pizarro jugea qu'il ne lui était plus d'aucune utilité, ce crime fut retenu contre lui. La polygamie, l'idolâtrie et la conspiration contre le royaume d'Espagne furent les autres éléments à charge. C'est sans surprise que l'empereur inca fut reconnu coupable et condamné au bûcher, pratique qui allait à l'encontre des croyances incas. En effet, le corps du défunt devait rester intact afin de pouvoir accéder à la vie après la mort. C'est pourquoi Atahualpa accepta de se convertir au christianisme contre l'assurance de mourir par strangulation. Le 29 août 1533, après avoir été baptisé et prénommé Francisco, il fut exécuté selon ses souhaits et reçut des funérailles chrétiennes. Sa mort scella à jamais le destin de l'empire inca.

Malgré de nombreuses insurrections contre eux, les conquistadors arrivèrent en une cinquantaine d'années à christianiser les habitants de ce vaste territoire d'Amérique du Sud. Après la destruction des civilisations aztèque et maya en Amérique Centrale, la disparition des Incas marqua la fin de la suprématie des autochtones et de leur culture millénaire. Les temples incas furent détruits et remplacés par des bâtiments de style espagnol. L'or et l'argent qui se trouvaient dans la région furent systématiquement confisqués. Les épidémies de variole et de rougeole, plus que les nombreuses et fréquentes maltraitances infligées par les Espagnols, décimèrent plus de 90 % de la population.

Nous ne saurons jamais si le destin du peuple inca aurait été différent si Atahualpa avait ordonné à son imposante armée de mettre un frein à l'incursion espagnole. Ce qui est certain, c'est qu'en acceptant de rencontrer Pizarro à Cajamarca, il offrit aux Espagnols l'empire inca sur un plateau d'argent.

HENRI VIII VEUT UN FILS

1534

MOTIVATION

- Colère
- Charité
- Envie
- Foi
- Gourmandise
- Avidité
- **Espérance**
- **Luxure**
- **Orgueil**
- Paresse

Principal coupable : Henri VIII

Dégâts causés : l'évolution de l'Église chrétienne en Angleterre est changée pour toujours.

Raison : Henri n'obtenant pas l'approbation du pape pour annuler son premier mariage, et pour se marier une seconde fois, il décide de nier l'autorité du pape et devient chef de l'Église d'Angleterre.

Par l'ordonnance et la souffrance de Dieu, nous sommes roi d'Angleterre, et les rois d'Angleterre par le passé n'ont jamais eu de supérieur, à part Dieu seul. C'est pourquoi, sachez bien que nous maintiendrons le droit de notre couronne et notre juridiction temporelle aussi bien en ce point comme dans tous les autres.

Henri VIII, novembre 1515

Tandis que la Réforme protestante battait son plein en Allemagne, c'est Henri VIII, couronné en 1509, qui régnait sur l'Angleterre. Quelques jours avant son couronnement, Henri épousa Catherine d'Aragon, la veuve de son frère aîné Arthur, décédé cinq mois seulement après leur mariage. Pour l'Église catholique, un homme ne peut épouser la veuve de son frère, conformément au Lévitique 20-21 qui dit « si un homme prend la femme de son frère, c'est une impureté ; il a découvert la nudité de son frère : ils seront sans enfant. » Pourtant, le pape Jules II offrit à Henri une dispense spéciale afin qu'il puisse épouser Catherine car le mariage n'avait jamais été consommé, il fut donc déclaré nul.

LE ROI HENRI VIII
Bien qu'ayant été critique envers Martin Luther et la Réforme protestante, Henri est prêt à rejeter l'autorité de Rome lorsque cela sert ses ambitions personnelles.

Catherine était à tous points de vue une femme remarquable. De cinq ans l'aînée d'Henri, elle était belle, intelligente et éduquée, et elle impressionnait tous ceux qui la rencontraient. Elle avait rempli le rôle d'ambassadrice de l'Espagne en Angleterre, première ambassadrice en Europe de l'histoire, avant d'épouser Henri, et en tant que reine consort, elle fut nommée régente en 1513 alors qu'Henri se trouvait en France. Au cours de cette période, les Écossais envahirent l'Angleterre et Catherine se dirigea vers le nord, vêtue d'une armure complète, et malgré sa grossesse, pour superviser la victoire des Anglais lors de la bataille de Flodden. Elle n'avait qu'un défaut aux yeux d'Henri : aucun de ses fils n'a jamais survécu. Au bout de six grossesses, leur seul enfant survivant était une fille du nom de Marie, alors qu'Henri VIII était décidé à offrir un héritier au trône afin qu'il n'y eût pas remise en cause de la succession au trône et de la dynastie des Tudor.

En 1525, alors que Catherine avait 40 ans et qu'il était donc peu probable qu'elle ait d'autres enfants, Henri VIII s'éprit fortement d'une des demoiselles de compagnie de la reine, la jeune Anne Boleyn, à qui il fit passionnément la cour. Pourtant, celle-ci se refusa à suivre les pas de sa sœur aînée, Marie, avec qui le roi avait eu une aventure qui avait duré plusieurs années. Pour Anne, seul le mariage était envisageable. Le roi adopta donc une stratégie qu'il avait peut-être mûrie depuis un certain temps. Étant donné que l'Église romaine interdisait le divorce, il allait demander au pape Clément VII d'annuler son mariage avec Catherine d'Aragon pour la simple et bonne raison que le mariage de Catherine à Arthur, son frère décédé, avait bien été consommé et que la dispense octroyée par le pape Jules II avait été accordée sous un faux prétexte. Cela signifiait tout de même que Catherine et Henri vivaient dans le péché depuis 1509 et que leur fille Marie était illégitime, mais ce n'était qu'un petit prix à payer pour épouser Anne et espérer avoir un héritier au trône. Malheureusement, l'obtention d'une annulation n'était pas chose facile.

« LA GRANDE AFFAIRE DU ROI »

En 1527, contournant le cardinal Thomas Wolsey, légat pontifical et figure importante dans des affaires d'État en Angleterre, Henri VIII fit envoyer un convoi à Rome pour adresser une requête au pape Clément VII en vue de l'annulation de son mariage ainsi qu'une dispense lui permettant d'épouser toute femme de son choix, même en cas d'illégalité manifeste. Comme Anne était la sœur d'une ancienne maîtresse d'Henri, et qu'il était le frère de l'ancien mari de Catherine, il souhaitait éviter tout nouveau mariage maudit.

Malheureusement, alors que le convoi du roi approcha Rome, la ville venait d'avoir été mise à sac par les forces de l'empereur Charles V et le pape était détenu prisonnier: il n'était donc pas en position d'apporter une réponse. Le convoi retourna en Angleterre, et Henri VIII transmit l'affaire au cardinal Wolsey, qui à son tour insista fortement auprès du pape en allant jusqu'à suggérer qu'un représentant du pape soit présent à la cour ecclésiastique d'Angleterre pour y résoudre la question. Le pape refusa et interdit à Henri de se remarier tant qu'il n'y aurait pas de décision prise à Rome. En colère contre Thomas Wolsey qui avait échoué, le roi fit révoquer le cardinal. Wolsey fut plus tard arrêté pour s'être allié au pape et avoir comploté contre Anne, et il aurait probablement été exécuté s'il n'était pas mort d'une cause naturelle en 1530.

Entre-temps, le pape se retrouva dans une position fâcheuse. L'empereur Charles V avait un pouvoir considérable sur lui, et en tant que neveu de Catherine d'Aragon, Charles s'opposait à cette annulation. En outre, les réformateurs protestants, qui critiquaient l'infaillibilité papale et les accusaient de prendre les décisions qui leur convenaient en premier chef, gagneraient encore en crédibilité si le pape Clément VII devait annuler la dispense de l'époque et affirmer que le pape Jules II s'était trompé. Tout aussi désireux de ne pas provoquer l'ire d'Henri VIII, le pape retarda sa prise de décision.

Henri VIII décida alors de régler l'affaire par ses propres moyens en interdisant Catherine à la cour et en introduisant Anne à sa place. Il nomma Sir Thomas More, qui soutenait la thèse d'Henri VII d'invalidité de son mariage avec Catherine, à la place de Thomas Wolsey, et l'aumônier de la famille Boleyn, Thomas Cranmer, fut nommé archevêque de Cantorbéry, sur autorisation du pape.

LA FRACTURE AVEC ROME

Henri VIII, fidèle catholique, avait été jusqu'à rédiger un livre contre les attaques de Martin Luther sur l'Église. Mais il ne fut plus disposé à se soumettre à l'autorité de Rome. En 1532, plusieurs projets de loi furent portés devant le Parlement par le réformiste Thomas Cromwell pour faire reconnaître la suprématie du roi sur l'Église, et à la fin de l'an 1532, Henri et Anne se marièrent en secret. Quelques semaines plus tard, en janvier 1533, ils se marièrent en public à Londres et au mois de mai, une cour spéciale, avec l'archevêque Cranmer à sa tête, déclara le premier mariage d'Henri nul et non avenu. Cette annulation fut elle-même déclarée nulle et non avenue par le pape Clément VII qui excommunia Henri VII et Cranmer. Au mois de juin, Anne fut déclarée reine consort à la place de Catherine d'Aragon, et trois mois plus tard, elle donna naissance à une fille, la future reine Élisabeth Ire.

Le rejet officiel de l'autorité de Rome par le roi Henri date du mois de novembre 1534 quand le parlement anglais adopta l'Acte de suprématie qui déclarait le monarque « chef unique et suprême de l'Église d'Angleterre ». Le refus d'accepter cet Acte était un délit en vertu de la loi sur la trahison et Sir Thomas More, qui refusait de renier l'autorité du pape, fut décapité pour cette raison.

Son sang ne fut pas le seul à couler suite à cette affaire de religion en Angleterre dans les années qui suivirent. L'Église d'Angleterre devint fortement protestante sous le règne d'Édouard VI, mais le catholicisme romain fut restauré brièvement sous le règne de la fille de Catherine d'Aragon, la reine Marie, qu'on surnomma Marie la Sanglante, du fait des terribles persécutions des protestants qui eurent lieu. Sous le règne d'Élisabeth Ire, l'Acte de suprématie et la loi d'uniformité rétablirent l'indépendance de l'Église d'Angleterre. L'autorité de l'Église romaine sur l'Angleterre fut totalement anéantie suite au mariage d'Henri VIII avec Anne Boleyn et au refus du pape de lui accorder une annulation. La Communion anglicane, fille de l'Église d'Angleterre, compte aujourd'hui

80 millions de fidèles dans le monde. Elle est la troisième Église au monde après l'Église catholique romaine et l'Église orthodoxe.

ANNE BOLEYN
Malgré son engouement initial, Anne ne parvenant pas à lui donner un héritier mâle, Henri la condamne pour haute trahison. Anne sera décapitée le 19 mai 1536.

MOTIVATION

Colère

Charité

Envie

Foi

Gourmandise

Avidité

Espérance

Luxure

Orgueil

Paresse

PHILIPPE II D'ESPAGNE LANCE L'ARMADA À L'ASSAUT DE L'ANGLETERRE

1588

Principal coupable : le roi Philippe II d'Espagne

Dégâts causés : le naufrage de la moitié de la flotte espagnole et la mort d'environ 16 000 marins et soldats espagnols

Raison : l'invasion de l'Angleterre par le roi Philippe est mal planifiée.

Mon peuple bien-aimé… Je ne suis pas venue parmi vous pour ma récréation et mon plaisir, mais parce que je suis résolue à vivre et à mourir au milieu de vous tous, au cœur et dans la chaleur de la bataille, et, pour mon Dieu, pour mon royaume et pour mon peuple, à coucher mon honneur et mon sang même dans la poussière.

Je sais que mon corps est celui d'une faible femme, mais j'ai le cœur et l'estomac d'un roi, et d'un roi d'Angleterre – et je me moque que le Duc de Parme ou n'importe quel prince d'Europe ose envahir les rivages de mon royaume.

Je ne doute pas que, par votre entente dans le campement, votre courage au combat et votre obéissance envers moi-même et envers mon général, nous ne remportions dans peu de temps une glorieuse victoire sur les ennemis de Dieu et de mon royaume.

Extrait du discours de la reine Élisabeth Ire à ses troupes réunies à Tilbury, en août 1588

S'il y a une leçon à retenir de l'histoire, c'est bien que lorsqu'un homme disposant d'un pouvoir absolu a une idée en tête, il y a peu de chances de parvenir à lui faire abandonner son projet, même s'il apparaît évident que l'issue sera inévitablement désastreuse. La défaite de l'armada espagnole contre la marine anglaise en 1588 est saluée comme une victoire glorieuse dans l'histoire britannique et comme la meilleure période du règne d'Élisabeth Ire. Pourtant, cette velléité d'invasion de l'Angleterre par le roi Philippe II d'Espagne s'annonçait mal. Une mauvaise organisation et une météo désastreuse n'arrangeaient pas la situation.

Depuis la mort de son épouse la reine Marie en 1558 et le couronnement de la reine protestante Élisabeth Ire, sœur de Marie, les relations entre l'Angleterre et l'Espagne catholique s'étaient considérablement détériorées. Les catholiques ne reconnaissaient pas l'accès au trône d'Élisabeth puisqu'elle était la fille d'Henri VIII et d'Anne Boleyn, une union considérée illégitime par l'Église catholique. Élisabeth avait davantage contrarié les catholiques en affirmant que l'Église d'Angleterre était la seule église officielle, et en apportant son soutien au protestantisme en France et aux Pays-Bas. La signature du Traité de Nonsuch en 1585, qui promettait un soutien financier et militaire de l'Angleterre aux protestants hollandais contre les Espagnols, fut assimilée par le roi Philippe à une déclaration de guerre. Le retour de la monarchie catholique était sans nul doute l'objectif majeur qui se cachait derrière le projet d'invasion de l'Angleterre par le roi Philippe II, qui pouvait d'ailleurs compter sur l'appui du pape Sixte Quint; mais cette invasion lui permettait aussi de supprimer les aides aux protestants des Pays-Bas et de mettre fin aux actes de piraterie des corsaires comme Francis Drake, qui avaient à plusieurs reprises attaqué des navires espagnols dans les Indes occidentales et dans l'Atlantique, volant biens, or et autres trésors destinés à la construction de l'empire du roi espagnol.

PHILIPPE II D'ESPAGNE
Philip était un ardent défenseur du catholicisme en Europe, et tout au long de son règne, l'Espagne fit la guerre à différents pays. Il a également étendu l'influence espagnole dans le monde entier.

La reine Élisabeth connaissait les projets d'invasion de Philippe et au printemps 1587, Drake mit cap au sud avec quatre navires de guerre, quelque vingt navires marchands et quelques petits voiliers armés, en direction de la côte atlantique espagnole. Ils firent tant de dégâts sur la flotte espagnole dans le port de Cadix que l'invasion fut repoussée d'une année, période pendant laquelle l'Angleterre eut le temps de se préparer. Drake faisait allusion à cette attaque en ces termes : il allait « roussir la barbe au roi d'Espagne ».

Le roi Philippe avait eu l'intention de nommer à la tête de la campagne le célèbre amiral marquis de Santa Cruz, un fervent partisan du projet, mais celui-ci mourut en février 1588. Le roi lui avait déjà choisi un remplaçant, le duc de Médina Sidonia, un aristocrate profondément chrétien avec très peu d'expérience militaire et qui n'avait jamais pris la mer, mais qui était homme à répondre aux désirs du roi. L'armada, composée de plus de 130 navires et transportant 8 000 marins et 18 000 soldats quitta le port de Lisbonne à la fin mai 1588. La flotte devait rejoindre les Flandres sur la côte européenne, face à la pointe sud-est de l'Angleterre. Elle allait escorter une armée de 30 000 soldats à travers la Manche et remonter la Tamise jusqu'aux abords de Londres. Les hommes du duc de Parme étaient prêts à embarquer dans des barges pour rejoindre la flotte.

Ralentie par des vents contraires, il fallut à l'armada près de huit semaines pour atteindre la pointe sud-est de l'Angleterre, où elle fut repérée par les guets le 19 juillet. Pour se préparer à l'invasion, l'Angleterre avait édifié de nombreuses balises le long de sa côte sud et qui s'étendaient au nord, vers Londres. La première d'entre elles fut allumée suivie de toutes les autres, avertissant Francis Drake dont la flotte stationnait à Plymouth et, peu de temps après, la reine elle-même. Retenue dans le port par une forte marée, la flotte britannique ne put prendre la mer pendant plusieurs heures. Selon la légende, Drake eut ainsi le temps de terminer la partie de boules qu'il avait commencée. Les Espagnols songèrent à attaquer la flotte anglaise dans le port, mais comme le roi avait expressément interdit une attaque des vaisseaux anglais, Medina Sidonia s'opposa à l'assaut.

LA PREMIÈRE D'ENTRE ELLES FUT ALLUMÉE SUIVIE DE TOUTES LES AUTRES, AVERTISSANT FRANCIS DRAKE DONT LA FLOTTE STATIONNAIT À PLYMOUTH ET, PEU DE TEMPS APRÈS, LA REINE ELLE-MÊME.

Les deux flottes s'affrontèrent à deux reprises alors que les Espagnols mettaient cap à l'est. Le premier affrontement eut lieu le 21 au matin, le second le 23. Peu de dégâts furent constatés des deux côtés, mais la faiblesse de la flotte espagnole était évidente. D'abord, la flotte espagnole n'était pas conçue pour mener des batailles. Les grands galions, qui servaient essentiellement à transporter les troupes, étaient lents et peu maniables. Afin de les protéger, la flotte dut se déplacer en adoptant une formation en croissant, les plus gros bateaux au milieu, protégés par les plus petits qui formaient les pointes. Les tactiques de combat espagnoles consistaient traditionnellement à rapprocher leurs vaisseaux de ceux de l'ennemi, les aborder et combattre au corps à corps. Les bateaux anglais, plus rapides et plus manœuvrables, purent éviter les abordages, firent feu sur la flotte espagnole et s'éloignèrent, hors de portée.

Le 27 juillet, la flotte espagnole atteignit Calais, mais le port n'était pas assez profond pour permettre aux bateaux d'y entrer. Comme rien n'avait été prévu pour établir une communication avec les forces postées à terre, ce ne fut qu'à ce moment-là que Medina Sidonia apprit que ni l'armée du duc de Parme ni les barges qui devaient la transporter étaient prêtes. Plusieurs jours étaient nécessaires pour que les soldats pussent atteindre l'armada et effectuer la traversée. C'était là une bien trop longue période de vulnérabilité.

Au milieu de la nuit, les Anglais, qui naviguaient en amont des Espagnols, envoyèrent des brûlots qui dérivèrent en direction des bateaux amarrés de l'armada. Les Espagnols coupèrent les amarres et se dispersèrent, et bien qu'aucun navire n'ait brûlé, la flotte perdit sa formation défensive en croissant et fut incapable de la reconstituer à cause du vent qui la

★ Batailles dans la Manche

VOYAGE CONDAMNÉ
Le passage au sud étant bloqué par la marine anglaise, les navires espagnols contournent les îles britanniques. Beaucoup s'échouent sur les côtes rocheuses à l'ouest de l'Irlande à cause de terribles tempêtes.

SIR FRANCIS DRAKE
Bien que considéré comme un pirate par les Espagnols, Drake était un héros en Grande-Bretagne. Il a été anobli en 1581 à bord de son navire *The Golden Hind* après avoir accompli un tour du monde.

poussait de plus en plus vers les côtes. Les navires anglais les suivirent et, au cours de la bataille de Gravelines, ils firent feu en amont sur la flotte espagnole durant toute une journée, et firent couler ou échouer cinq navires en en endommageant bien davantage.

Medina Sidonia perdit tout espoir de rejoindre les troupes du duc de Parme. L'unique option était de repartir vers l'Espagne. C'était sans compter sur la marine royale qui s'était déployée au sud-ouest, sur la voie du retour. L'armada mit alors cap au nord et suivit une voie qui la força à faire le tour par le nord de l'Écosse puis à redescendre vers le sud à l'ouest des côtes écossaises puis irlandaises. Malheureusement, l'association du fort courant et de vents d'ouest violents poussa la flotte vers les côtes et de nombreux navires se fracassèrent contre les côtes rocheuses. Des 130 navires et 26000 soldats qui avaient embarqué à Lisbonne, seuls 67 navires et 10000 hommes revinrent à bon port.

L'ATTITUDE CAVALIÈRE DE CHARLES Ier À L'ÉGARD DU PARLEMENT

1625 - 1649

MOTIVATION

- Colère
- Charité
- Envie
- Foi
- Gourmandise
- **Avidité**
- Espérance
- Luxure
- **Orgueil**
- Paresse

Principal coupable : Charles Ier

Dégâts causés : il entraîna l'Angleterre dans une violente guerre civile. Reconnu coupable de trahison pour avoir outrepassé les limites de son autorité, il fut décapité par le Parlement anglais.

Raison : il estimait que le droit divin des rois lui donnait le pouvoir d'outrepasser la volonté du peuple.

Pour le peuple — et vraiment je désire sa liberté autant que pour quiconque — mais je dois vous dire que la liberté et leur liberté consiste à avoir un gouvernement [...] elle ne consiste pas pour le peuple à gouverner lui-même ; un sujet et un souverain sont deux choses clairement différentes.

Le roi Charles Ier, sur l'échafaud 30 janvier 1649

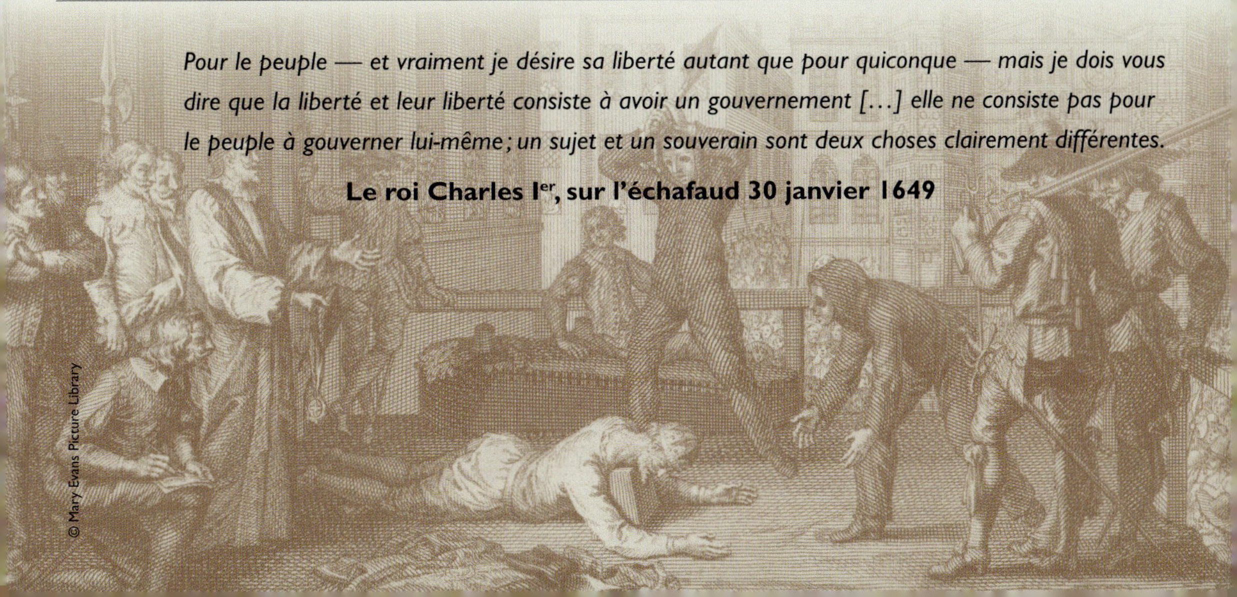

En Angleterre, au début du XVIIIe siècle, les guerres de religions étaient toujours prégnantes, et l'on craignait que les motivations personnelles du roi Charles Ier, que l'on observait malgré les objections du Parlement, ne menassent à un retour de l'influence catholique. Sa fervente ambition de monarchie absolue, sa volonté personnelle de révocation du Parlement, et sa collusion avec les Écossais dans l'espoir de renverser le gouvernement se retournèrent totalement contre lui. Accusé de trahison, il fut exécuté et pendant quelques années, l'Angleterre devint une république pour la première fois de son histoire.

Charles est né en Écosse en 1600, le deuxième fils de Jacques VI d'Écosse. Quand Jacques partit s'installer à Londres pour devenir le roi Jacques Ier d'Angleterre en 1603, son fils aîné et héritier du trône, Henri, fit le voyage avec la famille, mais Charles, âgé de trois ans et malade, resta en Écosse car il était trop faible physiquement. Pourtant, sa vie changea du tout au tout lorsqu'Henri mourut et que Charles, alors âgé de 12 ans, devint l'héritier du trône. Charles fut couronné à la mort de son père en 1625, et peu après, il épousa la princesse Henrietta Maria, fille cadette du roi catholique Henri IV de France. Le Parlement anglais à forte domination protestante accepta le mariage à la condition que les restrictions concernant les Catholiques ne soient pas levées, alors que dans un traité de mariage secret, Charles avait révélé ses intentions de les lever. Il avait également promis que l'Angleterre aiderait la France à supprimer les huguenots que l'Angleterre avait soutenus depuis le règne d'Élisabeth Ire. Ces actions du roi associées à d'autres menaient les membres de la Chambre des communes, au sein de laquelle siégeaient de nombreux puritains, à craindre que Charles Ier ne dirigeât l'Église anglaise en direction du catholicisme.

LE ROI CHARLES IER
Comme son père, le roi Jacques Ier d'Angleterre, Charles croit implicitement au droit divin des rois, et n'a pas l'intention de permettre au Parlement de le contrôler d'aucune façon.

Quand le roi demanda au Parlement de l'argent pour financer une guerre contre l'Espagne, le vote de la Chambre des communes lui accorda des sommes bien moins considérables que celles qu'il demandait et exigea aussi d'imposer des restrictions sur les droits de douane que touchait le roi. La guerre contre l'Espagne fut menée par George Villiers, le comte de Buckingham, ami proche de Jacques Ier, qui était devenu le confident et conseiller de Charles Ier et qui exerçait une influence considérable sur le roi. À son retour en Angleterre, après une campagne désastreuse, le Parlement tenta de le destituer, mais au lieu de cela, Charles Ier le nomma recteur de l'université de Cambridge. Le Parlement protesta arguant que Buckingham était un conseiller inacceptable, mais le roi choisit de dissoudre le Parlement.

Faisant fi de sa promesse au roi de France, Charles Ier était désormais convaincu qu'il fallait entrer en guerre contre les Français afin de protéger les huguenots, ces protestants rebelles assiégés par les catholiques à La Rochelle. Le roi nomma Buckingham amiral, mais l'expédition fut un échec retentissant et Buckingham fut de plus en plus détesté à son retour en Angleterre. Peu de temps après, il fut assassiné et, même si cet assassinat ne fut certainement l'acte d'un seul homme, Charles Ier accusa violemment le Parlement, et surtout le chef de l'opposition, Sir John Eliot.

Au cours de la session suivante du Parlement, en 1629, beaucoup de députés souhaitèrent voter une résolution traitant du sujet des droits de douane que le roi touchait sans autorisation, et souhaitèrent également discuter des problèmes de religions, mais le roi coupa court aux débats avec un ajournement. Les députés empêchèrent physiquement le président de la Chambre des communes à se lever, offrant ainsi le temps à quelques voix d'exprimer plusieurs résolutions critiques envers le roi qui furent largement approuvées. Outré par cet affront vis-à-vis de son autorité, le roi non seulement fit dissoudre le Parlement, mais fit aussi arrêter huit députés, donc Sir John Eliot, qui passa le restant de ses jours dans la Tour de Londres et mourut en 1632.

AU COURS DE LA SESSION SUIVANTE DU PARLEMENT, EN 1629, BEAUCOUP DE DÉPUTÉS SOUHAITÈRENT VOTER UNE RÉSOLUTION TRAITANT DU SUJET DES DROITS DE DOUANE QUE LE ROI TOUCHAIT SANS AUTORISATION.

Cette fois, le roi n'avait plus aucune intention de composer avec le Parlement. Il allait diriger seul, car tel était son droit. Même si pendant les 11 années de règne qui suivirent, le pays prospéra sous ce régime autocratique, les dépenses somptuaires en œuvres d'art et en projets architecturaux ostentatoires reflétaient bien l'arrogance et le gaspillage des deniers publics. Une vague d'animosité s'empara du pays. Comme souvent, la religion et l'argent étaient les deux principales causes du mécontentement. En l'absence de Parlement, le roi Charles Ier devait trouver des sources de revenus, et en 1634, il exigea donc que les ports maritimes anglais paient une taxe sur les navires qui était normalement réservée aux temps de guerre. Quand il étendit cet impôt

LE CONSEILLER DU ROI
Thomas Wentworth est un fervent partisan du pouvoir absolu du roi, mais Charles ne peut empêcher le Parlement de le condamner à mort.

aux biens immobiliers en 1635, il dut faire face à une grande résistance. Sur le front religieux, William Laud, archevêque de Cantorbéry, désireux d'unir les Églises d'Angleterre et d'Écosse, et à dessein, il imposa aux Écossais le Livre de la prière commune de l'Église d'Angleterre. Considérant cet acte comme un glissement vers le catholicisme, les presbytériens écossais appelèrent à la destitution des évêques écossais et à l'abolition du livre de prière.

En 1640, Thomas Wentworth, comte de Strafford, remplaçant de Buckingham dans le rôle de conseiller en chef et adepte de la monarchie absolue, encouragea Charles Ier à contrer la rébellion écossaise. Cependant, Charles Ier devait trouver de nouvelles ressources financières pour cela, ce qui était impossible sans l'aval du Parlement. Il convoqua donc à nouveau le Parlement. Le Parlement, avec à sa tête John Pym, refuse de coopérer tant que la taxe sur les navires ainsi que d'autres réformes ne soient abrogées. Surprise, trois semaines après que le Parlement procéda encore une fois à la dissolution du Parlement, il dut cette fois rappeler le Parlement six mois plus tard, faute d'autre moyen d'action. Ce fut le début de ce qu'on appela le Long Parlement.

Par conséquent, le Parlement et le roi furent en totale opposition. John Pym fit arrêter le comte de Strafford, qui fut accusé de haute trahison et emprisonné dans la Tour de Londres. Il fut condamné à mort, mais cette condamnation devait être signée par le roi, ce qu'il refusa de faire. Mais suite à des menaces contre son épouse et ses enfants, il n'eut plus d'autre choix que celui de signer cette condamnation. Strafford fut écarté à vie.

Le Parlement soumit au roi une liste de doléances, et demanda au roi de démissionner ses ministres. En effet, le Parlement considérait que ces derniers étaient de piètres conseillers. Invoquant le droit divin, le roi refusa d'obtempérer, et quand le Parlement menaça de destituer la reine, Charles Ier ordonna l'arrestation de cinq membres du Parlement, dont celui qu'il considérait comme le meneur, John Pym. Le Parlement refusa de les livrer et quand le roi ordonna leur arrestation, ils s'enfuirent.

Le Parlement était totalement déterminé à limiter le pouvoir du roi, et en 1642, de peur que le roi fît appel à une milice contre le Parlement, la Chambre des communes présenta une ordonnance relative aux milices pour leur permettre d'imposer les lieutenants de leur choix aux militaires. La loi fut promulguée sans sceau royal. Cette loi marqua la première étape vers la guerre civile. À l'automne 1642, le Parlement et les royalistes disposaient chacun de leur propre armée et la première guerre civile eut lieu au cours des trois ans et demi suivants. Au cours de cette période, les parlementaires formaient la *New Model Army*, une armée professionnelle à plein temps. Après avoir échappé au siège d'Oxford en avril 1646, Charles Ier se rendit à l'armée presbytérienne écossaise qui le livra au Parlement. Il fut ensuite confiné dans plusieurs endroits, avant d'atterrir au château de Carisbrooke sur l'île de Wight. À partir de là, il se mit d'accord avec les Écossais pour établir le presbytérianisme en échange de l'invasion de l'Angleterre par les Écossais pour le remettre sur le trône. La deuxième guerre civile démarra en juillet 1648, et les Écossais y jouèrent leur rôle, mais furent battus lors de la bataille de Preston en août et la cause royaliste fut perdue.

JUGÉ POUR HAUTE TRAHISON

Livré à lui-même, le Long Parlement aurait voté l'acceptation des propositions du roi en faveur d'une réforme et de son retour sur le trône sous certaines conditions, mais les chefs de la nouvelle armée, dont Oliver Cromwell, s'en mêlèrent et prirent contrôle du Parlement. En janvier 1649, la Chambre des communes accepta de mettre sur pied un tribunal pour juger le roi au motif de trahison, puisqu'il avait utilisé sa position à des fins personnelles et qu'il avait signé un traité avec les Écossais contre les Anglais. Il fut tenu personnellement responsable des deux guerres civiles et des pertes et souffrances qu'elles avaient entraînées.

Toujours convaincu de sa position et de son pouvoir dans la logique du droit divin, Charles Ier refusa de reconnaître la légitimité de la Haute Cour de Justice pour juger un roi, et il refusa de faire plaider sa cause. Le 27 janvier 1649, il fut déclaré coupable et condamné à mort. Il fut guillotiné trois jours plus tard. La monarchie était en bout de course… du moins pour les 11 années qui suivirent. Le Commonwealth d'Angleterre, et plus tard le Protectorat sous Oliver Cromwell puis sous son fils Richard, ouvrit la voie à un parlement royaliste en 1660, et l'année suivante, Charles II, fils aîné de Charles Ier, prit sa place sur le trône. La monarchie était de retour, mais avec moins de pouvoir.

MOTIVATION

Colère
Charité
Envie
Foi
Gourmandise
Avidité
Espérance
Luxure
Orgueil
Paresse

NAPOLÉON ET L'ACHAT DE LA LOUISIANE

1803

Principal coupable : Napoléon Bonaparte

Dégâts causés : il se priva de l'argent qui aurait permis de financer ses ambitions en Europe.

Raison : probablement parce qu'il était impatient de dépasser l'Angleterre.

Je sais que l'acquisition de la Louisiane a été désapprouvée par certains… que l'élargissement de notre territoire mettrait en danger son union… Plus notre association sera grande, moins elle sera secouée par des passions locales ; et en tout point de vue, n'est-il pas mieux que l'autre rive du Mississippi colonisée par nos propres frères et enfants plutôt que par des étrangers d'une autre famille ?

Thomas Jefferson

En 1803, Napoléon vendit les territoires de la Louisiane aux États-Unis d'Amérique. Pour la première fois dans l'histoire, une contrée d'une telle étendue changeait de main suite à des tractations et non à un conflit armé. Napoléon avait de bonnes raisons, à la fois financières et politiques, de vendre la Louisiane, mais il en avait sous-évalué la valeur.

À la fin du XVIe siècle, la France annexa l'actuel centre des États-Unis d'Amérique. Cette colonie fut baptisée la Louisiane en l'honneur du roi Louis XIV. En 1762, elle fut cédée aux Espagnols et peu de temps après, la France perdit ses dernières terres sur le Nouveau Continent. C'est en 1800, dans le plus grand secret et à la demande insistante du Premier consul Napoléon Bonaparte que l'Espagne signa le traité de San Ildefonso et remit à la France son ancienne colonie.

NAPOLÉON BONAPARTE
Conscient que la guerre avec la Grande-Bretagne était imminente, et incapable de défendre militairement le territoire de la Louisiane, Napoléon vend le terrain aux États-Unis à un prix défiant toute concurrence.

La Louisiane du XVIIIe siècle était bien plus vaste que l'actuel État de la Louisiane. Cette étendue s'étendait, du nord au sud, des provinces du sud du Canada jusqu'au golfe du Mexique et, d'est en ouest, du Mississippi jusqu'aux Rocheuses. Sa superficie correspondait au quart de celle des États-Unis tels que nous les connaissons aujourd'hui et englobait l'Arkansas, l'Iowa, le Kansas, le Missouri, le Nebraska, l'Oklahoma, sans oublier une partie des états du Colorado, du Minnesota, de la Louisiane, du Nouveau Mexique, du Dakota du Nord et du Sud, du Texas, du Wyoming ainsi que des portions des provinces canadiennes de l'Alberta et du Saskatchewan. Un territoire de 1 300 000 km^2 à l'incroyable potentiel agricole et parfait pour la colonisation.

En 1795, les États-Unis avaient signé un accord avec l'Espagne, le traité de Madrid, aussi connu sous le nom du traité de Pinckney. Il autorisait la flotte américaine à naviguer sur le Mississippi. Grâce à lui, la production agricole américaine vouée à l'export pouvait transiter et les territoires de l'Ouest pouvaient être approvisionnés. Le traité donna aussi aux Américains l'accès au port de la Nouvelle-Orléans, un autre point névralgique de la région.

La nouvelle du retour de la Louisiane sous la souveraineté française en 1800, ainsi que l'envoi de troupes par Napoléon à la Nouvelle-Orléans en 1801, inquiétaient profondément les Américains. Ils craignaient qu'une invasion française ne menât à la libération des esclaves dans les États du sud.

Le président Thomas Jefferson mit rapidement tout en œuvre afin de conserver l'accès au fleuve Mississippi. Il envoya Robert Livingston, un diplomate qui s'avérait aussi être avocat, à Paris avec la mission d'acheter la Nouvelle-Orléans ainsi que les terres des alentours proches pour 10 000 000 dollars.

James Monroe, qui devint en 1817 le 5e président des États-Unis, et Pierre du Pont de Nemours, un Français qui vivait aux États-Unis, vinrent prêter main forte à Livingston dans ces négociations. C'est d'ailleurs Pierre Samuel du Pont de Nemours qui le premier émit l'idée de procéder à une transaction plus importante que l'achat de la Nouvelle-Orléans.

Cette ville représentait un intérêt stratégique pour Napoléon qui rêvait de restaurer l'empire français dans le Nouveau Monde, avec l'île de Saint-Domingue pour centre névralgique. Mais pour cela, il lui fallait reconquérir cette île des Caraïbes que la France avait perdue en 1791 suite à la révolte des esclaves. En 1802, les troupes napoléoniennes en reprirent brièvement possession. Dès que la population locale apprit que l'esclavagisme serait rétabli, elle se rebella à nouveau et, en 1803, l'armée française, affaiblie par la fièvre jaune, dut battre en retraite, et Napoléon abandonner son rêve d'un empire français à l'Ouest. Ce soulèvement des esclaves, le seul et unique à être couronné de succès, donna naissance en 1804 au premier État noir du Nouveau Monde, Haïti.

EN 1803, L'ARMÉE FRANÇAISE, AFFAIBLIE PAR LA FIÈVRE JAUNE, DUT BATTRE EN RETRAITE, ET NAPOLÉON ABANDONNER SON RÊVE D'UN EMPIRE FRANÇAIS À L'OUEST.

L'intérêt que Napoléon portait à la Nouvelle-Orléans disparut et il reçut favorablement les offres de rachat présentées par Livingston. En effet, Napoléon craignait que les États-Unis n'entrent en conflit avec la France afin d'en prendre le contrôle. La guerre grondait en Europe et il projetait d'envahir la Grande-Bretagne. La vente de la Louisiane tombait à pic et permettait de financer ses desseins.

En pratique, Napoléon n'avait pas le pouvoir de procéder à cette vente, l'Espagne n'ayant jamais finalisé les accords de transfert d'autorité. Cela explique la rapidité à laquelle la transaction se fit. Le 11 avril 1803, contre l'avis de son ministre des Affaires étrangères, Napoléon donna l'ordre à son ministre des Finances d'offrir les territoires de la Louisiane aux Américains pour la somme de 15 000 000 dollars. Livingston fut abasourdi par cette offre. En effet, son pouvoir était de 10 000 000 dollars, pas davantage.

Les moyens de communication de l'époque ne lui permettaient pas d'entrer rapidement en contact avec son gouvernement, mais il est persuadé que celui-ci approuverait de débourser 50 % de plus que le budget initial. Grâce à cette transaction, les États-Unis doubleraient ainsi la superficie de leur nation pour la modique somme de 7,40 cents par hectare. Livingston s'empressa d'accepter cette offre qui semblait trop belle pour être vraie, de peur que Napoléon ne revînt sur sa décision. Le 30 avril, Robert Livingston, James Monroe et François Barbé-Marbois, le ministre français des Finances, signèrent le traité de cession de la Louisiane. C'était la plus grosse transaction foncière de tous les temps et le prix de 7,40 cents par hectare ne sera battu que lors de la vente de l'Alaska par la Russie en 1867 au prix de 4,90 cents l'hectare. Livingston, fier de l'exploit accompli, déclara : « Nous avons eu une longue vie, mais l'acte que nous venons d'accomplir est le plus grand de toute notre existence. À présent, les États-Unis entrent dans le cercle des puissances de premier rang. » Les propos de Napoléon allèrent dans le même sens : « L'accession à ce territoire assoit à jamais la puissance des États-Unis et j'ai donné à l'Angleterre un rival maritime qui, tôt ou tard, lui fera ravaler sa fierté. »

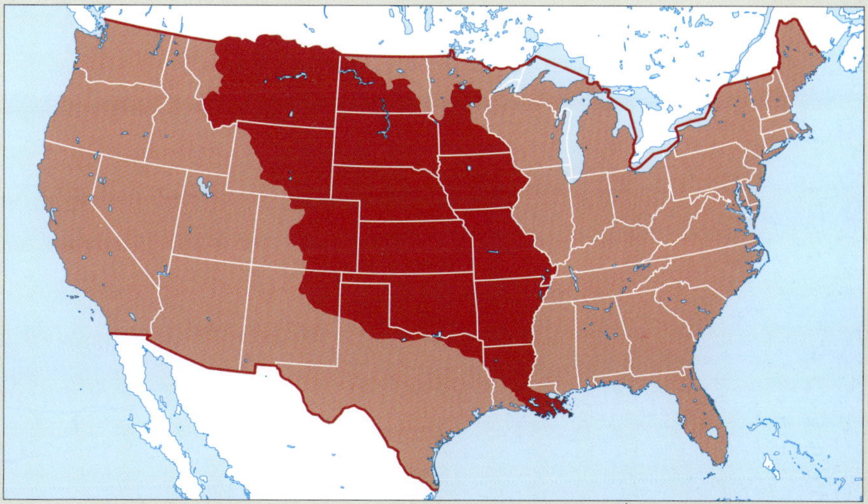

EXPANSION À L'OUEST
Les territoires de la Louisiane, représentés ici en rouge foncé, font plus que doubler la taille des États-Unis de l'époque, qui occupaient alors seulement la zone à l'est de la Louisiane. La partie occidentale était sous contrôle espagnol.

Très étonnamment, le traité que Livingston et Monroe envoyèrent aux États-Unis pour ratification ne fut pas accueilli favorablement par

COMMÉMORATION
Le centenaire de l'achat de la Louisiane fut célébré par une série de timbres à l'effigie de Monroe, Livingston, Jefferson et, ici, une carte montrant le territoire.

tous. Jefferson, qui avait une lecture très stricte de la Constitution américaine, émit des doutes sur la constitutionnalité de cet achat et envisagea même de créer un amendement pour parer à toute éventualité.

Certains craignaient aussi que cette transaction ne mette les Espagnols sur le pied de guerre. Des objections espagnoles furent en effet émises, car la région n'avait pas été topographiée et les délimitations de ce territoire étaient vagues. D'autres se demandaient que faire des quelque 100 000 âmes, principalement francophones, qui résidaient dans la région. Devait-on leur accorder les mêmes droits qu'au reste des citoyens américains ?

Tous ces points n'empêchèrent pas Jefferson de faire avancer la procédure et le Sénat américain ratifia le traité en octobre 1803. Des explorations furent menées afin de régler le problème des frontières et un accord entre l'Espagne et les États-Unis fut finalement trouvé.

Une question fondamentale ne fut jamais abordée à l'époque. La France avait-elle le droit de vendre ces terres occupées par les Indiens d'Amérique depuis plusieurs siècles ? Ce qui est certain, c'est que grâce à cette transaction, les États-Unis d'Amérique obtinrent le droit de les réclamer aux Indiens à grand renfort de campagnes militaires, de politiques de délocalisation et de signatures de traités.

NAPOLÉON : L'ATTERRISSAGE DE L'AIGLE…

1815

MOTIVATION

- Colère
- Charité
- Envie
- Foi
- Gourmandise
- Avidité
- Espérance
- Luxure
- **Orgueil**
- Paresse

Principal coupable : Napoléon Bonaparte

Dégâts causés : l'empereur s'est exilé dans un lieu particulièrement inhospitalier.

Raison : Napoléon n'a pas résisté à l'envie de retrouver son pouvoir en France – mais il a mal jugé le climat politique…

Les hommes qui ont changé l'univers n'y sont jamais parvenus en gagnant des chefs, mais toujours en remuant les masses. La première méthode consiste à choisir l'intrigue et ne mène qu'à des résultats médiocres ; la seconde est la voie du génie et change la face du monde.

Napoléon Bonaparte

En 1804, un an après l'achat de la Louisiane, l'empereur Napoléon Ier rétablit la monarchie héréditaire en France. Les années suivantes, grâce à d'astucieuses alliances et un talent stratégique militaire certain, il étend l'influence de la France à l'Europe et au-delà. Mais la guerre contre l'Espagne et le Portugal, la désastreuse retraite de Russie et la prise de Paris par la sixième coalition des forces européennes alliées en 1814 conduisent à sa défaite. Le roi Louis XVIII monte sur le trône en tant que monarque constitutionnel et Napoléon est envoyé en exil sur l'île d'Elbe, au large de l'Italie. Souverain de cette petite île méditerranéenne et de ses 12 000 habitants, il conserve son titre d'empereur et sa garde personnelle. Et, loin de prendre cette condamnation pour un échec, Napoléon va exploiter son ambition et son ego pour retourner la situation à ses fins.

En quelques mois, Napoléon a déjà réorganisé l'administration de l'île, il a développé l'agriculture et les exploitations minières et a rassemblé une petite armée. Il a vent de l'insatisfaction générale face au nouveau roi Bourbon et croit pouvoir se rallier l'armée et le peuple français. Mais il est surveillé par les armées anglaises et françaises et ne peut s'échapper, jusqu'au 26 février 1815. Le 1er mars, il débarque avec 600 soldats près de Cannes.

Afin de ne pas prendre la voie la plus évidente, Napoléon choisit de faire route vers le nord en passant par les Alpes. En chemin, son armée s'étoffe. Elle s'enrichit des 5e et 7e régiments d'infanterie, soi-disant loyalistes. On dit que, arrivé à Lyon, Napoléon a marché sous le feu de ses ennemis, le manteau ouvert, enjoignant les soldats à tirer sur lui. Ils se seraient joints à lui aux cris de « Vive l'Empereur ! »

Le 20 mars 1815, Napoléon et ses troupes entrent dans Paris, d'où Louis XVIII s'est échappé la veille. Napoléon reprend son ancienne place sans qu'aucun coup de feu ne soit tiré. Jusque-là, tout va bien. Mais ses ennemis sont sur le pied de guerre.

GONFLER LES RANGS

Une semaine plus tôt, les pays représentés au congrès de Vienne (la Russie, la Prusse, l'Autriche, la Suède, la Grande-Bretagne, le Portugal, l'Espagne et la France des Bourbon) ont reconnu Napoléon hors-la-loi et ont déclaré la guerre de la septième coalition, chaque pays envoyant 150 000 soldats chacun à Paris cinq jours après le succès napoléonien. L'invasion a été prévue pour le 1er juillet, le temps pour la coalition de rassembler ses troupes, même si la force anglo-alliée, sous le commandement du duc de Wellington, et les Prussiens, sous le commandement du général Blücher sont déjà prêts. Ce retard offre à Napoléon – qui n'a pu rassembler qu'une armée insuffisante – trois mois pour préparer et gonfler ses rangs.

En l'occurrence, Napoléon choisit la tactique de l'attaque plutôt que celle de la défense et profite de ce que les forces russes et autrichiennes ne sont pas prêtes. Il conduit ses troupes entre celles de Wellington et de Blücher, cantonnées au sud de Bruxelles. Il espère ainsi limiter le nombre de ses pertes tout en infligeant de sérieuses défaites à ses ennemis, forçant alors la coalition à s'asseoir à la table des négociations. Eh bien, ça, c'était son plan. Son armée divisée en trois parties – les ailes gauche et droite, respectivement commandées par les maréchaux Ney et Grouchy, et une force de réserve sous son commandement – Napoléon franchit la frontière des Pays-Bas le 15 juin.

Le lendemain, l'armée sous les ordres de Grouchy et une partie de la réserve attaquent les Prussiens à Ligny. Bien que les troupes françaises gagnent la bataille (avec de grandes pertes des deux côtés), une importante partie de l'armée prussienne opère une retraite en bon ordre vers le nord.

ATTAQUE PRUSSIENNE
Le village de Plancenoit a changé de main cinq fois dans le combat opposant les forces françaises aux prussiennes. Seuls un vingtième des hommes de la garde française a survécu.

De leur côté, les hommes de Ney, ont reçu l'ordre de prendre le carrefour de Quatre-Bras, à l'ouest de Ligny, qui a été détenu par les forces hollandaises sous le commandement de William, prince d'Orange. Les Hollandais sont submergés et progressivement repoussés jusqu'à l'arrivée des renforts. Wellington reprend alors le commandement et les Quatre-Bras. Mais il est clair que Wellington, sans l'aide des Prussiens, ne pouvait pas tenir Quatre-Bras. Il ordonne donc le repli vers le nord. Lorsque les troupes de Napoléon arrivent aux Quatre-Bras le lendemain après-midi, le 17, il n'y a personne. Wellington est près de la ville de Waterloo – un nom dont Napoléon allait se rappeler – et son armée anglo-hollandaise s'aligne sur 4 kilomètres de front. Elle est en grande partie cachée par une longue crête basse. L'armée de

Blücher est à quelques kilomètres à l'est, à Wavre et, tôt le matin du 18, Blücher est en mesure de promettre à Wellington qu'il allait envoyer des renforts.

La bataille de Waterloo n'a pas commencé avant midi, parce que Napoléon a dû attendre que le sol sèche pour pouvoir déplacer son artillerie lourde. Les hommes de Wellington résistent à l'assaut des Français tout au long de l'après-midi, chaque aile lançant des attaques d'infanterie et de cavalerie. Durant ce temps, les troupes de Grouchy sont engagées à Wavre.

Bien que les forces françaises les aient submergés, les Prussiens ont réussi à en immobiliser une proportion importante, ce qui permet à Blücher de déplacer les renforts promis à l'ouest. Ceux-ci arrivent dans la soirée à Waterloo où ils pénètrent le flanc droit des napoléoniens. Wellington répond à une attaque française vers l'avant, les contraignant à fuir vers le sud. La confusion règne dans les rangs français, toujours poursuivis par la coalition.

WATERLOO
Les troupes britanniques en formation carrée sont chargées par les cuirassiers français pendant la bataille de Waterloo.

La bataille de Waterloo, au cours de laquelle plus de 100 000 soldats sont morts, a été la dernière de Napoléon. Atteignant Paris le 21 juin, il essaie de se rallier le soutien du peuple contre l'armée de la coalition à l'approche, mais le pays n'est plus d'humeur à l'écouter. Le lendemain, Napoléon abdique en faveur de son fils de 4 ans (qui est en Autriche) et, le 25 juin, le gouvernement provisoire lui demande de quitter la ville. Napoléon a l'intention de gagner les États-Unis mais il est arrêté à Rochefort par la flotte britannique. Pris entre le marteau et l'enclume, il finit par se rendre au capitaine Frederick Lewis Maitland de la Royal Navy à bord du HMS *Bellerophon* le 17 juillet 1815.

Il est amené au Royaume-Uni où il est emprisonné puis envoyé en exil sur l'île de Sainte-Hélène. Si l'île d'Elbe lui avait paru petite et dénuée d'intérêt, l'île de Sainte-Hélène était cent fois pire.

Située à 2 000 kilomètres au large de la côte ouest africaine, au beau milieu de l'Atlantique Sud, ce rocher volcanique escarpé d'une superficie de seulement 130 kilomètres carrés a été une prison pour

Napoléon qui devait y passer le restant de ses jours, c'est-à-dire à peine six années puisqu'il y mourut le 5 mai 1821.

NAPOLÉON QUI DEVAIT Y PASSER LE RESTANT DE SES JOURS, C'EST-À-DIRE À PEINE SIX ANNÉES.

MOTIVATION

Colère

Charité

Envie

Foi

Gourmandise

Avidité

Espérance

Luxure

Orgueil

Paresse

LE MASSACRE DE « PETERLOO »

16 août 1819

Principal coupable : les magistrats de Manchester, Angleterre

Dégâts causés : 15 morts, des centaines de blessés

Raison : la classe dirigeante voulait protéger ses intérêts et privilèges.

Tout est au point mort, la ruine et la famine nous crèvent les yeux. L'état de ce district est vraiment abominable.

Joseph Johnson, *Manchester Observer*, 1819

Au début du XIXe siècle, les conditions dans lesquelles les gens de la classe ouvrière de Manchester vivent et travaillent – en supposant qu'ils aient un emploi – sont indéniablement sinistres. Le sud du Lancashire a longtemps été le centre d'une florissante industrie textile : au début du XVIIIe siècle, c'était une industrie artisanale dans laquelle les femmes et les enfants d'une même famille filaient la laine et le coton qui seront ensuite tissés sur des métiers manuels, généralement par les hommes. Tout cela change au cours de la seconde moitié du siècle, grâce au développement d'une série d'innovations technologiques qui constituent la première vague de la révolution industrielle, comme la navette volante de John Kay, qui a accéléré le processus de tissage, ou la machine à filer hydraulique inventée par Richard Arkwright ou encore la machine à filer de James Hargreaves. L'introduction des énergies hydraulique et à vapeur et l'amélioration des procédés d'obtention de la fonte et du fer sonnent le glas de l'industrie familiale des textiles en Angleterre du nord-ouest, et les travailleurs de la région, incapables de rivaliser avec les produits de masse, partent vivre dans les villes pour travailler sur les machines dans les usines de coton dans de mauvaises conditions et à faible salaire. Dans les villes comme Rochdale, Blackburn et surtout Manchester – la première ville véritablement industrielle, la deuxième en importance après Londres dans les années 1800 – les travailleurs sont entassés dans des logements de mauvaise qualité construits par les propriétaires des usines. Alors que le capitalisme s'est installé, les relations sociales traditionnelles sont rapidement balayées et une classe ouvrière industrielle se met en place.

CITÉ FUMANTE
La vision de William Wylde de Manchester depuis Kersal Moor capture le contraste entre la campagne anglaise et les cheminées fumantes de la première ville industrialisée.

CORN LAWS

Après Waterloo et la fin des guerres napoléoniennes, on aurait pu croire en une amélioration mais, au contraire, la situation a empiré. En effet, le blocus instauré sur le blé a permis aux propriétaires terriens de s'enrichir. Craignant que la fin de la guerre ne fasse retomber les prix, ils ont réussi à convaincre le gouvernement – rallié à la cause des riches et des puissants – de voter les *Corn Laws* qui imposent les grains importés afin de garder les cours du blé au plus haut.

Comme il n'est plus nécessaire de vêtir les soldats ni de fournir la marine, la fin de la guerre signifie aussi une baisse considérable de la demande de produits en coton ou laine : les filatures réduisent leurs activités et de nombreux ouvriers se retrouvent au chômage. Les *Combination Acts* de 1799 et 1800 qui interdisent les syndicats ainsi que les revendications collectives sont une nouvelle cause de colère pour les travailleurs britanniques qui demandent une réforme parlementaire afin de donner à la classe populaire une véritable représentation au sein du gouvernement. Entre 1815 et 1818, ces nombreux griefs trouvent une expression à travers un certain nombre de grands rassemblements politiques, de marches ou de piquets de grève à travers tout le Yorkshire et le Lancashire. Beaucoup de ces événements ont été « cassés » par la police et les milices locales – des régiments de volontaires utilisés pour soutenir l'autorité civile – et le pressentiment d'une révolution commence à hanter la classe dirigeante, déjà ébranlée par les événements récents en France.

ATTISER LE FEU

Voici le contexte dans lequel le célèbre orateur radical Henry Hunt a été invité à prendre la parole durant ce qui était prévu être un très grand rassemblement en plein air dans la zone de Saint-Pierre dans le centre de Manchester, le 16 août 1819. L'objectif principal de la manifestation était d'appeler à la réforme parlementaire, et les organisateurs – la *Manchester Patriotic Union Society* – ont insisté pour qu'elle soit pacifique, ce qui implique que personne ne devait porter d'arme ni commettre de violation de la paix qui pourrait donner aux autorités un prétexte pour recourir à la force. « La propreté, la sobriété, l'ordre et la paix » sont à l'ordre du jour. Même le ministère de l'Intérieur a donné des instructions pour que la réunion ne soit pas brisée par l'usage de la violence. Il spécifie notamment que les moyens légaux doivent être utilisés pour arrêter les conférenciers et les meneurs. Ce n'était pas, cependant, une vision partagée par la magistrature de la ville, chargée de l'administration du droit civil et composée de membres des familles des propriétaires terriens.

Craignant probablement pour leur sécurité personnelle et sûrement effrayés par la menace à long terme que pourraient présenter de tels rassemblements pour leurs privilèges et leur argent, les « grands et les bons » de Manchester ont mis la main sur le plus de policiers et miliciens possible. Le plan des magistrats consistait à l'arrestation d'Henri Hunt et du reste des agitateurs en faisant si besoin usage de la force.

À cette fin, ils ont réuni plus de 400 agents de police spéciaux, 4 escadrons de cavalerie de la 15e de hussards (c'est-à-dire 600 hommes), plusieurs centaines de fantassins, un détachement de la *Royal Horse Artillery* avec deux petits canons, 400 hommes de la cavalerie Cheshire Yeomanry et 120 cavaliers de la Manchester et Salford Yeomanry – un régiment formé suite aux émeutes politiques qui ont eu lieu deux ans auparavant et qui comprend des commerçants locaux et les propriétaires de petites entreprises. Souvent jeunes, inexpérimentés et politiquement proches des républicains, ils sont farouchement opposés aux idées défendues par les radicaux pendant ce rassemblement de travailleurs.

En ce 16 août, le ciel est dégagé et, tout au long de la matinée, des milliers de personnes arrivent à Manchester des villes environnantes. Vêtus de leurs plus beaux habits, ils se dirigent vers le terrain de Saint-Pierre en groupes organisés. À 11 heures, on estime que la foule atteint 60 000 personnes, maintenant épaules contre épaules. C'est très certainement le plus grand rassemblement que l'Angleterre a jamais vu. Craignant qu'il devienne rapidement impossible de passer à travers une telle foule pour arrêter les orateurs, les magistrats envoient 400 de leurs hommes former un couloir entre le podium et la maison dans laquelle ils se trouvent.

UN MASSACRE PUBLIC

Henry Hunt et plusieurs autres intervenants, ainsi qu'un certain nombre de journalistes, arrivent au podium à environ 1 h 20 sous les applaudissements et les discours commencent. Dans les dix minutes, cependant, le président des magistrats, William Hulton, décide que « la ville est en grand danger » et charge le chef de la police d'arrêter les orateurs, mais celui-ci répond qu'il aurait besoin de l'aide de l'armée. Alors, Hulton écrit deux messages demandant l'assistance militaire : le premier est destiné au commandant militaire de Manchester, le lieutenant-colonel George L'Estrange, et l'autre au Major Thomas Trafford, commandant de la *Manchester and Salford Yeomanry*. Trafford reçoit le message le premier et part avec ses troupes au galop, renversant une femme dans la rue et causant la mort de son fils de 2 ans. Après avoir parlé à Hulton, Trafford ordonne à son second – propriétaire d'une usine de Manchester appelé Hugh Birley, – d'envoyer 60 % de la milice en renfort aux policiers afin de maintenir le couloir menant à la plateforme des orateurs.

SANGLANT
Publiée peu de temps après le massacre, cette représentation des hussards attaquant les manifestants a été dédiée à Henry Hunt et aux nombreuses victimes.

Mais quand les chevaux commencent à se cabrer, les cavaliers inexpérimentés – dont certains sont soupçonnés d'avoir bu dans une auberge environnante – se sont mis à s'en prendre à la foule à coups de sabres. Arrivant enfin à la plate-forme, le capitaine Birley et Joseph Nadin commencent à arrêter tout le monde : orateurs, organisateurs et journalistes. Alors qu'ils tentent de se frayer un chemin vers le bord du terrain, la foule en colère tente de leur barrer la route au moment où Hulton, dit l'Estrange, arrive avec le 15e de hussards. Pensant que les miliciens se font attaquer, il ordonne de disperser la foule. Les Hussards forment alors une ligne et chargent la foule, les sabres au clair, dans la partie est du terrain alors que les cavaliers du Cheshire Yeomanry font la même chose du côté sud. La foule tente de s'échapper, mais l'accès principal est bloqué par des soldats armés de baïonnettes et un vent de panique commence à s'emparer des travailleurs. Les hommes des magistrats sont désormais hors de contrôle et ils fendent la foule à grands coups d'épées.

Au moment où le champ Saint-Pierre est enfin évacué, on y découvre au moins 11 cadavres d'hommes, femmes et enfants. Plus de 400 personnes ont été blessées, dont certaines gravement. Il s'ensuit alors une nuit d'émeutes et d'affrontements, les manifestants pacifiques déversant leur rage.

Le lendemain, Londres apprend la nouvelle grâce à un journaliste, Richard Carlile, qui a été arrêté mais a réussi à joindre la capitale pendant la nuit. Les autorités lui confisquent les copies de son rapport et, finalement, l'emprisonnent. À Manchester, James Wroe publie un compte-rendu de l'attaque et, faisant allusion au fait que la 15e des hussards était présente à Waterloo, il cite l'événement comme « le massacre de Pertloo ». Son pamphlet circule durant des semaines, ce qui le conduira lui aussi, finalement, en prison.

Mais il y avait aussi un prix à payer pour ceux qui ont participé au rassemblement. Beaucoup ont perdu leur emploi à cause du simple fait de s'y être rendu. Et certains blessés ont été refusés par les hôpitaux parce que les médecins étaient en désaccord avec leur point de vue politique. Et plusieurs orateurs et organisateurs, dont Henry Hunt, ont été emprisonnés. Par le biais du ministre de l'Intérieur, lord Sidmouth, le prince régent a exprimé sa gratitude aux magistrats de Manchester pour la manière dont ils ont résolu le problème, et le gouvernement a rapidement voté les Six Actes, des mesures destinées à prévenir d'autres réunions de masse et à supprimer les journaux de gauche.

Cependant, si l'intention du gouvernement et de la classe dirigeante était de mettre un terme aux exigences ouvrières, alors ce fut un échec. En effet, le massacre de Peterloo a provoqué la colère des travailleurs à travers tout le pays et a même rallié la classe moyenne à la cause des ouvriers. Les événements du champ Saint-Pierre peuvent être considérés comme une étape importante de la lutte qui a finalement abouti à une forme plus représentative et démocratique du Parlement.

MOTIVATION

Colère
Charité
Envie
Foi
Gourmandise
Avidité
Espérance
Luxure
Orgueil
Paresse

L'ATTAQUE DE FORT ALAMO

23 février - 6 mars 1836

Principal coupable : Antonio López de Santa Anna, commandant de l'armée mexicaine

Dégâts causés : son armée a massacré des centaines de colons, faisant accroître le soutien à leur cause et précipitant l'indépendance du Texas.

Raison : faire respecter l'autorité du gouvernement mexicain sur les colons texans

Camarades et compatriotes, je suis assiégé par plus de 1 000 Mexicains sous le commandement du général Santa Anna. J'ai subi un bombardement continuel depuis 24 heures sans perdre un seul homme. L'ennemi a demandé notre reddition sans condition sous peine de passer toute la garnison par les armes si le fort était pris. J'ai répondu à leur demande par un coup de canon et notre drapeau flotte encore au-dessus de nos murs.
Je ne me rendrai jamais. Je vous lance un appel, au nom de la liberté, du patriotisme et de tout ce qui fait le caractère américain, de nous venir en aider aussi vite que possible.

Extrait d'un courrier de William B. Travis, 24 février 1836

L'Empire mexicain a gagné son indépendance de l'Espagne en 1821 et le nouveau gouvernement a vite encouragé les colons à s'installer dans la partie nord-est de l'État mexicain de Tejas, ou Texas, en leur offrant des terres et des allégements fiscaux. De nombreux Américains ont saisi l'occasion et, au milieu des années 1830, le nombre de colons américains – surnommés les « Texians » – dépassait quatre fois celui des Mexicains. Le gouvernement mexicain a alors pris une série de mesures pour rétablir le déséquilibre, interdisant l'immigration et mettant fin aux avantages fiscaux. Ceci n'a servi qu'à augmenter les griefs des colons envers le gouvernement mexicain auquel ils devaient prêter serment d'allégeance, ils devaient aussi payer une taxe à l'église catholique et l'esclavage – tenu pour indispensable pour la culture du coton – était interdit. Le gouvernement mexicain se centralise également de plus en plus, en violation de la constitution mexicaine de 1824, et bientôt les colons demandent à pouvoir prendre le contrôle fédéral sur leurs propres affaires. Les hostilités entre gouvernement mexicain et colons dégénèrent quand des Texians forment des comités pour organiser leurs activités et montent des milices. La première escarmouche de la Révolution du Texas se déroule début octobre 1835 à Gonzales.

SANTA ANNA
Antonio López de Santa Anna a démissionné de son poste de président du Mexique, afin de diriger un groupe de rebelles contre les Américains.

Au cours des semaines qui suivent, les Texians remportent plusieurs succès militaires, dont le siège de San Antonio de Bexar. Opérant une retraite forcée à Alamo, les troupes mexicaines finissent par céder à leurs conditions, qui incluent l'abandon du Texas. Les Texians installent alors une garnison là-bas et augmentent les fortifications de la mission grâce aux canons laissés par l'armée mexicaine. Ils construisent aussi des chemins d'enceinte à partir desquels on peut tirer au fusil.

Les Texians croient en leur succès, mais le président mexicain, Antonio López de Santa Anna a abandonné son poste entre-temps pour prendre le commandement d'une « armée d'opérations » pour mater la rébellion une fois pour toutes. Il a également fait passer une résolution (plus tard rapportée dans des termes sans équivoque au président américain Andrew Jackson), déclarant que les étrangers ayant pris les armes contre les autorités mexicaines seraient désormais considérés comme des « pirates ». Cela signifiait que l'armée mexicaine n'allait faire aucun prisonnier et exécuter les soldats texians attrapés.

Fin 1835, cette armée est forte de 6 000 soldats et en janvier et février, les troupes mexicaines font route vers le nord sous un climat particulièrement hostile perdant une partie de leurs effectifs à cause du froid ou de maladie. Pendant qu'une partie de l'armée envoie des détachements sur l'armée texiane, lui infligeant une série de défaites, 1 500 soldats se dirigent directement vers San Antonio de Bexar, le lieu de l'humiliante défaite précédente, atteignant la rivière au sud de la ville la dernière semaine de février.

Au début de l'année, la garnison texiane compte moins de 100 hommes et, mi-janvier, Neill demande des renforts, des munitions et des fournitures à Sam Houston, le commandant de l'armée texiane. Incapable de les lui fournir, et sachant que Alamo ne résistera pas, Houston envoie 30 hommes, dirigés par Jim Bowie, pour désarmer et détruire le fort avant de l'abandonner.

Malheureusement, lorsqu'il atteint Alamo, Bowie n'y trouve aucun animal pour déplacer les canons – il n'a rien d'autre à faire que de rester et tenter de résister. Lui aussi demande des renforts mais bien peu arrivent. Une trentaine d'hommes viennent début février avec le lieutenant-colonel William Travis et à peine plus accompagnent Davy Crockett quelques jours plus tard, mais la garnison n'atteint toujours pas le nombre de 200 hommes. Neill quitte alors Alamo pour aller chercher de nouveaux renforts, plaçant la garnison sous le commandement de Travis. Mais la garnison annule cette décision et le remplace par Bowie. En fin de compte, les deux commanderont.

LA BATAILLE D'ALAMO

Le 23 février 1836, les 1 500 soldats mexicains prennent la ville de San Antonio de Bexar. Ils prennent également la garnison texiane d'Alamo par surprise, et aucune disposition n'a réellement été prise qui permettrait de résister à un siège. Tout le bétail que les Texians ont trouvé est conduit dans l'enceinte, tout comme les familles des volontaires qui vivaient à Bexar.

Bowie et Travis envoient des émissaires à Santa Anna pour discuter des termes d'une réédition mais, quand ils apprennent que toute réédition doit être inconditionnelle (c'est-à-dire qu'ils devaient s'attendre à être « passés à l'épée »), ils tirent leur plus gros canon en réponse.

Pendant la première semaine du siège, Alamo est la cible du bombardement constant des canons mexicains ; mais si les Texians leur répondent, ils n'ont pas assez de poudre pour soutenir le rythme. Deux groupes de Mexicains viennent se joindre aux troupes déjà présentes portant les effectifs à plus de 300 soldats alors que seule une poignée de Texians a réussi à rejoindre le fort.

La nuit du 5 mars, les bombardements mexicains cessent et les Texians, épuisés, peuvent enfin se reposer. Mais, à 5 h 30, profitant de l'obscurité, les Mexicains lancent leur attaque. Tout d'abord, les Texians résistent vaillamment, mais ils se trouvent rapidement dépassés par le nombre, et une fois les murs tombés, ils doivent se réfugier dans la caserne fortifiée alors que les femmes et les enfants se cachent dans l'église.

JIM BOWIE
Le pionnier, qui a pris le commandement conjoint de la petite armée à Alamo, a été malade. Il a été tué dans son lit après avoir tiré sur plusieurs de ses agresseurs.

Les Mexicains retournent le canon texian de la caserne et soufflent les portes avant d'envoyer des salves de tirs de mousquet et ensuite précipiter les soldats pris au piège. Fidèles à la parole de Santa Anna, à une heure de la première attaque, les soldats mexicains ont tué tous les hommes et en ont capturé 7 – mais Santa Anna les condamne à être exécutés. Les corps qui jonchent littéralement le sol de la mission sont passés à la baïonnette et fusillés. Les femmes et les enfants sont épargnés, à l'exception d'un garçon, confondu avec un adulte. Le nombre des pertes pour les troupes mexicaines est difficile à estimer, mais on pense qu'ils sont 500 soldats de Santa Anna à avoir été tués dans l'assaut de la mission d'Alamo.

RÉPERCUSSIONS

Le plan de Santa Anna consiste à l'anéantissement du reste de l'armée texiane, sous le commandement de Sam Houston. Il a supposé que la taille de son armée, et sa réputation après le massacre de Fort Alamo, persuaderaient l'armée texiane et les colons d'abandonner leur rébellion mais, c'est en fait le contraire qui se produit. Exaspérés par le massacre de leurs compatriotes, les volontaires ont afflué pour rejoindre Houston, et les effectifs de l'armée ont gonflé pendant que Santa Anna poursuivait sa route le long de la côte vers la Louisiane.

Les deux armées se rejoignent le 21 avril à la rivière San Jacinto, dans ce qui est maintenant le comté de Harris, au Texas. Certain que Houston n'attaquerait pas la force mexicaine du fait de sa supériorité, Santa Anna attend midi avant de lancer son attaque, mais c'est une erreur. L'armée texiane charge le camp mexicain au cri de « Souvenez-vous d'Alamo ! ». En moins d'une heure, ils ont tué ou capturé toute l'armée mexicaine. Santa Anna est fait prisonnier et contraint de signer ce que l'on nommera par la suite les traités de Velasco. Ce fut le début de la route vers l'indépendance du Texas.

LA GRANDE-BRETAGNE ENVAHIT L'AFGHANISTAN

Mars 1839

MOTIVATION

- Colère
- Charité
- Envie
- Foi
- Gourmandise
- **Avidité**
- **Espérance**
- Luxure
- Orgueil
- Paresse

Principal coupable : Lord Auckland, Sir William Hay Macnaghten

Dégâts causés : plus de 16 000 soldats et civils ont été massacrés par les Afghans alors qu'ils tentaient de fuir le pays.

Raison : la Grande-Bretagne voulait empêcher l'influence de l'URSS et ainsi protéger sa suprématie en Inde.

… une guerre entreprise sans sage dessein, menée avec un étrange mélange de témérité et de timidité, achevée après des souffrances et des catastrophes, sans apporter de gloire, ni au gouvernement qui a dirigé, ni aux troupes qui l'ont menée. La Grande-Bretagne n'a pas acquis un seul avantage, politique ou militaire, dans cette guerre. Notre évacuation du pays a ressemblé à la retraite d'une armée vaincue.

Révérend G. R. Gleig, 1843

La première moitié du XIXe siècle a vu se développer ce qu'on connaît sous le nom du Grand Jeu : la Grande-Bretagne et la Russie tsariste jouant aux échecs politiques en Asie centrale. Comme la Russie étendait son influence vers le sud, les Anglais se sont mis à craindre que l'Inde, leur grande colonie, ne soit la prochaine cible.

© Getty Images

ALEXANDER BURNES
L'attaché politique écossais, qu'on voit ici en costume de Boukhara, a déconseillé de rétablir Shuja Shah. Il a été tué dans l'insurrection afghane.

Le contrôle de l'Afghanistan, d'après les services secrets britanniques, est essentiel au maintien des joyaux dans la couronne de la reine Élisabeth, en 1809, alors qu'une invasion de l'Inde par Napoléon ou le tsar Alexandre 1er semble possible. Les Britanniques ont signé un traité avec le leader afghan Shuja Shah Durrani selon lequel les puissances étrangères seraient empêchées de traverser l'Afghanistan. Renversé peu après, Shuja Shah Durrani s'est exilé en Inde. Ses remplaçants n'étaient pas disposés à respecter les termes du traité et, en 1838, les Britanniques ont appris que les Russes faisaient des démarches auprès de l'émir afghan Dost Mohammad. Percevant cela comme une menace importante, le gouverneur général de l'Inde, Lord Auckland, envoie un émissaire à Dost Mohammad pour lui demander de prendre ses distances avec la Russie ; ce que le souverain refuse.

Sur les conseils de Sir William Hay Macnaghten, les Anglais veulent provoquer le retour de Shuja Shah Durrani sur le trône afghan par la force. Le spécialiste des affaires politiques Sir Alexander Burnes est cependant contre cette mesure : il pense qu'il serait plus efficace de mettre Dost Mohammad du côté des Britanniques.

Fin 1838, quelque 20 000 soldats indiens et britanniques – encadrés par presque 40 000 personnes dont les membres de leurs familles – font la pénible route depuis l'Inde par le col de Bolan vers l'Afghanistan. Prenant Kandahar en avril et Ghazni en juin, et laissant des garnisons dans ces deux villes, ils atteignent Kaboul en août 1839. Dost Mohammad fuit et Shuja Shah Durrani remonte sur le trône : il devient alors une marionnette qui protège les intérêts britanniques sur les conseils de William Macnaghten et d'Alexander Burnes. Dost Mohammad se rend aux Anglais et s'exile en Inde. L'opération semble s'être bien déroulée et il y a eu très peu de pertes. Macnaghten renvoie la moitié des troupes en Inde et le reste s'installe selon le mode de vie coloniale britannique ; mais, au bout d'un an, les choses commencent à mal tourner… Il devient clair que Shuja Shah est bien moins populaire que Dost Mohammad, qu'il n'a qu'une fragile emprise sur ce grand pays montagneux et que la présence britannique est considérée comme une occupation. Akbar Khan, le fils de Dost Mohammad, encourage la rébellion contre les Britanniques dans les tribus rurales et une guérilla éclate. La situation s'aggrave encore lorsque, en 1841, le gouvernement britannique cesse de verser de l'argent à divers chefs tribaux pour le maintien de la paix, comme conseillé par Macnaghten. Étonnamment, le commandement de l'armée est à ce moment remis au général William Elphinstone, à la fois incompétent et âgé.

FUITE DES BRITANNIQUES

Le 2 novembre 1841, suivant les instructions de Akbar Khan, qui bénéficie maintenant d'un soutien considérable, un soulèvement national commence. À Kaboul, la maison de Sir Alexandre Burnes est prise d'assaut et lui et ses collaborateurs sont assassinés, mais Elphinstone ne prend aucune mesure de représailles. La semaine suivante, le local qui contient le matériel militaire est pris par les rebelles. Dans une tentative pour sauver la situation, Macnaghten offre à Akbar Khan le trône de l'Afghanistan à condition qu'il ne renvoie pas les Britanniques. En même temps, il cherche à le faire assassiner. Malheureusement, Akbar Khan découvre ce double jeu. Il tuera lui-même Macnaghten et trois de ses officiers le 23 décembre. La dépouille de Macnaghten sera ensuite traînée dans le marché de Kaboul, comme l'avait été celle de Burnes.

Encore une fois, Elphinstone ne prend aucune mesure. Au contraire, il donne son accord pour que soient remis aux chefs de tribu la poudre à canon de l'armée britannique, leurs fusils et leurs canons, en échange de la conduite en toute sécurité des troupes britanniques hors de l'Afghanistan. Le 6 janvier 1842, environ 4 500 soldats britanniques et indiens, ainsi que 12 000 membres soutiens, quittent Kaboul en direction de Jalalabad, à 145 kilomètres à l'est, avec plusieurs cols de haute altitude à passer. C'est le milieu de l'hiver. Les Afghans atteignent le premier col enneigé avant eux et, le 9 janvier, un quart des soldats et des civils britanniques et indiens est abattu.

Au cours des jours suivants, à l'exception de quelques demandes de rançon pour des femmes d'officiers prises en otage, la quasi-totalité des 16 500 personnes qui luttaient sur le terrain rocailleux et gelé a été

PASSAGE
D'un point de vue politique, l'Afghanistan a ouvert un accès à l'Inde du nord par le Kazakhstan et l'Ouzbékistan.

systématiquement massacrée. Le 13 janvier, les 40 derniers hommes, principalement des membres de la 44e d'infanterie, sont encerclés sur une colline proche du village de Gandamak. On dit qu'on leur a laissé une possibilité de se rendre, à laquelle les soldats auraient répondu : « Vous pouvez toujours courir ». Neuf d'entre eux sont faits prisonniers, le reste est abattu. Seul l'assistant chirurgien William Brydon atteindra Jalalabad, après avoir été caché par un berger afghan qui avait donné son cheval à l'homme grièvement blessé.

L'anéantissement des régiments en retraite par les tribus afghanes a été l'épisode le plus humiliant et tragique de l'histoire coloniale britannique et il ne pouvait pas rester impuni. Akbar Khan est au pouvoir. En avril, Shuja Shah est assassiné. Des forces de secours britanniques sont envoyées aux garnisons tenant toujours Jalalabad et Kandahar, et les rebelles d'Akbar Khan sont défaits dans une bataille près de Jalalabad. En août, les troupes britanniques reprennent Ghazni aux rebelles. Et ils infligent une défaite définitive à Akbar Khan. En septembre, Kaboul est repris. Les prisonniers anglais et indiens sont libérés et le marché de la ville est rasé en représailles. Libéré par les Britanniques, Dost

Mohammad revient au pouvoir en Afghanistan et Akbar Khan meurt en 1845, probablement empoisonné par son père.

Pour le moment, la Grande-Bretagne a renoncé à jouer un rôle actif dans la vie politique afghane, mais ce n'est pas la dernière fois qu'un envahisseur étranger vient dans cette contrée inhospitalière, sauvage et farouchement indépendante.

LA VILLE DE GHAZNI
La garnison britannique à Ghazni a été défaite par les forces afghanes, mais la ville fut reprise et ses fortifications ont été démolies.

MOTIVATION

Colère

Charité

Envie

Foi

Gourmandise

Avidité

Espérance

Luxure

Orgueil

Paresse

LA TRAGÉDIE DE LA VALLÉE DE LA MORT

25 octobre 1854

Principal coupable : Lord Raglan et le capitaine Nolan, et une querelle entre Lord Lucan et Lord Cardigan

Dégâts causés : 118 hommes de la brigade légère ont été tués et 127 blessés.

Raison : l'ordre donné était vague et des animosités personnelles ont empêché toute clarification.

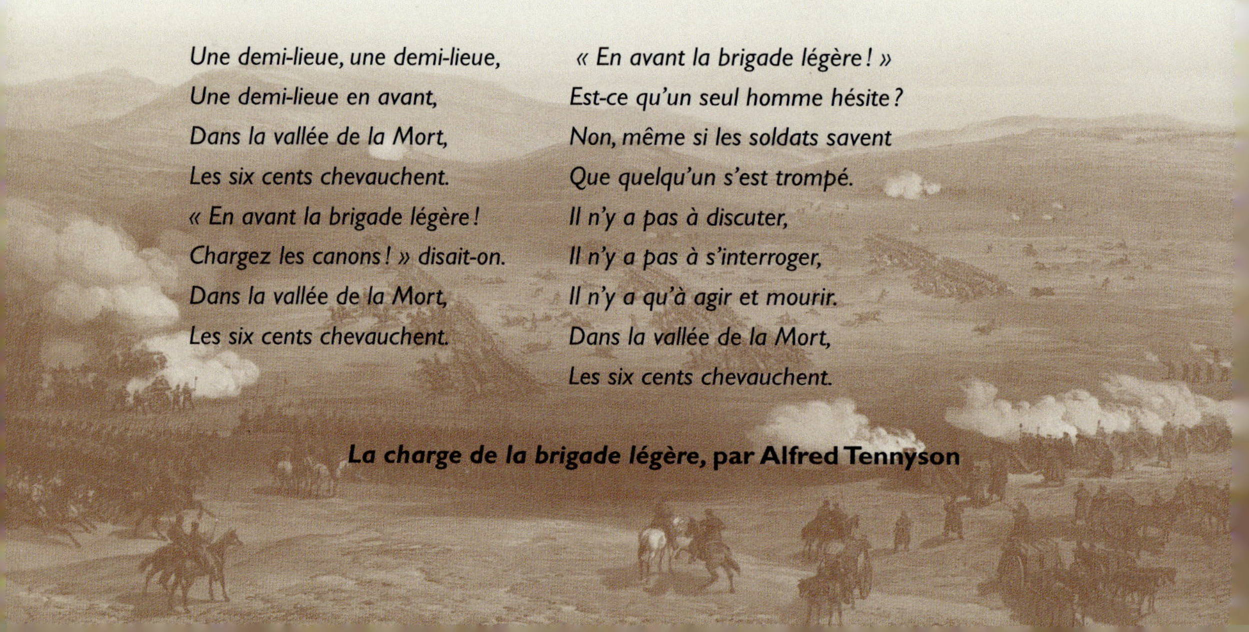

Une demi-lieue, une demi-lieue,
Une demi-lieue en avant,
Dans la vallée de la Mort,
Les six cents chevauchent.
« En avant la brigade légère !
Chargez les canons ! » disait-on.
Dans la vallée de la Mort,
Les six cents chevauchent.

« En avant la brigade légère ! »
Est-ce qu'un seul homme hésite ?
Non, même si les soldats savent
Que quelqu'un s'est trompé.
Il n'y a pas à discuter,
Il n'y a pas à s'interroger,
Il n'y a qu'à agir et mourir.
Dans la vallée de la Mort,
Les six cents chevauchent.

***La charge de la brigade légère*, par Alfred Tennyson**

La charge de la brigade légère, qui eu lieu le 25 octobre 1854, est devenue un exemple de bravoure militaire suprême face à des obstacles insurmontables et ce même si l'obéissance aux ordres équivalait à un suicide. Elle a également été une erreur monstrueuse, précipitée par un ordre ambiguë et détériorée par de malsaines animosités personnelles entre les dirigeants clés. Elle a coûté la vie à des centaines d'hommes.

En septembre 1854, les troupes françaises, anglaises et turques débarquent sur la côte ouest de la péninsule de Crimée, qui s'avance dans la mer Noire en Ukraine, dans le but de prendre l'importante base navale de Sébastopol à l'armée impériale russe. Contournant la ville, les Britanniques battent les Russes à l'Alma et mettent en place leur base d'approvisionnement dans la ville côtière de Balaclava, à quelques miles au sud de Sébastopol dont ils prévoient le siège. Le 25 octobre, le commandant russe Menchikov, avec une armée de 20 000 fantassins et 3 000 cavaliers, avec 76 canons, avance sur Balaclava avec l'intention de prendre la base britannique et menaçant de couper la route d'approvisionnement entre Balaclava et Sébastopol.

LE PRINCE ALEXANDER SERGEYEVICH MENSHIKOV
Commandant en chef des forces russes en Crimée, le prince a été relevé de ses fonctions après la défaite des batailles d'Alma et d'Inkerman, qui ont suivi celle de Balaclava.

Cette route, la route de Woronzoff, courre le long d'une crête connue sous le nom de « chaussée des hauteurs ». Une vallée au nord la sépare des collines Fedioukine, et une autre vallée la borde au sud, avec des collines au-delà. Six redoutes sont en cours de construction sur la crête pour fortifier les positions défensives. Équipées de canons, elles doivent protéger la base de Balaclava. Mais elles sont loin d'être terminées. 500 soldats turcs sont postés à la première redoute, mais, après un bombardement d'artillerie qui leur cause de lourdes pertes, les Russes la prennent, et les garnisons des autres redoutes tombent bientôt. Les Russes prennent aussi position le long des collines Fedioukine et 3 000 cavaliers passent la crête après avoir traversé la vallée du nord en direction de Balaclava alors que 900 hommes de la cavalerie lourde britannique font route par la vallée du sud. Aucune des deux parties ne connaît la position de l'autre, jusqu'à ce qu'ils se trouvent sur le même chemin.

James Scarlett, la brigade lourde à gauche, forme une ligne face à la cavalerie russe et attaque. Après une courte bataille, la cavalerie russe s'enfuit sur les hauteurs vers la vallée du nord, où 670 cavaliers de la brigade légère sont idéalement placés pour attaquer les Russes par le flanc. Le comte de Cardigan, cependant, leur ordonne de ne pas attaquer, affirmant avoir été informé par son supérieur hiérarchique Lucan qu'il ne faut pas passer à l'offensive. La cavalerie russe continue sa route à travers la vallée.

Ce n'est pas la première fois que la cavalerie est empêchée d'utiliser sa force et ses compétences : dans les batailles qui ont eu lieu le mois précédent, pendant la marche de l'armée vers le sud, le lieutenant général, le comte de Raglan, qui commande l'armée britannique, les as retenus en arrière. Le blâme pour leur inaction était alors retombé sur le commandant de cavalerie, Lord Lucan, qui avait reçu le surnom de « Seigneur Contemplatif » par la suite. Ce fait allait prouver un élément important dans la débâcle qui suivit.

Pendant que la majorité de la cavalerie russe descend la crête, juste pour être rejointe par la brigade lourde, une petite partie de leurs effectifs avance directement au sud vers Balaclava, et le 93e des Highlanders a réussi à arrêter leur progression en formant une ligne et en envoyant une ou deux salves de tirs à distance. Cela suffit pour leur faire faire demi-tour, et un correspondant de guerre du *Times*, William Russell, a fait mention de cette belle défense comme de celle « d'une fine ligne rouge à pointe d'acier » en référence aux soldats vêtus de rouge, les baïonnettes aux canons. Cette phrase allait rentrer dans l'Histoire. Depuis sa position en hauteur, sur la crête Sapouné, Lord Raglan peut voir les Russes en train de prendre les canons sur la crête opposée, ce qui peut ressembler à une victoire des Russes. Comme aucune autre troupe n'est disponible, il décide d'envoyer la brigade légère, alors stationnée à l'extrémité ouest de la vallée du nord, et dicte une ordonnance à cet effet.

LA CHARGE DE LA BRIGADE LÉGÈRE

L'ordre dit : « Lord Raglan souhaite que la cavalerie progresse rapidement vers le front, et essaie d'empêcher l'ennemi d'emporter les armes. L'artillerie montée peut suivre. La cavalerie française est sur votre gauche. Immédiat. » L'ordre est exécuté par le capitaine Lewis Nolan, un ardent défenseur de la cavalerie et un véhément critique de Lord Lucan pour cette raison. Nolan descend la crête au galop et remet l'ordre à Lord Lucan – et c'est là que la confusion commence. Du fond de la vallée, on ne peut pas voir les Russes qui sont sur la crête, aussi l'ordre de Lord Lucan semble n'avoir aucun sens. Et, lorsqu'on lui demande d'expliquer quelles armes et quels ennemis sont ceux qui sont mentionnés, on dit que Nolan – qui savait pourtant exactement ce que les ordres signifiaient – aurait répondu d'un vague mouvement du bras dans la direction de l'extrémité de la vallée, où la cavalerie et l'artillerie russes sont positionnées à un kilomètre et demi de distance, et dit sèchement : « C'est votre ennemi. Ce sont vos armes, mon seigneur. » sans donner plus de précision, puis il s'éloigna pour parler à d'autres officiers.

Lucan, qui connaît les critiques dont il faisait l'objet, et ne voulant certainement pas passer pour un indécis, ordonne alors à Lord Cardigan de charger les positions russes. Si les relations entre les deux hommes avaient été meilleures, ils auraient pu choisir de discuter de ce point. Ils sont beaux-frères, mais Cardigan s'est séparé de la sœur de Lucan, et de toute façon, il n'y a jamais eu d'amitié entre eux. Cardigan donne l'ordre et la cavalerie descend dans la vallée, avec Lucan et la brigade lourde derrière elle.

LA CHARGE DES CANONS
Attaqués de trois côtés, les vaillants cavaliers de la brigade légère ont avancé jusqu'aux canons russes.

Lord Raglan et son groupe, du haut de la crête Sapouné, regardent la brigade légère chevaucher à travers l'embouchure de la vallée plutôt que d'effectuer le contournement par la droite – ils ne peuvent qu'assister, impuissants, au massacre. À la gauche de la cavalerie, l'infanterie, la cavalerie et l'artillerie russes, qui occupent les collines Fedioukine, ouvrent le feu ; à droite, les troupes russes qui avaient pris les redoutes sur la route de Woronzoff font aussi feu ; et en face d'eux, les canons russes tirent. Sous une tempête de balles et d'obus, les cavaliers tentent d'accélérer le rythme alors que leurs collègues tombent tout autour d'eux. Le capitaine Lewis Nolan réalise apparemment l'erreur qui a été faite et galope à la tête de la cavalerie en brandissant son épée, mais lorsqu'il traverse face à Lord Cardigan, il est abattu par les éclats d'un obus. Lord Lucan et la brigade lourde ont commencé à évacuer lorsque les tirs sont devenus évidents, mais la brigade légère est lancée au grand galop, en plein sur les canons et la cavalerie russe. Ils réussissent à les repousser, mais sont finalement contraints à la retraite dans la vallée, toujours sous un feu nourri (bien que la cavalerie française eût, dans l'intervalle, repris avec succès les redoutes aux troupes russes sur les collines Fedioukine) et sous les attaques de la cavalerie russe descendus de la crête par les deux flancs.

DES 670 HOMMES QUI ONT CHARGÉ DANS LA VALLÉE DE LA MORT, MOINS DE 200 SONT REVENUS.

Des 670 hommes qui ont chargé dans la vallée de la Mort, moins de 200 sont revenus. Près de 250 soldats ont été tués ou blessés, le reste ayant été fait prisonnier. 475 chevaux ont été massacrés. Un ordre clair et peu informatif, aggravé par une série de petites vengeances personnelles, a conduit à la catastrophe la plus évitable de l'histoire militaire. Par ailleurs, le comte de Cardigan, qui a chevauché à la tête de la charge et est entrée dans la mêlée contre la cavalerie russe en est miraculeusement ressorti indemne : on dit qu'il a dîné au champagne sur son yacht ancré dans le port de Balaclava ce soir-là.

L'ASSASSINAT DU TSAR ALEXANDRE II

13 mars 1881

MOTIVATION

- **Colère**
- Charité
- **Envie**
- Foi
- Gourmandise
- Avidité
- **Espérance**
- Luxure
- **Orgueil**
- Paresse

Principal coupable : le groupe révolutionnaire la Volonté du Peuple

Dégâts causés : a conduit à une répression encore pire par le régime tsariste et a ralenti le rythme des réformes politiques

Raison : la Volonté du Peuple n'était pas satisfaite du rythme des changements sous le tsar Alexandre II.

Mieux vaut abolir le servage plutôt que d'attendre qu'il ne s'abolisse de lui-même.

Le tsar Alexandre II

Alexandre, né à Moscou en 1818, devient tsar de Russie en mars 1855 à la mort de son père, le tsar Nicolas Ier. La guerre de Crimée est dans sa seconde année. Six mois après son accession, Sébastopol est capturé et l'année suivante, le traité de Paris met un terme à la domination Russe dans les Balkans. Le pays, qui se considère lui-même comme le plus puissant d'Europe, se retrouve passablement rétrogradé, et pas seulement militairement (son armée est entièrement composée de soldats aux longs états de service et est incapable de trouver de nouvelles recrues en renfort), mais aussi économiquement et politiquement. Bien des états d'Europe de l'Est bénéficient déjà des avantages économiques de la rapide expansion industrielle et de l'essor du capitalisme ; mais la production industrielle en Russie stagne et la production agricole, encore basée sur les exploitations familiales, stagne également. Plus d'un tiers de la population de ce pays de 62,5 millions d'habitants est en servage – c'est-à-dire qu'ils sont littéralement les esclaves de la noblesse, qui sont les propriétaires de leurs terres. Les discussions concernant une possible émancipation des serfs sont en cours dans les milieux gouvernementaux depuis 1830, mais aucun progrès n'a été fait sous le règne de Nicolas Ier.

ALEXANDRE II JEUNE
Lorsqu'il était jeune, Alexandre a été instruit par le poète romantique Vassili Joukovski, qui peut l'avoir influencé et fait de lui un tsar plus libéral.

Aujourd'hui, trois grands réformateurs apportent leurs idées au nouveau tsar, suggérant qu'une modification du statut des serfs en celui d'une paysannerie de propriétaires fonciers pourrait jeter les bases d'une économie de marché. Bien qu'il ne soit pas réellement un réformateur libéral, le tsar Alexandre II est un homme d'état avisé. Il a compris que le système féodal est un frein au développement de la Russie et un comité est nommé afin de se pencher sur l'amélioration des conditions de vie des paysans. Les nobles sont prêts à accepter que les serfs soient libérés mais ils refusent de donner leurs terres. Quoi qu'il en soit, ils ont peu de choix car une partie de leurs terres et la majorité de leurs serfs (qui étaient une forme de propriété) avaient été hypothéquées, soit à des banques, soit à l'État. Le Manifeste de l'Émancipation, fournissant un cadre juridique aux réformes, est adopté en février 1861, libérant les serfs, les autorisant à se marier ou à créer une entreprise sans avoir besoin de la permission d'un quelconque propriétaire foncier. Il leur donne également le droit de racheter la moitié des terres qu'ils ont cultivées. Mais, comme ils ne peuvent pas payer ces terres, le gouvernement leur avance l'argent sous forme d'obligations d'État et les serfs doivent rembourser – avec intérêts – sur une période de 49 ans. La transition est loin d'être sans problème, mais c'est un grand pas en avant pour le pays. Les années qui suivent, le tsar Alexandre supervise la mise en place d'un vaste programme de réformes, y compris la création de conseils locaux qui ont le pouvoir de gérer les transports, l'éducation et la santé dans leurs régions (bien que seuls les riches puissent être élus aux conseils), une restructuration de l'armée, et l'expansion de l'industrie et des chemins de fer. Cependant, tandis que les conservateurs déplorent le rythme rapide des réformes, les groupes radicaux le trouvent trop lent. Un groupe se faisant appeler Terre et Liberté exige la remise totale des terres aux paysans, et certains préconisent le terrorisme comme moyen d'obtenir un changement.

En avril 1879, un étudiant, agissant seul, tire cinq coups de revolver sur le tsar, mais il le rate. Il sera arrêté et pendu quelques jours plus tard. La même année, des terroristes de Terre et Liberté forment un groupe dissident appelé la Volonté du Peuple, remettant en question le fondement même du pouvoir politique en Russie et appelant à un changement révolutionnaire pour la fin de l'autocratie tsariste. La Volonté du Peuple fait de l'assassinat du tsar sa priorité. En octobre, ils tentent de faire sauter le train dans lequel Alexandre II voyage, mais c'est un échec. L'année suivante, un charpentier du groupe se fait embaucher au palais d'hiver du tsar à Saint-Pétersbourg et réussit à cacher une grosse quantité d'explosifs sous la table de la salle à manger. À 6 h 30, le soir du 17 février, alors qu'Alexandre II devrait être en train de dîner, tout explose, faisant 37 morts ; mais le tsar a été retardé et il a échappé à l'explosion.

LA VOLONTÉ DU PEUPLE

La Volonté du Peuple informe alors le gouvernement russe que le groupe continuera de mener sa campagne de terreur si des élections libres ne sont pas organisées et la censure abolie. Si de nombreuses réformes sociales sont à l'ordre du jour, le tsar n'a pas pour autant prévu de dramatiques réformes politiques. Il a libéré même certains prisonniers politiques et charge son ministre de l'intérieur de suggérer des révisions de la constitution ; il lui demande aussi d'éliminer l'organisation la Volonté du Peuple. Mais lorsque les révisions proposées – qui donnent plus de pouvoir aux conseils locaux et la possibilité d'envoyer des délégués à une assemblée nationale nouvellement créée – menace de réduire sa propre autorité, il suggère au ministre de réviser sa copie.

La Volonté du Peuple s'impatiente et, le 13 mars tente un nouvel assassinat. Cette fois, ils réussiront. Alors que la voiture blindée du tsar, encadrée par des cosaques montés et armés et suivie par des policiers, arrive à un angle proche du canal Sainte-Catherine de Saint-Pétersbourg, un membre du groupe, Nikolai Rysakov, jette une bombe qui explose et blesse grièvement un des cosaques. Ignorant l'ordre de rester dans la voiture, Alexandre II veut réconforter le mourant. Il reçoit alors de plein fouet une bombe lancée par un autre terroriste, Ignaty Grinevitsky, décédé dans l'explosion. Le tsar a la jambe arrachée et son torse est déchiqueté. On l'amène en calèche à son palais d'hiver où il meurt peut de temps après.

RÉFORME
En tant que ministre de l'Intérieur du tsar Alexandre II, le comte Loris-Melikov a été l'architecte d'une gamme de réformes. Lorsqu'Alexandre III les a classées, Loris-Melikov a démissionné.

Il se trouve qu'Alexandre II avait, la veille, approuvé les projets de plans pour la création d'une assemblée élue, ou Douma. Lors de son ascension au trône de Russie, son fils aîné, le tsar Alexandre III, rejettera ces plans et annulera un grand nombre des réformes mises en place par son père, notamment en réduisant le pouvoir des conseils locaux.

Bien sûr, les « si seulement » de l'Histoire sont sans réplique, mais l'assassinat du tsar Alexandre II en 1881 a certainement coupé court à un processus de changement en Russie, qui aurait eu le potentiel d'améliorer la vie de millions de personnes. Sa mort a plongé le pays dans une période de répression autocratique qui a finalement été remplacée par le communisme, avec toutes ses imperfections. La Douma a finalement été introduite après la Révolution russe en 1905.

L'INCIDENT DE MAYERLING

29 - 30 janvier 1889

MOTIVATION

- **Colère**
- Charité
- Envie
- Foi
- Gourmandise
- Avidité
- **Espérance**
- **Luxure**
- Orgueil
- Paresse

Principal coupable : le prince héritier Rodolphe d'Autriche – ou quelqu'un ?

Dégâts causés : l'espoir d'un gouvernement austro-hongrois plus libéral est mort avec Rodolphe. L'attitude impérialiste de son père aggrave les tensions en Europe.

Raison : l'assassinat du nouvel héritier, l'archiduc François-Ferdinand, par les nationalistes serbes, déclenche la Première Guerre mondiale.

Chère Stéphanie,

Tu es délivrée de ma funeste présence ; sois heureuse dans ta destinée. Sois bonne pour la pauvre petite, qui est la seule chose qui subsiste de moi. Transmets mon dernier salut à toutes les connaissances. J'entre avec calme dans la mort qui, seule, peut sauver ma bonne réputation. T'embrassant de tout cœur, ton Rodolphe qui t'aime…

Lettre du prince héritier Rodolphe à la princesse Stéphanie

MAL ASSORTIS
Le prince héritier Rodolphe et la princesse Stéphanie, qu'on voit ici lors de leurs fiançailles, se sont mariés en 1881. Moins de huit ans plus tard, il était mort, sans doute de sa propre main.

Les circonstances réelles de l'incident de Mayerling sont floues et ne seront probablement jamais élucidées, mais on pense que le prince héritier Rodolphe d'Autriche et sa maîtresse adolescente la baronne Marie Vestera, se sont donné la mort cette nuit. Si la version des faits qui a été rendue publique à l'époque – c'est un meurtre suicidaire – est vraie, alors la dernière balle tirée par Rodolphe s'est répercutée à travers les années, conduisant à la fin de la dynastie des Habsbourg et, finalement, à la première guerre mondiale, ou au moins à la façon dont elle a commencé.

Le prince Rodolphe est le seul fils de l'empereur austro-hongrois François-Joseph et de l'impératrice Élisabeth de Bavière. En 1881, à 22 ans, il fait un mariage de raison avec la princesse Stéphanie de Belgique, laquelle n'a pas encore 17 ans. Bien qu'il ait semblé heureux au début de leur union, le couple s'avère être mal assorti. Stéphanie est extrêmement conventionnelle, à la limite de l'ennui et même, d'après sa belle-mère, d'une « morale lourde », alors que Rodolphe est impulsif et libéral. Ils auront un seul et unique enfant, une fille nommée Élisabeth-Marie, née en 1883, alors que leur couple est déjà à la dérive. Un processus qui s'accélère lorsque Rodolphe transmet une maladie vénérienne à sa femme, qui devient alors dans l'incapacité de donner un héritier au trône des Habsbourg. Elle s'affiche alors officiellement avec un officier polonais et Rodolphe continue à entretenir de nombreuses maîtresses, dont la baronne Marie Vestera. On pense qu'ils se sont rencontrés à l'automne 1888 mais, selon un compte-rendu écrit par sa belle-sœur trente ans plus tard, Rodolphe lui aurait confié que leur histoire aurait commencé au moins deux ans plus tôt, lorsque Marie n'avait que 15 ans. Cela pourrait expliquer son achat du manoir de Mayerling, dans la forêt viennoise, en 1888, et sa transformation en un pavillon de chasse. Il aurait fourni au couple un nid d'amour. Disant à sa famille qu'il a l'intention de chasser le lendemain, Rodolphe y passe la nuit du 29 janvier 1899. Mais lorsque son valet vient le réveiller le matin, il trouve la porte du prince verrouillée. Sans réponse du prince, le valet, aidé du comte Joseph Hoyo, un ami du prince qui a passé la nuit là, abat la porte à l'aide d'une hache.

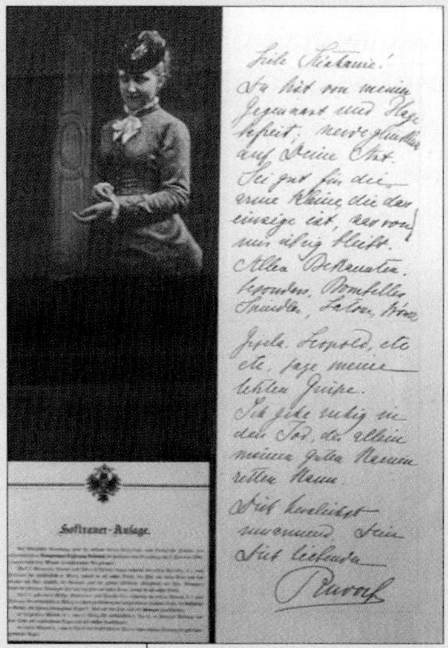

CHÈRE STÉPHANIE
La note que laisse Rodolphe suggère qu'il avait l'intention de se suicider, mais il ne donne aucune raison pour laquelle il en aurait envie.

Dans la pénombre de la chambre aux volets clos, ils trouvent Marie couchée sur le lit et Rodolphe assis à côté d'elle sur le sol. Tous deux sont morts et, voyant un verre sur la table de chevet, le comte Joseph conclut à un empoisonnement. Le comte se rend à Vienne aussi vite que possible pour informer l'empereur et l'impératrice de la tragédie. Ils sont, bien évidemment, brisés par la nouvelle, mais l'empereur a la présence d'esprit de prévenir la police et Mayerling et les environs sont bouclés. Une déclaration est faite à la presse selon laquelle le prince Rodolphe est mort d'une rupture d'anévrisme (les catholiques ne se suicident pas) et un médecin est appelé à déterminer les causes exactes du décès qui est apparemment dû à des blessures par balles. Il semble que Rodolphe a d'abord tiré dans la tête de Marie puis, après être resté assis à côté de son corps pendant des heures, il aurait tourné l'arme contre lui.

Le corps de la jeune baronne est rapidement retiré de la maison par ses oncles et est enterré à la hâte dans le cimetière d'un monastère voisin. Les journalistes découvrent toutefois rapidement que la mort de la maîtresse de Rodolphe ainsi que le fait qu'il s'agit probablement d'un assassinat suicidaire. Bien que la maison impériale ait tout fait pour étouffer l'histoire, l'empereur a du mal à persuader l'Église de permettre au corps de Rodolphe d'être enterré dans la crypte impériale à Vienne, puisqu'un suicidé ne peut recevoir de sépulture chrétienne. Finalement, une dispense a été accordée parce que Rodolphe serait mort à cause d'un état de déséquilibre mental.

QUE S'EST-IL RÉELLEMENT PASSÉ ?

De nombreux doutes ont été soulevés concernant ce qui s'est précisément passé cette nuit-là et pourquoi. Selon un rapport, une seule balle avait été tirée par le pistolet retrouvé à côté du prince, et selon une autre, six balles ont été tirées, ce qui ne correspond pas aux deux balles effectivement retrouvées. Les aventures étranges qui sont arrivées plus tard à Marie sont également contradictoires. Son cercueil a été ouvert pendant l'occupation russe en 1946, et quand sa dépouille a été analysée 1955, on n'y a pas trouvé de trou de balle dans le crâne. Au contraire, il y avait des signes qu'elle aurait été frappée par un objet contondant, une façon peu naturelle de tuer une maîtresse. Son squelette a été de nouveau examiné en 1991, cette fois par un marchand de meubles fanatique et l'examen médical a été invasif puisqu'une partie du crâne était manquante. « Pourquoi ? » On dit qu'une dispute avait éclaté quelques jours plus tôt entre Rodolphe et son père qui souhaitait que le prince rompe avec la baronne. Serait-ce une raison suffisante pour un pacte de suicide, étant donné que leur liaison était largement connue ? Là encore, il se trouve que, quelques mois plus tôt, Rodolphe avait proposé un pacte de suicide à une autre maîtresse de l'époque, une actrice du nom de Mitzi Kaspar. Elle avait refusé cet honneur, mais peut-être Marie était-elle plus romantique ?

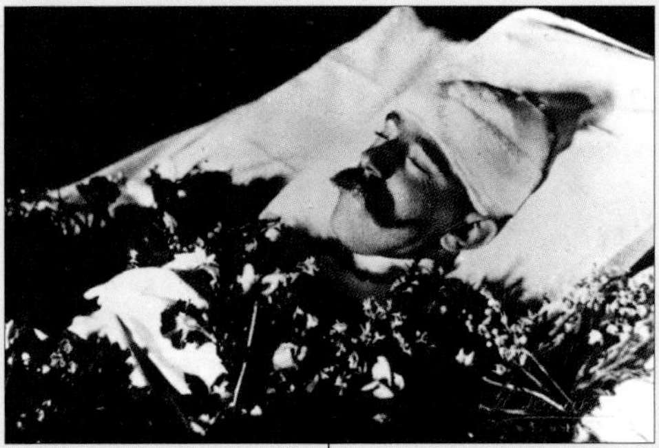

SOUS DES BANDES
Pour l'enterrement du prince héritier Rodolphe à Vienne, sa tête a dû être enveloppée dans un pansement pour masquer les dégâts causés par la balle.

On a aussi suggéré que Marie pouvait avoir été enceinte et qu'elle serait morte durant l'avortement, ou qu'elle se serait empoisonnée et que le prince n'y aurait pas survécu. Un scénario tout à fait différent est raconté en détail par un espion allemand qui écrivait à l'époque. Selon lui, le couple a été abattu par trois hommes qui sont arrivés à l'auberge dans la soirée du 29. La tragédie, en ce cas, serait un assassinat politique commandé par les Français qui avaient tenté, en vain, de mêler Rodolphe à un attentat visant son père, pro-Allemands. Il pourrait encore s'agir d'agents autrichiens qui craignaient que les idées libérales de Rodolphe ne permettent à la Hongrie un trop grand degré d'autonomie.

Comme fils unique de l'empereur et de l'impératrice, Rodolphe était le seul héritier du trône des Habsbourg et comme lui-même n'avait pas de descendance mâle, c'est donc le plus jeune frère de l'empereur François-Joseph, l'archiduc Karl Ludwig, qui devait devenir empereur. Mais il renonce rapidement à son droit à la succession en faveur de son fils aîné, l'archiduc François-Ferdinand. L'assassinat de l'archiduc à Sarajevo en 1914, qui a déclenché la première guerre mondiale, a sonné le glas de la monarchie des Habsbourg. Si Rodolphe avait vécu et était devenu empereur, il aurait sans doute été plus libéral que son père et aurait peut-être adopté une approche plus éclairée aux aspirations concurrentes nationalistes dans la région, et le cours de l'histoire européenne a pu être sensiblement différent...

LE TORPILLAGE DU *LUSITANIA*

7 mai 1915

MOTIVATION

- **Colère**
- Charité
- Envie
- Foi
- Gourmandise
- Avidité
- Espérance
- Luxure
- **Orgueil**
- Paresse

Principal coupable : la marine allemande

Dégâts causés : des centaines de civils ont perdu la vie et les États-Unis se sont trouvés entraînés dans la guerre.

Raison : l'Allemagne était soucieuse d'empêcher du matériel de guerre d'arriver en Grande-Bretagne et voulait se venger du blocus naval britannique qui l'avait affamée.

Quels que soient les autres faits concernant le Lusitania, le principal est qu'un bateau à vapeur, qui est d'abord et surtout un moyen de transport pour les passagers, et qui transportait plus d'un millier d'âmes qui n'avaient pas d'intérêt dans cette guerre, a été torpillé et coulé, comme un défi ou une mise en garde, et que des hommes, des femmes et des enfants ont été envoyés à la mort dans des circonstances sans précédent dans la guerre moderne.

Réponse à Berlin (No. 1803),
Président Wilson, Washington, 9 juin 1915

Le naufrage du paquebot britannique RMS *Lusitania*, torpillé par un sous-marin allemand le 7 mai 1915, ayant entraîné la mort de plus de 1 000 personnes, dont plus de 100 citoyens américains, a déclenché une vague de colère dans les pays alliés, mais surtout aux États-Unis, jusqu'ici neutres. Malgré les déclarations de l'Allemagne spécifiant que le navire était en vérité un navire militaire, cet acte d'agression contre des civils a sans aucun doute stimulé un sentiment antiallemand aux États-Unis et a joué un rôle important dans leur entrée en guerre.

RMS *LUSITANIA*
Il n'existait que très peu de bateaux à 4 cheminées, ce qui fait du Lusitania un navire caractéristique. Le capitaine du sous-marin allemand savait ce qu'il visait quand il a tiré la torpille.

Le *Royal Mail Ship Lusitania*, construit en Écosse pour la Cunard Line, est lancé en 1906. Il est, à l'époque, le plus grand navire du monde, avec une longueur de 240 mètres et une jauge brute de plus de 30 000 tonnes. C'est aussi le plus rapide et le plus puissant, ses moteurs comptabilisaient 68 000 chevaux et sont capables de le propulser à 25 nœuds – il a battu le record de la traversée de l'Atlantique est-ouest en moins de cinq jours !

Sa construction a été financée en partie par le gouvernement britannique à condition qu'il soit équipé d'affûts de canon et que, dans l'éventualité d'une guerre ou autre situation d'urgence, il serait remis au gouvernement et converti en croiseur marchand armé. En fait, le RMS *Lusitania* est resté en service pour la Cunard Line après le début de la première guerre mondiale, transportant des passagers à travers l'Atlantique entre Liverpool et New York.

Alors que la guerre progresse et que la Grande-Bretagne impose un blocus naval aux navires qui pourraient ravitailler l'Allemagne – en particulier les sous-marin – les interventions dans l'Atlantique et sur les côtes de la Grande-Bretagne augmentent. Bien que la Convention de La Haye spécifie que les navires marchands non armés ne doivent pas être visés, l'Allemagne, en réponse à la déclaration britannique selon laquelle la mer du Nord est maintenant une zone de guerre, annonce en février 1915 que toutes les eaux autour de la Grande-Bretagne sont désormais une zone de guerre, que la marine marchande britannique sera prise pour cible, et qu'il n'est pas toujours possible de prévenir ou d'évacuer les bateaux avant de tirer sur eux. L'Angleterre conseille à tous ses navires marchands de faire feu sur tout sous-marin repéré, ce qui a un effet dissuasif considérable sur les commandants de sous-marins pour qui le surfaçage devient un risque d'être pris pour cible.

Le service passager transatlantique continue malgré la menace des sous-marins allemands. Quelques jours avant la 202e traversée du RMS *Lusitania* les journaux publient un message qui ressemble à une sorte de mise en garde :

> ATTENTION !
>
> Les voyageurs qui ont l'intention de se lancer dans la traversée de l'Atlantique sont prévenus qu'un état de guerre existe entre l'Allemagne et ses alliés et la Grande-Bretagne et ses alliés ; que la zone de guerre comprend les eaux adjacentes aux îles britanniques ; que, conformément à la mise en demeure par le gouvernement impérial allemand, les navires battant pavillon de la Grande-Bretagne ou de l'un de ses alliés, sont passibles de destruction dans ces eaux ; et que les voyageurs traversant la zone de guerre à bord de navires de la Grande-Bretagne ou de ses alliés le font à leurs risques et périls.
>
> Ambassade impériale allemande,
>
> Washington, D.C., 22 avril 1915

SMS U-20
Le sous-marin allemand U-20 (le second à partir de la gauche) amarré dans le port de Kiel en 1914, sera sabordé après s'être échoué dans le Jutland au Danemark.

La Cunard Line a tenu à rassurer ses passagers que la vitesse du RMS *Lusitania* – presque deux fois celle d'un sous-marin – et que ses cloisons étanches qui en font un coffre-fort les protégeraient de la marine allemande et, même s'ils s'inquiétaient, très peu de passagers ont pris la menace allemande au sérieux ou annulé leurs réservations. Et, le 1er mai, le RMS *Lusitania* prenait la mer avec, à son bord, 694 membres d'équipage et 1 265 passagers dont 159 Américains. La liste des passagers peut s'enorgueillir de noms célèbres de banquiers, industriels, artistes, écrivains, designers, musiciens et mondains. Le capitaine, William Thomas Turner, a reçu des instructions pour conserver une vitesse élevée, éviter de naviguer à proximité de caps d'où des sous-marins pourraient guetter, et de naviguer en zigzag en cas de confrontation directe avec un sous-marin. Sa traversée de l'Atlantique se déroule sans incident mais, tout au long de la semaine, l'amirauté britannique a repéré un sous-marin allemand, le U-20, opérant dans la mer d'Irlande.

Le 5 mai, le sous-marin coule le navire marchand *Earl of Lathom* après avoir donné l'ordre à son équipage d'abandonner le navire, et le 6 mai, il coule deux navires de 6 000 tonnes et en rate deux autres. Des avertissements sont diffusés par la *Royal Navy* à tous les navires, et le capitaine Turner prend la précaution de fermer les portes étanches du *Lusitania*, de doubler la vigie et de préparer des canots de sauvetage. Comme le *Lusitania* atteint la côte sud de l'Irlande, le matin du 7 mai, il est contraint de ralentir à 15 nœuds à cause de la brume. Et, comme aucun avertissement de radio n'a été reçu, le capitaine change de cap pour longer la côte irlandaise. Il n'adopte pas, cependant, le parcours en zigzag. Dès que le temps se dégage, le navire reprend la vitesse de 18 nœuds.

LE NAVIRE COULE

En début d'après-midi, le sous-marin U-20, commandé par le capitaine Walther Schwieger, fait surface à environ 16 kilomètres au sud de la Old Head of Kinsale, un promontoire sur la côte sud de l'Irlande. À 1 h 20, le contour très reconnaissable du *Lusitania* est observé venant de l'ouest. Hissant son périscope, le sous-marin se place à 730 mètres face au navire et, à 14 h 10, une seule torpille est tirée.

Remarquant une ligne caractéristique de bulles, une vigie du *Lusitania* donne l'alerte, mais il est trop tard pour faire quoi que ce soit... La seconde d'après, la torpille heurte le côté tribord du navire, sous la ligne de flottaison, derrière le pont, provoquant une forte explosion et un grand trou dans la coque. Une seconde explosion suit immédiatement, soufflant des débris d'acier dans les airs et, en quelques minutes, le RMS *Lusitania* commence à pencher à tribord et sa proue commence à piquer. Le capitaine ordonne de virer vers la terre, mais le navire ne répond pas. Il est également impossible de faire tourner les moteurs en marche arrière pour ralentir la descente vers le fond qui empêche le lancement des canots de sauvetage. Quand, enfin, le bateau ralentit, il apparaît qu'il est impossible d'utiliser les canots côté bâbord, car ils sont coincés par les rivets de la coque. Ceux du côté tribord, du fait de l'angle du bateau, se trouvent trop loin pour qu'on puisse y embarquer. Cette difficulté à atteindre les canots de sauvetage dans un bateau commercial a été revue

© Time & Life | Getty Images

PERTES HUMAINES
Presque deux tiers des passagers et membres d'équipage du RMS *Lusitania* se sont noyés, principalement parce que les canots de sauvetage n'ont pas pu être utilisés.

plus récemment, lorsque le navire de croisière de luxe *Costa Concordia* s'est échoué au large de la côte italienne en 2012. En moins de 20 minutes après l'impact, le RMS *Lusitania* a coulé, un courant très fort entraînant la coque et les passagers sous l'eau. Seuls 6 des 48 canots de sauvetage peuvent être lancés et la majeure partie des passagers s'est noyée ou s'est retrouvée en difficulté dans l'eau froide. Répondant au S.O.S. du navire, les bateaux des ports irlandais les plus proches sont venus secourir les survivants au plus vite, mais seuls 764 personnes sur un total de 1 959 ont survécu – près de 900 corps n'ont jamais été retrouvés. Et des 139 Américains embarqués, 11 sont revenus.

L'Allemagne et l'Autriche ont applaudi les actions du capitaine Schwieger et immédiatement justifié le naufrage du *Lusitania* en affirmant qu'il était armé, transportait des troupes et que sa cargaison comprenait de grandes quantités de munitions – qui avaient provoqué la seconde explosion. La communauté internationale a réagi avec indignation. Bien que le *Lusitania* ait été équipé d'affûts de canon, il n'y avait certainement pas d'armes à bord, ni de troupes. En ce qui concerne les munitions, il s'avère qu'effectivement, le RMS *Lusitania* transportait plus de 4 000 milles caisses de cartouches de fusil et plus de 1 000 cartouches d'obus, mais ni la Cunard Line, ni les douanes américaines ne voulait le reconnaître. Et la seconde explosion a été attribuée à l'inflammation de la poussière de charbon dans les chaufferies – aujourd'hui, on pense qu'elle a été causée par la destruction des lignes à haute pression de vapeur. Mais personne, parmi les pays alliés, ne pouvait admettre qu'une cargaison pourrait justifier la mort de plus de 1 000 civils.

Pour l'ancien président Roosevelt : « Non seulement cet acte est un acte de piratage, mais un piratage à une échelle plus vaste que ce que les pirates ont jamais pratiqué… Il s'agit d'une guerre contre des innocents, hommes, femmes et enfants voyageant sur l'océan, et nos compatriotes et leurs compatriotes, qui étaient parmi les victimes. Il semble inconcevable que l'on puisse s'abstenir de prendre des mesures dans cette affaire, car nous le devons non seulement à l'humanité, mais à notre estime nationale ».

Tout ceci n'est cependant que discours, et ni l'opinion publique ni le gouvernement américain ne sont prêts à entrer dans la guerre à cette époque, mais le naufrage du *Lusitania* a certainement donné conscience de cette possibilité. Le président américain Woodrow Wilson – reconnaissant que la guerre sous-marine sans restriction représente un nouveau tournant particulièrement hideux de la guerre – envoie plusieurs notes vigoureuses au gouvernement allemand en précisant que le naufrage des navires marchands et neutres est inacceptable. En septembre 1915, craignant que les États-Unis ne se joignent aux Alliés, l'Allemagne recule et le chancelier et *Kaiser* Guillaume II donne des instructions – contre la volonté de l'Amirauté allemande – interdisant aux sous-marins de tirer sur les navires neutres sans avertissement. La crainte d'attaques de sous-marins sur les navires transatlantiques levée suffit à apaiser les États-Unis pour le moment. Mais, en janvier 1917, alors que la situation n'est pas des meilleures pour l'Allemagne sur le front occidental, les attaques de sous-marin redeviennent essentielles et sont considérées comme un effort de guerre pour les Allemands qui inversent leur politique. Ils ont tort. Woodrow Wilson rompt ses relations diplomatiques avec l'Allemagne, mais cela n'a aucun effet sur leur décision. Dans les deux mois, sept navires marchands américains sont coulés. Le 6 avril 1917, l'Amérique entre en guerre. C'est l'aboutissement d'un processus qui a commencé avec le naufrage du *Lusitania* – une décision que l'Allemagne aura à déplorer.

LES ATTAQUES DE SOUS-MARIN REDEVIENNENT ESSENTIELLES ET SONT CONSIDÉRÉES COMME UN EFFORT DE GUERRE POUR LES ALLEMANDS QUI INVERSENT LEUR POLITIQUE.

LE TRAITÉ DE VERSAILLES

18 janvier 1919

MOTIVATION

- **Colère**
- Charité
- Envie
- Foi
- Gourmandise
- **Avidité**
- **Espérance**
- Luxure
- **Orgueil**
- Paresse

Principal coupable : les Alliés

Dégâts causés : les termes du traité de Versailles ont indirectement contribué à la Seconde Guerre mondiale.

Raison : le traité empêche l'Allemagne de se relever, mais ne l'empêche pas de recourir à l'agression militaire pour réaliser ses ambitions territoriales.

Les nobles objectifs que nos adversaires ont d'abord jetés devant eux dans leur conduite de la guerre, l'ère nouvelle d'une paix assurée de la justice, exigent un instinct de traité avec un esprit différent. Seule la coopération de tous les pays, une coopération des mains et des esprits, peut construire une paix durable. Nous ne nous faisons aucune illusion quant à la force de la haine et de l'amertume que cette guerre a engendrée, et pourtant les forces qui sont à l'œuvre pour une union de l'humanité sont plus fortes qu'elles ne l'ont jamais été. La tâche historique du traité de paix de Versailles est de parvenir à cette union.

Lettre du comte von Brockdorff-Rantzau à Georges Clemenceau, mai 1919

Dans les premières heures de la matinée du 11 novembre 1918, les puissances alliées et les empires centraux conviennent d'une cessation des hostilités dans des conditions générales imposées par les Alliés et que les Allemands ne sont pas en position de refuser. Il faut encore six mois supplémentaires aux Alliés – principalement la Grande-Bretagne, les États-Unis et la France – pour déterminer entre eux les détails d'un traité de paix définitif. La Grande-Bretagne voudrait que l'Allemagne devienne un rempart contre le communisme, les États-Unis sont à la recherche d'une paix durable en Europe sans la participation américaine et la France aimerait retrouver son ancienne puissance au détriment de l'Allemagne. Il y a visiblement des conflits entre ces objectifs, mais le traité de Versailles semble finalement présenter un compromis viable. Deux décennies plus tard, ce compromis échoue : une idéologie bien plus effrayante que le communisme envahit l'Europe, la guerre est revenue, impliquant les États-Unis une fois de plus, et la France paie sa vengeance très cher.

PAIX SANS VICTOIRE ?

La Conférence de Paix de Paris, chargée de travailler sur les détails de l'accord de paix, a été convoquée en janvier 1919. Y ont participé des représentants de 25 nations, mais les principaux – le « Big Four » – sont la France, l'Italie, les États-Unis et la Grande-Bretagne. Plusieurs mois avant la signature de l'armistice, le président américain Woodrow Wilson présente une liste de « quatorze points » qui, selon lui, sont nécessaires afin de garantir une paix durable, dénommée « paix blanche ». Il s'agit de restaurer les territoires à leur état avant-guerre (et, dans le cas de l'Alsace-Lorraine, avant la première guerre franco-prussienne), réduire les armements, rendre la liberté de navigation, etc. Lorsque l'armistice est signé, l'Allemagne est amenée à croire que ces points constituent la base du traité de paix, mais les membres européens du « Big Four » ont d'autres idées en tête. Les Alliés ont négocié des traités séparés avec l'Empire ottoman, l'Autriche et la Hongrie mais, dans le traité de Versailles, l'Allemagne est l'objet d'un traitement particulièrement sévère.

L'Allemagne est obligée de céder des parties de son territoire à la Pologne, la France, la Belgique, la Tchécoslovaquie et au Danemark. La Rhénanie allemande – importante par son industrie –, qui borde la France, doit être démilitarisée et occupée par les forces alliées pour quinze années. Les colonies allemandes d'Afrique et du Pacifique sont réparties entre plusieurs des pays alliés.

Les principaux éléments du traité ont été conçus pour empêcher l'Allemagne de reconstruire sa puissance militaire, ce qui inclut une limitation de l'armée allemande à 100 000 soldats et restreint sa flotte, tant en termes de nombre que de taille des navires. L'Allemagne est aussi empêchée d'avoir une armée de l'air, interdite d'importation et d'exportation d'armes. La fabrication d'armes est limitée, et celle d'armes chimiques, sous-marins et de chars, interdite. Les termes auraient pu être plus graves si la Grande-Bretagne n'avait pas envisagé l'Allemagne comme un rempart à la propagation du communisme.

RÉPARER LES DOMMAGES

L'Europe de l'Est est en lambeaux. Dix millions de soldats et presque autant de civils ont été tués. Villes et villages ont été pulvérisés. Des millions de personnes ont été déplacées ou sont sans abri. Routes, voies ferrées, ponts, fermes et industries ont été détruits. Le coût de la reconstruction est énorme, mais c'est la priorité de la plupart des pays déchirés par la guerre, surtout pour la France.

L'article 231 du traité de Versailles cherche à accuser l'Allemagne des dommages de guerre – il est d'ailleurs connu sous le nom de « clause de culpabilité ». Il dit : « Les gouvernements alliés et associés déclarent, et l'Allemagne le reconnaît, que l'Allemagne et ses alliés sont responsables, pour les avoir causés, de toutes les pertes et tous les dommages subis par les gouvernements alliés et associés et leurs ressortissants en conséquence de la guerre qui leur a été imposée par l'agression de l'Allemagne et de ses alliés. » C'est le terme des conditions de la paix qui devait surpasser tous les autres.

The New York Times.

ARMISTICE SIGNED, END OF THE WAR!
BERLIN SEIZED BY REVOLUTIONISTS;
NEW CHANCELLOR BEGS FOR ORDER;
OUSTED KAISER FLEES TO HOLLAND

ARMISTICE
Le *New York Times* annonce la signature de la paix. Il met en évidence les désordres politiques qui agitent déjà l'Allemagne.

Quand il a fallu déterminer le montant réel des réparations à payer, ni l'Angleterre, ni les États-Unis ne désiraient briser l'Allemagne, préférant conserver un partenaire commercial important et sachant que la destruction de son économie pourrait conduire à des troubles politiques et sociaux. Cependant, le prix (53,7 milliards de dollars), même s'il est revu à 31,4 milliards de dollars deux ans plus tard (c'est l'équivalent de 385 milliards de dollars aujourd'hui) est exorbitant. Même à l'époque, on se rend déjà compte que l'Allemagne serait incapable de rembourser le prix de la réparation demandé.

Avant la signature de l'armistice, le kaiser Guillaume II abdique (le traité exigeait qu'il soit jugé pour crimes de guerre) et le pouvoir est remis à un gouvernement dirigé par le nouveau chancelier Friedrich Ebert, un membre du membre du Parti social-démocrate. C'est lui qui signe l'accord d'armistice et, en février 1919, il devient le premier président de la République de Weimar. Quand les termes du traité de Versailles sont révélés plus tard cette année-là, sa première question concernait l'armée. Si l'Allemagne refuse de signer, et que les hostilités reprennent, est-ce que l'armée allemande est assez forte pour y répondre ? La réponse est non. L'Allemagne accepte le traité de Versailles qu'elle appelle « le Diktat », puisqu'elle n'a pas pu intervenir dans sa rédaction et n'a pas eu d'autre choix que de le signer. C'est le début des récriminations.

LE CHANCELIER FRIEDRICH EBERT a signé l'armistice au nom de l'Allemagne et a été le premier président du pays, l'année suivante. Il a eu la difficile tâche d'essayer de parvenir à l'harmonie politique.

Humiliés par la défaite et le caractère punitif des conditions de paix, l'armée, la droite et même le peuple allemand commencent à blâmer la gauche allemande. Comme les souvenirs de 1918 s'effacent, les sociaux-démocrates sont accusés d'avoir poignardé l'Allemagne dans le dos. La perte de mines de charbon et de l'industrie, et le coût des réparations ont de graves répercussions économiques et entraînent une hyperinflation, une hausse du chômage et des désordres sociaux. Le climat politique est mûr pour les idéologies extrêmes nationalistes de droite comme le national-socialisme – plus connu sous le nom de nazisme – qui réclame la révision des termes du traité de Versailles pour permettre le réarmement de l'Allemagne, l'annulation des remboursements de la dette de guerre et la reprise de la Rhénanie. Promettant de restaurer l'honneur et l'hégémonie de l'Allemagne, et la chute de ses ennemis (les communistes, les juifs, et les sociaux-démocrates) Hitler devient chancelier en 1933. Il inaugure le Troisième Reich et un état totalitaire. Le processus de réarmement – déjà commencé sous la République de Weimar en violation du traité de Versailles – s'accélère et, le 1er septembre 1939, l'Allemagne envahit la Pologne. Deux jours plus tard, la Grande-Bretagne et la France déclarent la guerre à l'Allemagne et l'Europe est bientôt déchirée à nouveau, suivie peu après par une grande partie du reste du monde.

LE PREMIER PLAN QUINQUENNAL DE STALINE

1929 - 1933

MOTIVATION

- **Colère**
- Charité
- Envie
- Foi
- Gourmandise
- **Avidité**
- Espérance
- Luxure
- Orgueil
- Paresse

Principal coupable : Joseph Staline

Dégâts causés : des millions d'Ukrainiens sont morts de faim à cause de sa politique de collectivisation.

Raison : casser l'esprit nationaliste des paysans ukrainiens.

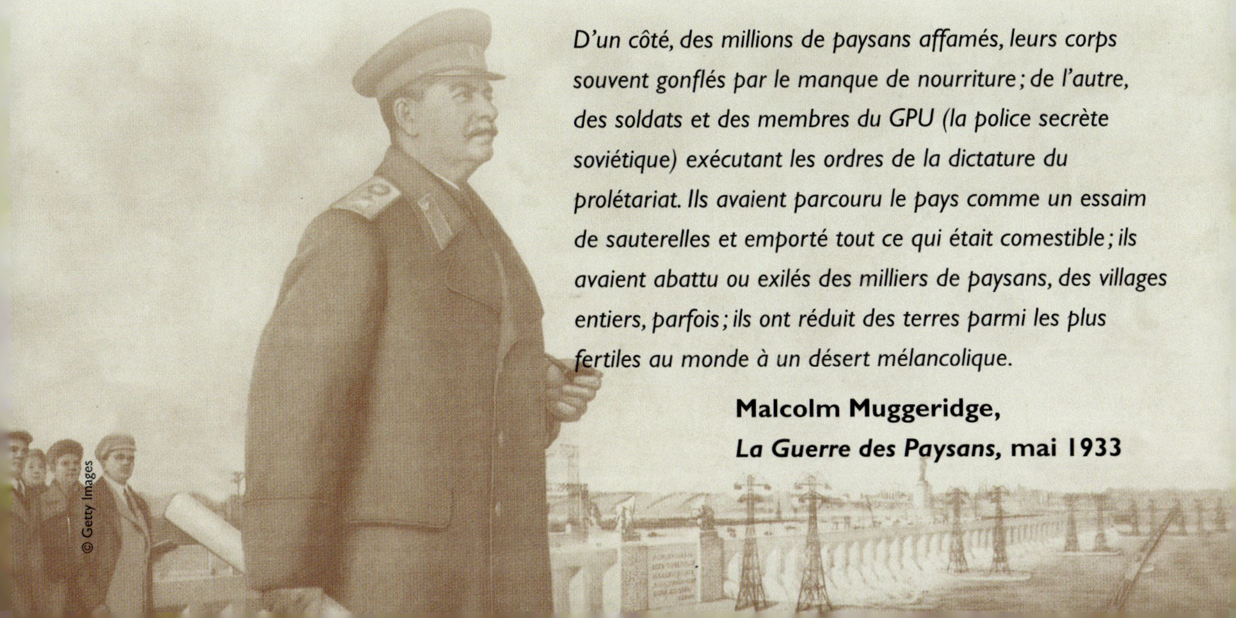

D'un côté, des millions de paysans affamés, leurs corps souvent gonflés par le manque de nourriture ; de l'autre, des soldats et des membres du GPU (la police secrète soviétique) exécutant les ordres de la dictature du prolétariat. Ils avaient parcouru le pays comme un essaim de sauterelles et emporté tout ce qui était comestible ; ils avaient abattu ou exilés des milliers de paysans, des villages entiers, parfois ; ils ont réduit des terres parmi les plus fertiles au monde à un désert mélancolique.

Malcolm Muggeridge,
***La Guerre des Paysans*, mai 1933**

JOSEPH STALINE
Le leader soviétique a vu la collectivisation comme une opportunité non seulement de se débarrasser des « ennemis de classe », mais aussi comme un moyen d'écraser le peuple ukrainien, farouchement indépendant.

Les ingénieries sociales à grande échelle ont presque toujours des conséquences inattendues et néfastes, voire horribles, pour les personnes touchées, comme nous le verrons dans les politiques et programmes du dirigeant chinois Mao Zedong (voir pages 180-183). Mais, dans le cas de Joseph Staline et de son premier plan quinquennal, les conséquences terribles ne sont peut-être pas accidentelles. Il n'a fait aucune tentative de changement du cours des événements lorsque, dans les premières années des années 1930, il est devenu évident que sa collectivisation planifiée des exploitations agricoles de l'Ukraine était à l'origine d'une famine sans précédent. Au contraire, la politique a été mise en œuvre avec encore plus de vigueur, et une très mauvaise décision est devenue un « massacre par la faim » ou « holodomor » en ukrainien. Cette tentative de génocide de Staline est une vérité désagréable que la communauté internationale a été réticente à accepter comme un fait.

Quand Staline arrive au pouvoir, l'industrialisation est au centre de sa volonté de faire de l'Union soviétique une puissance mondiale, et son premier plan quinquennal (1929-1933) fixe pour objectif l'augmentation massive de la production de fer, d'acier, de charbon, de pétrole et d'électricité. Staline a l'intention de développer l'industrie lourde et de rendre l'Union soviétique autosuffisante en matières premières, produits industriels et, surtout, en armement. L'année suivante, Staline élargit son projet à la collectivisation des exploitations agricoles à travers l'URSS. Lénine avait distribué les terres privées aux paysans, qui ont maintenu les cultures et l'élevage traditionnels à petite échelle, mais Staline voit ces techniques comme des obstacles au socialisme. La collectivisation – la fusion des fermes des petits paysans en grandes exploitations gérées collectivement – engendre la mécanisation du travail, réduisant le nombre de paysans (alors disponibles comme force de travail pour les nouvelles industries lourdes) et augmentant la production pour nourrir la population urbaine croissante.

GUERRE DES CLASSES

En même temps que la politique de collectivisation, Staline déclare les koulaks – paysans riches propriétaires de leurs biens – « ennemis du peuple »: « Nous avons maintenant la possibilité de procéder à une offensive résolue contre les koulaks, en brisant leur résistance, les éliminer en tant que classe et remplacer leur production par celle des [kolkhozes et des sovkhozes]. » En réalité, c'est allé bien au-delà d'une réquisition de terres et de bétail. Et ce n'était qu'un début. Des centaines de milliers, sinon des millions, de koulaks sont envoyés dans des camps de travail, déportés, fusillés ou emprisonnés. Staline est prêt à soutenir la politique de collectivisation à n'importe quel prix et, dans de nombreuses parties de l'Union soviétique, le prix est très élevé. Ironie du sort, l'Ukraine, une vaste zone de terres agricoles fertiles, est, plus que toute autre région, témoin des souffrances dues à la baisse de la production. Et ce n'est pas un accident.

L'Ukraine, farouchement indépendante depuis la fin du régime tsariste, s'est déclarée république populaire et a mené une bataille de 4 ans à la fois contre l'Armée rouge de Lénine et contre l'armée pro-tsar blanc qui s'est soldée par une victoire soviétique. Alors devenue le grenier à blé de l'URSS, elle a conservé un fort esprit nationalisme, sa culture, sa langue et sa religion. Pour Staline, c'est inacceptable, et en 1929, plusieurs milliers d'universitaires, intellectuels et responsables culturels sont déportés ou exécutés. Puis la collectivisation offre une nouvelle occasion de briser l'esprit de l'Ukraine.

Beaucoup des paysans privés de leurs terres et de leur bétail se battent pour conserver ce pour quoi ils avaient travaillé si dur. Étiquetés comme koulaks, ils sont déportés ou fusillés. Certains refusent de remettre le grain qu'ils ont cultivé. D'autres préfèrent abattre leurs bêtes plutôt que de les donner. Les représailles suivent rapidement, mais l'effet est immédiat : une nette baisse de la production agricole, le gros bétail ayant diminué de 30 % et les moutons de près de 60 %.

HOLODOMOR
Les cadavres de personnes mortes de faim sur un trottoir à Kharkiv en 1933 sont ignorés par les passants, qui ont fini par s'habituer.

Afin de mettre un terme à la résistance, Staline augmente les quotas de céréales exigés par l'État de plus de 40 % en 1932. Cette année-là, la récolte est bonne, mais les exigences de l'État n'ont rien laissé aux paysans qui n'ont tout simplement plus rien à manger. Le grain a été exporté et une grande partie a été vendue sur le marché mondial, l'argent alimentant le programme d'industrialisation.

L'armée, les fonctionnaires du parti et la police secrète mènent une guerre virtuelle à la paysannerie, avec l'exécution ou la déportation de toute personne trouvée en possession ne serait-ce que d'une poignée de grain. Les gens qui n'ont pas l'air mal nourris sont soupçonnés de vol ou de thésaurisation de la nourriture. Des barrages militaires sont mis en place pour empêcher quiconque de quitter les zones affectées ou de faire entrer de la nourriture, et l'Ukraine est transformée en un camp de concentration à grande échelle.

GÉNOCIDE

Entre 1932 et 1933, on considère que pas moins de 15 millions de personnes sont mortes de faim en URSS, dont plus d'un tiers en Ukraine. Lorsque des responsables au sein de l'organisation du parti dénoncent cette terrible famine, ils sont accusés de propagande antisoviétique, et il y a une purge dans la bureaucratie communiste. L'Union soviétique déclare catégoriquement qu'il n'y a pas de problème, fermant la porte à toute aide internationale. On pense même que certains journalistes occidentaux, conscients de ce qui se passait, mais menacés de refus d'accès aux sources d'information soviétiques, ont choisi de ne pas couvrir le sujet. La communauté internationale a, néanmoins, généralement été au courant de ce qui se passait – même s'ils ignoraient probablement l'étendue du problème – mais aucune mesure n'a été prise contre l'URSS, afin de ne pas mettre en péril les accords commerciaux lucratifs qui ont découlé du programme d'industrialisation soviétique.

Fin 1933, pensant que l'Ukraine est « finie », en tant qu'entité culturelle, et qu'elle ne présente plus un obstacle à la collectivisation, Staline assouplit les restrictions alimentaires. On estime qu'entre 10 et 20 % de la population de l'Ukraine est morte à la suite de sa politique impitoyable. Ce n'est que depuis l'éclatement de l'Union soviétique en 1991 et l'avènement de l'indépendance de l'Ukraine que les faits commencent à émerger et, même aujourd'hui, seule une poignée de pays reconnaît la famine forcée de Staline comme un acte de génocide.

L'OPÉRATION BARBAROSSA

22 juin – 5 décembre 1941

MOTIVATION

- Colère
- Charité
- Envie
- Foi
- Gourmandise
- **Avidité**
- Espérance
- Luxure
- **Orgueil**
- Paresse

Principal coupable : Adolf Hitler, contre l'avis de son commandement militaire

Dégâts causés : l'opération Barbarossa a fait des millions de victimes des deux côtés, et l'Allemagne n'y a rien gagné.

Raison : Hitler a sous-estimé l'Armée Rouge et croyait que la campagne serait finie avant l'hiver.

Nous n'avons qu'à mettre un coup de pied dans la porte et toute la structure s'effondrera.

Adolf Hitler, 22 juin 1941

La cupidité et l'orgueil sont des termes terriblement inadéquats pour décrire la motivation de Hitler à envahir l'Union soviétique en 1941. Dans son livre *Mein Kampf*, écrit en 1925, il a déjà fait savoir qu'il pensait que l'Allemagne avait besoin de prendre des territoires à l'est afin d'offrir à ses citoyens l'espace vital, les ressources naturelles et les terres agricoles qu'ils méritaient. Quand il met finalement ce plan en action – baptisé « l'opération Barbarossa » –, il conduit à la plus grande perte de vie humaine jamais vue sur la planète, ainsi que des souffrances indicibles à des millions de survivants. Il a également semé les graines de l'Holocauste. En retour, l'Allemagne n'a absolument rien gagné et cette invasion ratée a finalement été une défaite.

VERS L'EST

Dans les deux ans qui suivent le début de la seconde guerre mondiale, les forces de l'Axe ont pris le contrôle de près des 3/4 de l'Europe et les prochaines cibles logiques de l'Allemagne nazie sont la Grande-Bretagne et l'URSS. En 1940, la Grande-Bretagne a déjà repoussé la Luftwaffe allemande et le moral du pays n'a pas été atteint malgré des bombardements à grande échelle. L'option qui reste à Hitler est celle de l'invasion par voie maritime, mais la Manche et la marine britannique constituent un obstacle majeur. En outre, la Grande-Bretagne a peu à offrir en termes de matériaux ou d'espace.

L'invasion de l'Union soviétique devient alors un choix évident, compte tenu de ses ressources (l'Allemagne a désespérément besoin de pétrole et autres matières premières) ; de plus, Hitler méprise les communistes, les Juifs et les Slaves, sans parler de Staline, dont l'idéologie est diamétralement opposée à celle des nazis. Par ailleurs, malgré le fait que l'Allemagne et l'Union soviétique ont signé le pacte Molotov-Ribbentrop de non-agression en 1939, Hitler a de bonnes raisons de supposer que Staline pourrait profiter de l'état de faiblesse de l'Europe en guerre pour faire sa propre revendication territoriale. Plus il attend, et plus l'armée soviétique sera forte et organisée.

Si même les Alliés peuvent comprendre la logique de la décision de Hitler d'envahir, quand il en vient aux détails de son plan, Hitler se heurte à l'opposition au sein de ses propres rangs. Alors que les militaires sont en faveur d'une attaque concertée contre Moscou pour détruire le centre névralgique de la Russie et le cœur du communisme, Hitler propose d'attaquer sur toute la longueur du front de l'Est, de la mer Baltique au nord à la mer Noire dans le sud sur trois fronts. Le groupe d'armées Nord doit se déplacer dans les États baltes (récemment cédés à la Russie selon les termes du pacte germano-soviétique) pour prendre Leningrad. Le groupe d'armées Centre doit avancer à travers la Biélorussie pour prendre Moscou. Et le groupe d'armées Sud doit traverser l'Ukraine, prendre Kiev, Stalingrad et les champs de pétrole du Caucase. C'est la vision de Hitler qui prévaut.

Le succès de l'opération Barbarossa dépend d'une « guerre éclair », ou *Blitzkrieg*, qui devrait être gagnée grâce à une force militaire supérieure – dans les airs et au sol – et dont la stratégie consiste à foncer à travers les lignes ennemies. La victoire repose sur l'effet de surprise sur les ennemis qui devraient être empêchés de réagir rapidement et efficacement. D'ailleurs, malgré le décodage des messages secrets concernant l'invasion, les messages répétés des espions soviétiques et les repérages par avion de concentration de troupes allemandes à la frontière polonaise, Staline refuse de croire qu'une attaque pourrait être imminente – ce qui laisse aux Allemands l'avantage de l'effet de surprise.

WEHRMACHT
Hitler a envoyé un grand nombre de troupes en Russie, mais elles se sont étalées sur plusieurs fronts et ont rencontré une résistance beaucoup plus importante que ce à quoi il s'attendait.

En ce qui concerne la capacité de réaction de l'URSS, Hitler a un bon nombre de raisons de supposer que l'armée soviétique est faible et désorganisée, notamment suite à la purge de l'armée Rouge effectuée par Staline dans les années 1930, où la majorité des généraux, amiraux et commandants ont été relevés et des dizaines de milliers de soldats exécutés. Il en résulte une armée gouvernée par de jeunes officiers inexpérimentés qui refusent d'agir sans ordres explicites. Par-dessus tout, le mépris de Hitler pour le communisme l'amène à supposer que la structure soviétique s'effondrerait dès qu'une première défaite lui aurait été infligée.

L'opération Barbarossa, la plus grande opération militaire de l'histoire, commence à 3 heures du matin, le dimanche 22 juin 1941. Les effectifs militaires des deux côtés sont presque inimaginables, avec plus de 3 millions de soldats allemands et de l'Axe opposés à plus de 2 millions de soldats soviétiques. La progression rapide des forces de l'Axe et leurs victoires retentissantes des premiers jours semblent pleinement justifier

FAIT PRISONNIER
Un soldat russe gardien d'un prisonnier de guerre allemand. Les Russes faits prisonniers par les Allemands ne bénéficiaient pas de la protection de la Convention de Genève.

l'optimisme de Hitler. En trois jours, la Luftwaffe détruit plus de 3000 avions soviétiques, avec des pertes minimales dans leur camp. La première semaine de l'offensive, plus d'un demi-million de soldats soviétiques sont tués, blessés ou capturés, et les trois groupes d'armées ont réalisé tous leurs objectifs de campagne.

Et, en effet, leur progression a été si rapide que, dans le nord, alors qu'ils sont presque à portée de Leningrad, les groupes des panzers doivent attendre une semaine pour être rejoints par les divisions d'infanterie, ce qui donne aux Soviétiques une occasion de renforcer la défense de la ville.

Au cours du mois de juillet, les Allemands ralentissent considérablement leur progression. Dans le nord, de fortes pluies transforment les routes en boue, et les chars allemands sont moins en mesure de faire face aux conditions que ceux des Soviétiques. Les troupes allemandes ont également dépassé leurs lignes d'approvisionnement et elles doivent attendre munitions et autres fournitures. En outre, la résistance soviétique est beaucoup plus grande que prévu, et les armées soviétiques, même si elles ont subi de terribles pertes, sont vite reconstituées grâce à de nouvelles réserves.

UN DÉLAI FATAL

Le 15 juillet, les Allemands capturent la ville de Smolensk et, à la fin de la première semaine d'août, la route de Moscou est ouverte. Que s'est-il passé ensuite pour que cette guerre ait ensuite pris un tel tournant ? Le raisonnement de Hitler selon lequel priver l'armée soviétique de ses approvisionnements donnerait l'avantage à Allemagne, lui fait prendre la décision d'envoyer les divisions blindées de l'armée sud pour appuyer l'avance en Ukraine. Cela signifiait aussi retarder l'avance sur Moscou et ses commandants ont insisté sur le fait que c'était une erreur et que la prise de Moscou – qui était le centre de communication et de production de munitions – était la priorité la plus élevée, mais Hitler ne les écoute pas. Une fois que Kiev est prise, le 19 septembre, les panzers retournent vers le nord en soutien au groupe d'armées du Centre. L'avance sur Moscou reprend le 2 octobre, mais avec un retard que l'hiver russe ne leur pardonne pas. Comme les forces allemandes approchent Moscou, le temps ne cesse de se détériorer. Ni les hommes, ni leurs équipements n'ont été prévus pour des températures qui ont chuté à -40 ° C. Les lignes d'approvisionnement sont devenues si lentes, et donc soumises à l'attaque par les forces russes, qu'il devient difficile de se ravitailler en carburant et en munitions. La nourriture commence à manquer, et les vêtements d'hiver n'ont même jamais figuré sur la liste des priorités. Début décembre, bien que les troupes allemandes soient à portée de vue des tours du Kremlin, certaines divisions ont été réduites à la moitié de leurs effectifs à cause des terribles conditions. Les moteurs commencent à mal fonctionner parce que l'huile et la graisse sont épaissies par le gel, et les avions de la Luftwaffe sont incapables de voler. D'autre part, les troupes soviétiques ont des vêtements molletonnés, de grosses bottes et des chapeaux de fourrure, et leur équipement a été conçu pour ce climat. Le 5 décembre, le demi-million de soldats soviétiques massés autour de Moscou lance une contre-attaque réussie qui repousse les Allemands à quelque 320 kilomètres. Moscou ne tombe pas aux mains des nazis et, bien que la guerre sur le front de l'est durera encore trois ans, elle se finira avec le drapeau soviétique flottant à Berlin.

MOTIVATION

Colère
Charité
Envie
Foi
Gourmandise
Avidité
Espérance
Luxure
Orgueil
Paresse

L'ATTAQUE DE PEARL HARBOR

7 décembre 1941

Principal coupable : l'empereur Hirohito et le quartier général impérial japonais

Dégâts causés : plus de 2 000 soldats américains, hommes et femmes, sont morts, ce qui a finalement provoqué la défaite du Japon.

Raison : prévue pour empêcher les États-Unis d'intervenir, l'attaque a finalement poussé les Américains à prendre part à la Seconde Guerre mondiale.

Aucun Américain ne m'en voudra de proclamer que j'éprouvai la plus grande joie à voir les États-Unis à nos côtés. Je ne pouvais prévoir le déroulement des événements. Je ne prétends pas avoir mesuré avec précision la puissance guerrière du Japon, mais je compris que, dès cet instant, la grande République américaine était en guerre, jusqu'au cou et à mort. Nous avions donc vaincu, enfin !

Winston Churchill, *Mémoires*

Les avions japonais – chasseurs, bombardiers et torpilleurs – ont attaqué la flotte américaine du Pacifique à Pearl Harbor, sur l'île hawaïenne d'Oahu, peu avant 8 heures le matin du 7 décembre, 1941. En moins d'une heure et demie, 2400 personnes ont été tuées, 9 navires ont été coulés et 21 ont été sérieusement endommagés. Le jour suivant, Franklin D. Roosevelt faisait référence à l'événement comme « le jour de l'infamie ». Un amiral japonais dira, quant à lui : « Nous avons remporté une grande victoire tactique à Pearl Harbour et de ce fait, nous avons perdu la guerre ».

Bien que le site et la date de l'attaque aient complètement surpris les Américains, les États-Unis s'attendent à un acte de guerre des Japonais depuis des mois, sinon des décennies. Les relations entre les deux pays sont particulièrement tendues depuis l'invasion japonaise de la Mandchourie, au nord-ouest de la Chine, en 1931.

ESCADRON JAPONAIS
Plus de 400 avions japonais étaient engagés à Pearl Harbor, bombardant, mitraillant et torpillant la flotte américaine.

Tout au long des années 1930, le gouvernement japonais a augmenté ses forces militaires et a mis en œuvre une politique d'expansion impériale qui menace les intérêts coloniaux des États-Unis, de la Grande-Bretagne, de la France et des Pays-Bas. Quand le Japon attaque la Chine en 1937, lançant ces deux pays en guerre à grande échelle, les États-Unis et d'autres puissances occidentales ont fourni une aide financière et militaire à la Chine mais, en 1940 et 1941, le Japon envahit le nord et le sud de l'Indochine (aujourd'hui Cambodge, Laos, Vietnam, Birmanie et Thaïlande), coupant la route d'approvisionnement en Chine. Dans le même temps, le Japon signe le pacte tripartite avec l'Allemagne et l'Italie, par lequel les trois pays se promettent une aide mutuelle en cas de guerre avec un pays neutre. Cet accord vise clairement l'Amérique, mais avec les agressions nazies à l'est et l'expansion japonaise à l'ouest, les États-Unis ont été forcés de conserver une position neutre – même s'ils aident financièrement et matériellement la Grande-Bretagne et protègent les navires marchands sur l'Atlantique. Maintenant, les États-Unis imposent des sanctions commerciales au Japon, ils gèlent les avoirs japonais aux États-Unis et, le 1er août, ils imposent un embargo sur toutes les exportations de pétrole vers le Japon.

Des discussions diplomatiques se mettent en place, mais elles n'aboutissent nulle part.

LE 5 NOVEMBRE, L'EMPEREUR JAPONAIS HIROHITO DONNE SON APPROBATION À L'ATTAQUE DE PEARL HARBOR.

Les plans pour lancer une attaque sur Pearl Harbor sont l'objet de discussions depuis le début de 1941 et, le 5 novembre, l'empereur Hirohito donne son approbation au projet d'attentat. Dans un dernier effort diplomatique, le Japon soumet deux propositions aux États-Unis. La première, faite le lendemain, propose un retrait partiel de japonais de la Chine. Le second, présenté le 20 novembre, propose un retrait de l'Indochine méridionale, à condition que les États-Unis arrêtent d'aider le gouvernement chinois et permettent à nouveau l'approvisionnement du Japon en pétrole. Les deux sont rejetées par les États-Unis, et ils abandonnent leur plan de contre-proposition quand ils apprennent que le Japon a l'intention d'entrer en guerre et a déjà envoyé ses navires en Indochine. Le 26 novembre est présentée une proposition au Japon, connue comme la « note Hull » qui demande un retrait complet des troupes japonaises à la fois de la Chine et de l'Indochine française. Le Japon l'interprète comme un ultimatum. En fait, une flotte de six porte-avions qui transportent plus de 400 avions pour l'attaque de Pearl Harbor est déjà en route. Il n'est pas rappelé.

Il ne fait aucun doute que le président Roosevelt et le secrétaire à la Guerre Henry L. Stimson sont au courant qu'une attaque surprise des Japonais est probable – ce qui ne signifie pas que les États-Unis soient prêts et disposés à entrer en guerre avec le Japon. Une agression du Japon leur permettrait de pouvoir répondre, mais ils espèrent que cette agression n'aurait pas un coût si élevé. Nul ne se doutait que l'objectif serait Pearl Harbor (la Thaïlande ou les Philippines auraient été plus probables), et les États-Unis n'y sont absolument pas préparés. En fait, la base américaine est très vulnérable :

- Il n'y a pas de troupe en état d'alerte opérationnelle.
- En raison de craintes de sabotage, les avions de l'Air Corps sont garés ailes contre ailes au centre de l'aérodrome et ils ne peuvent pas être mis à disponibilité rapidement.
- Compte tenu de sa faible profondeur d'eau, le port est censé être à l'abri des attaques par torpille donc, aucune protection complémentaire n'a été décidée, malgré la démonstration de son

inefficacité, l'année précédente, par les Anglais lorsqu'ils ont attaqué la flotte italienne dans le port de Taranto, qui avait une profondeur similaire ; les Japonais, eux, avaient retenu la leçon.

- Par crainte de provoquer des inquiétudes inutiles parmi la population civile, les canons antiaériens n'ont pas été déployés autour de l'île, mais conservés dans des armureries.
- Il y a très peu d'avions de reconnaissance à longue distance à la base et donc presque pas de missions de reconnaissance grâce auxquelles la présence de la flotte japonaise aurait pu être décelée.

La première vague de l'attaque aérienne est composée de 183 avions : bombardiers (dont certains sont armés de torpilles modifiées), bombardiers en piqué, torpilleurs et avions de combat – leur présence est détectée par deux soldats, mais leur supérieur pense qu'il s'agit de bombardiers attendus pour un ravitaillement. Une seconde vague de 167 avions suit, et les forces américaines ne peuvent quasiment rien faire pour répondre. Le site est dévasté, et les pertes humaines sont terribles, mais le coût réel pour les États-Unis est moindre que ce que les Japonais ont espéré. À bien des égards, le manque de préparation de la part des Américains s'est avéré être une bénédiction. Si la flotte avait pris la mer pour venir à la rencontre des navires d'attaques, les pertes auraient été bien plus importantes – que l'on parle de pertes matérielles ou humaines : en effet, la plupart des équipages des navires coulés étaient à terre au moment de l'attaque et les bateaux, en eau peu profonde, ont pu être repêchés et réparés en quelques semaines. Un autre avantage était l'absence ce jour-là des trois porte-avions de la flotte du Pacifique qui allaient se dévoiler indispensables dans la guerre du Pacifique – on peut même penser qu'ils ont été la clé de la victoire de cette guerre.

DESTRUCTION
L'attaque japonaise a coulé quatre cuirassés de la Marine des États-Unis et trois destroyers, 188 avions ont été détruits et 155 ont été endommagés.

Le Japon avait parié que la flotte du Pacifique serait tellement écrasée que les États-Unis serraient obligés de négocier et de laisser le Japon libre d'atteindre ses objectifs dans le Pacifique – mais ils ont perdu leur pari.

L'INTERVENTION AMÉRICAINE

Sur le plan international, les événements bougent rapidement. Le lendemain de l'attaque, les États-Unis reçoivent la déclaration de guerre du Japon (elle aurait dû arriver peu de temps avant le début de l'attaque, mais en raison des retards de l'ambassade du Japon à décoder et transmettre le message, il est arrivé en retard). Aux États-Unis, l'indignation est telle que l'opinion populaire, jusque-là réticente à l'entrée en guerre, change radicalement et la guerre est déclarée au Japon, comme le font la Grande-Bretagne, l'Australie et d'autres puissances alliées. En conformité avec le Pacte tripartite, l'Allemagne et l'Italie déclarent alors la guerre à l'Amérique, et les États-Unis ont répondu. L'Amérique jouera un rôle important dans la victoire des Alliés sur l'Allemagne nazie, mais son rôle est encore plus évident dans la guerre du Pacifique, conduisant finalement à la capitulation honteuse du Japon, plus de deux millions de ses citoyens morts, sa marine frappée d'incapacité, les Alliés sur le point d'envahir le pays, et les villes d'Hiroshima et de Nagasaki dévastées par des explosions atomiques.

LA PARTITION DES INDES

15 août 1947

MOTIVATION

- Colère
- Charité
- Envie
- Foi
- Gourmandise
- Avidité
- **Espérance**
- Luxure
- Orgueil
- Paresse

Principaux coupables : les hindous, les musulmans et le gouvernement britannique

Dégâts causés : le conflit entre hindous et musulmans a conduit à la violence généralisée, causant des milliers de morts. Les tensions et les violences continuent à ce jour.

Raison : les Britanniques pensaient que la séparation géographique des musulmans et des hindous était le seul moyen d'éviter la guerre civile en Inde.

Je voudrais voir le Pendjab, la Province de la Frontière-du-Nord-Ouest, le Sindh et le Baloutchistan fusionner en un seul État. L'autonomie au sein de l'Empire britannique, ou sans l'Empire britannique, la formation d'un État musulman indien du Nord-Ouest consolidé me semble être la destinée finale des musulmans, au moins au nord-ouest de l'Inde.

Mohamed Iqbal, président de la Ligue musulmane, 1930

Toute mon âme se révolte contre l'idée que l'hindouisme et l'islam représentent deux cultures et deux doctrines antagonistes. Reconnaître une telle doctrine revient pour moi à nier Dieu.

Mohandas Karamchand Gandhi

La Grande-Bretagne avait-elle d'autre choix en 1947, que de mettre fin à la domination britannique et de diviser l'Inde en deux États distincts, à savoir le Pakistan majoritairement musulman et l'Inde essentiellement hindoue ? Le territoire était en proie à des violences intercommunautaires, la guerre civile était imminente et il semblait n'y avoir aucune alternative. On peut certainement critiquer la rapidité avec laquelle cette décision politique majeure a été mise en œuvre, et l'absence de préparation de ce qui allait suivre. La partition entraîna les plus grands déplacements de population jamais vus, ainsi que de nombreux morts. Les effets se font encore sentir dans la vie quotidienne des peuples des deux pays.

Bien que certains, parmi les 1 300 000 Indiens, eussent choisi de servir dans l'armée indienne britannique pendant la Première Guerre mondiale, il existait déjà un mouvement d'indépendance indien, alors en plein essor, qui cherchait à mettre fin à la domination du pays par le Raj britannique. Cette tendance était particulièrement évidente au Bengale et au Pendjab.

GANDHI
Apôtre de la non-violence et de la protestation pacifique, le Mahatma Gandhi était fortement opposé à la partition de l'Inde. En janvier 1948, il est assassiné par un extrémiste hindou.

En 1918, comme les actes de terrorisme augmentaient, le Conseil législatif impérial britannique adopta les *Rowlatt Acts*, permettant des procès sans jury et l'internement sans procès des personnes soupçonnées de sédition. Le Mahatma Gandhi, avocat et militant des droits de l'homme, appela à protester de manière non-violente contre ces lois, mais au cours de la première semaine d'avril 1919, les manifestations se transformèrent en de violentes émeutes anti-britanniques dans plusieurs villes du Pendjab. À Amritsar, plusieurs Européens furent assassinés et les banques furent pillées et incendiées. Le 13 avril, suite à l'arrestation de deux nationalistes indiens, plus de 5 000 (et peut-être jusqu'à 20 000) manifestants pacifiques se rassemblèrent en ville sur un terrain clos en friches, pour exprimer leur opposition, malgré l'interdiction de rassemblements publics. Le brigadier-général Rex Dyer, convaincu que l'Inde était au bord d'une rébellion totale qui menacerait la présence permanente de la Grande-Bretagne en Inde, lança une armée de plus de 50 Ghurkas et fantassins sikhs sur les manifestants, et ordonna d'ouvrir le feu sur la foule compacte. La fusillade prit fin lorsque les soldats furent à court de munitions. Ils eurent le temps de tuer 400 hommes, femmes et enfants et de faire environ 1 500 blessés. Le lieutenant-gouverneur du Pendjab, Sir Michael Francis O'Dwyer, approuva les ordres de Dyer, qu'il qualifia de « bonne action ». L'*establishment* britannique considéra dans un premier temps que le massacre était nécessaire pour réprimer la rébellion. Les autorités prirent ensuite leurs distances avec les actions de Dyer, au moment où les détails des événements furent divulgués, mais le mal était fait. Cet épisode marqua un tournant dans les relations entre l'Inde et le Raj britannique.

L'APPEL À LA PARTITION

Conséquence directe du massacre d'Amritsar, les Indiens rejoignirent massivement le Congrès national indien (CNI), qui avait été fondé en 1855 avec pour objectif de trouver une place dans le gouvernement de l'Inde pour des Indiens ayant reçu l'éducation nécessaire, et de pouvoir parler avec le Raj britannique des questions de gouvernement. Devenu un mouvement de masse, le CNI allait désormais revendiquer l'indépendance indienne. Bien que l'opposition au Raj rapprochât dans un premier temps les musulmans et les hindous, leurs craintes et leurs ambitions ne tardèrent pas à diverger, et alors que le CNI, présidé par Gandhi, représentait la voix des hindous, la Ligue musulmane, dirigée par Muhammad Ali Jinnah, parlait au nom des musulmans. Du point de vue hindou, les musulmans, représentés par l'Empire moghol, avaient occupé l'Inde avant les Britanniques. De leur côté, les musulmans estimaient que, dans l'Inde indépendante, ils seraient gouvernés par une majorité hindoue qui dominait déjà la bureaucratie gouvernementale, étant plus instruite que les musulmans.

Pendant les années 1920 et 30, diverses mesures furent introduites pour inclure les Indiens dans le processus électoral et les prises de décision gouvernementales (sauf dans les domaines de la défense et des affaires étrangères). Ces mesures étaient cependant loin de satisfaire les nationalistes, qui ne revendiquaient désormais rien moins que le statut de dominion de l'Inde et l'arrêt complet de la domination britannique. Lorsqu'aux élections provinciales de 1937, les hindous prirent le contrôle de 8 provinces sur 11, les craintes musulmanes de voir s'installer la domination hindoue, semblèrent justifiées, et la Ligue musulmane commença à exiger un État séparé et indépendant. Gandhi et le CNI étaient tout aussi résolus à préserver l'unité indienne. La rivalité entre les hindous et les musulmans continua de croître.

VICE-ROI DES INDES
Le retrait rapide des Britanniques prévu par Lord Louis Mountbatten ainsi que la partition des Indes, aggraveront le chaos et le carnage qui s'ensuivront.

À la fin de la Seconde Guerre mondiale, le nouveau gouvernement travailliste de Grande-Bretagne avait hâte de résoudre le « problème indien », et la question religieuse s'avéra un premier obstacle. On élabora un projet dans lequel le pouvoir politique devait être confié autant que possible aux provinces. Il fallait que dans les quelques provinces de majorité musulmane (dans le nord-ouest et le nord-est de l'Inde), le gouvernement provincial en tînt compte, et qu'il n'y eût pas besoin d'un État musulman séparé. L'idée fut acceptée dans son principe, et même s'il existait des divergences sur certains détails, le chef du CNI, Nehru, fut invité à former un gouvernement intérimaire. Bien que Nehru prît deux musulmans dans son cabinet, la Ligue musulmane menée par Muhammad Ali Jinnah était méfiante. Lorsque le CNI rejeta la demande de la Ligue musulmane de constituer un État musulman séparé et indépendant du Pakistan, la Ligue appela à une journée d'« action directe » pour protester.

Au matin de la Journée d'action directe (16 août 1946), des actes de violence sporadiques éclatèrent à Calcutta, où les hindous dominaient largement l'économie dans un État, le Bengal, à majorité musulmane. Au cours de la journée, la violence s'intensifia de manière spectaculaire, avec des groupes d'hindous et de sikhs d'un côté, et des musulmans de l'autre, qui se mirent littéralement en pièces. Les Britanniques furent lents à réagir et à faire intervenir l'armée : au cours de plus d'une semaine d'émeutes et de pillages, environ 5 000 personnes furent tuées et 100 000 furent blessées. La violence s'étendit à d'autres régions de l'Inde : une guerre civile venait bel et bien d'éclater. Bien qu'ayant été administrée comme une seule entité depuis un siècle, une Inde unie après l'indépendance ne semblait plus une solution viable.

Le 4 juin 1947, le vice-roi des Indes, Lord Louis Mountbatten proposa que dans un délai de dix semaines, le 15 août, l'existence de deux dominions indépendants, l'Inde et le Pakistan, fût effective. Ce fut le début d'une migration de masse, musulmans et hindous traversant les frontières, le désordre étant aggravé par le fait que les frontières exactes n'étaient pas encore déterminées. Pendant des mois, il fut question de couper en deux le Pendjab qui, depuis mars, était un foyer de violence collective (meurtres, viols et incendies criminels). Les atrocités interreligieuses ici et au Bengale, où de nombreuses personnes allaient également se trouver du mauvais côté de la frontière, atteignirent un degré effrayant.

Le dominion du Pakistan et l'Union de l'Inde virent le jour en grande pompe, respectivement les 14 et 15 août. La responsabilité complète de la gestion de la plus grande migration de l'histoire échut aux gouvernements nouvellement formés. On estime qu'environ 15 millions de personnes franchirent les frontières du Pakistan et de l'Inde dans les mois qui suivirent, avec des chiffres à peu près égaux dans chaque direction. L'armée et les services de sécurité, étant divisés par la religion et alloués aux nouveaux États, furent incapables de surveiller la situation de manière adéquate, et au moins un demi-million de

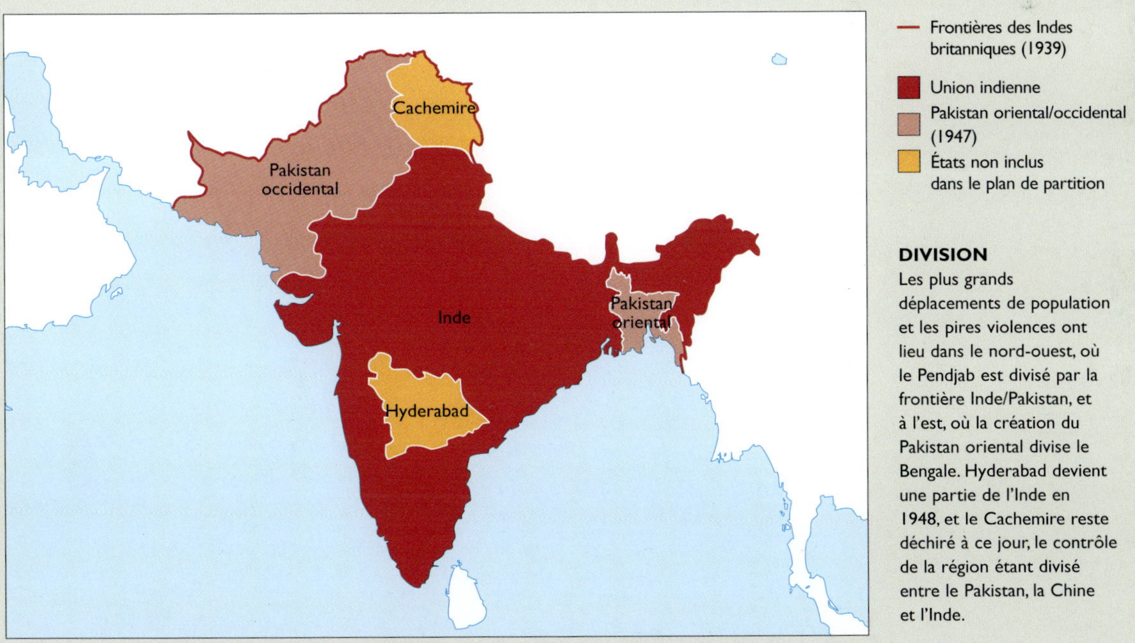

DIVISION
Les plus grands déplacements de population et les pires violences ont lieu dans le nord-ouest, où le Pendjab est divisé par la frontière Inde/Pakistan, et à l'est, où la création du Pakistan oriental divise le Bengale. Hyderabad devient une partie de l'Inde en 1948, et le Cachemire reste déchiré à ce jour, le contrôle de la région étant divisé entre le Pakistan, la Chine et l'Inde.

musulmans, d'hindous et de sikhs, furent pourchassés et tués par des bandes qui attaquaient les trains et les autobus transfrontaliers, ainsi que des réfugiés voyageant à pied, et qui essayaient tous de trouver leur chemin sur ce qui était devenu, pratiquement du jour au lendemain, un territoire ennemi. Peut-être la fin du Raj et la partition des Indes étaient-elles inévitables, mais la rapidité avec laquelle elles s'accomplirent coûta très cher en vies humaines.

MOTIVATION

Colère
Charité
Envie
Foi
Gourmandise
Avidité
Espérance
Luxure
Orgueil
Paresse

LA GUERRE DU VIÊT NAM

1955–1975

Principaux coupables: les «faucons» qui dirigent la politique étrangère des États-Unis.

Dégâts causés: cela provoqua des dégâts économiques, écologiques et humanitaires sans précédent pour le Viêt Nam. Les États-Unis furent enrôlés dans la guerre la plus longue et la plus impopulaire qu'ils aient connue.

Raison: pour tenter, en vain, d'empêcher la propagation de l'idéologie communiste.

Les objectifs et le concept des opérations américaines [servent à] empêcher la domination communiste du sud du Viêt Nam ; afin de créer dans ce pays une société viable et de plus en plus démocratique, et d'initier, sur une base accélérée, une série d'actions de soutien mutuel de nature militaire, politique, économique, psychologique, destinée à atteindre cet objectif.

Président J. F. Kennedy, mai 1961

Durant la guerre du Viêt Nam, qui débute en 1955, les États-Unis sont amenés à engager toujours plus de moyens pour soutenir la République du Viêt Nam (Viêt Nam du Sud) contre la République démocratique du Viêt Nam dirigée par les communistes (Nord-Vietnam). Au plus fort du conflit, plus d'un demi-million de soldats américains sont mobilisés, sans qu'ils ne parviennent jamais à infliger une défaite à la guérilla du Nord-Vietnam. Confronté à un sentiment anti-guerre croissant, le gouvernement américain sera finalement contraint de reconnaître que la guerre qui dure depuis près de 20 ans et a coûté la vie à 60 000 militaires américains, ne peut être gagnée. Les dernières troupes américaines se retirent en 1973, et le nord et le sud sont réunis pour former la République socialiste du Viêtnam.

À la fin du XIXe siècle, la France, en tant que puissance coloniale, contrôlait une grande partie d'un territoire qui correspond aujourd'hui au Viêt Nam, au Laos et au Cambodge, et qui s'appelait à l'époque l'Indochine française. En 1941, pendant la Seconde Guerre mondiale, Hô Chi Minh rentre au Viêt Nam après avoir passé 30 ans à l'étranger, afin de mener la lutte pour l'indépendance avec le Viêt Minh, et contre les Français, puis, avec le soutien de la Chine et des États-Unis, contre les occupants japonais. Lors de la capitulation du Japon face aux puissances alliées, la plupart des armes japonaises sont récupérées par le Viêt Minh, qui s'oppose alors aux tentatives françaises de reprendre le contrôle de la région.

INDOCHINE FRANÇAISE
Un soldat de la Légion étrangère française marche devant un char qui avance. Les Français furent finalement vaincus par le Viêt Minh.

Les États-Unis, dirigés par Harry Truman, permettent aux Français de réaffirmer leur autorité. C'est le début de la guerre d'Indochine française, menée d'abord sans le soutien actif des États-Unis, opposés au colonialisme européen. Cependant, la propagation du communisme international devenant un enjeu majeur de la politique étrangère américaine, on considère alors la guerre française au Viêt Nam sous un autre angle, et les États-Unis commencent à financer l'effort de guerre français. Néanmoins, les Français ne parviennent pas à vaincre le Viêt Minh, et en 1954, ils subissent une écrasante défaite lors de la bataille de Diên Biên Phu.

Dans les négociations de paix qui ont lieu à Genève, en Suisse, les Français et les Vietnamiens s'accordent sur la division temporaire du nord et du sud du pays le long du 17e parallèle, étant entendu que les élections auraient lieu en 1956, avant la réunification.

Le Viêt Minh, dirigé par Hô Chi Minh, contrôle le Nord-Vietnam, avec Hanoï pour capitale, tandis que le Viêt Nam du Sud, avec pour capitale Saïgon, est administré par l'empereur Bao Dai. Nommé Premier ministre en juin 1954, Ngô Dinh Diêm destitue l'empereur et prend le pouvoir. Avec l'appui des États-Unis, il revient sur les accords de Genève et refuse de participer aux élections, les États-Unis craignant que Hô Chi Minh ne gagne et que l'ensemble du Viêt Nam passe alors sous contrôle communiste. Selon la « théorie des dominos », les territoires adjacents « tomberaient » alors et les plus grandes peurs de l'Amérique se réaliseraient.

Le Viêt Minh entame une marche vers le sud, mais le mouvement est si affaibli, après avoir effectué des purges sanglantes parmi ses membres les moins communistes, et institué des réformes agraires désastreuses, qu'il s'avère un parti politique inefficace.

PARTICIPATION DIRECTE

En 1955, afin de soutenir l'indépendance du Viêt Nam du Sud, les États-Unis, sous la présidence de Dwight D. Eisenhower, envoient leur premier groupe de conseillers militaires, le premier d'une longue série. La présidence pro américaine de Ngô Dinh Diêm est non seulement fortement anticommuniste, mais aussi tyrannique et corrompue, et toute opposition est impitoyablement écrasée. Un groupe rebelle sud-vietnamien, le Viêt Công, utilise des tactiques de guérilla contre Ngô Dinh Diêm. Rapidement réprimé, le Viêt Công prendra le maquis. Après 1957, le Nord apporte un soutien croissant à l'insurrection (contre la volonté de Hô Chi Minh). En 1959, le Parti communiste du Nord Vietnam autorise une « guerre populaire » contre le Sud, avec l'appui de l'Armée populaire du Viêt Nam (PAVN). Il entreprend l'amélioration d'une route secrète d'approvisionnement entre le Nord et le Sud, qui sera baptisée la piste Hô Chi Minh.

En 1961, année où JF Kennedy devient président, de violentes attaques contre le Sud prennent une ampleur spectaculaire, et bien qu'opposé au déploiement de troupes au sol, Kennedy envoie 18 000 conseillers militaires. Il commence aussi à fournir du napalm au Viêt Nam du Sud, ainsi que des défoliants tels que l'agent orange, des hélicoptères et des avions à réaction. Tout ceci ne parvient cependant pas à enrayer les succès du Viêt Công. Les États-Unis doutent désormais des capacités de Ngô Dinh Diêm à vaincre l'insurrection communiste, qui a désormais le soutien des Chinois. En 1963, Ngô Dinh Diêm est assassiné. Son gouvernement renversé est remplacé par une coalition militaire.

Dans l'espoir d'une victoire rapide, l'Armée populaire du Viêt Nam (PAVN) augmente le nombre de ses troupes, qui passe à plus de 300 000, tablant sur l'effondrement du gouvernement de Saïgon d'ici la fin de 1964. Cependant, l'administration du président Lyndon B. Johnson trouve un prétexte pour utiliser la force militaire, sans avoir à demander l'approbation du Congrès pour déclarer la guerre. Le 2 août 1964, le *USS Maddox* manœuvre au large des côtes du Nord-Vietnam, lorsqu'il est apparemment attaqué par trois torpilleurs nord-vietnamiens. Dans la bataille maritime qui implique des chasseurs bombardiers américains, durant laquelle près de 280 obus sont tirés par le destroyer américain, les navires vietnamiens sont endommagés, 4 membres de leur équipage sont tués, et 6 sont blessés. Un des avions américains est endommagé, et le *USS Maddox* est atteint par une balle de mitrailleuse. Deux jours plus tard, le Maddox et un autre navire déclarent avoir de nouveau été attaqués.

ENGAGEMENT
Lyndon B. Johnson (au centre) et Robert McNamara (à droite) furent sélectifs dans leur utilisation des renseignements en provenance du golfe du Tonkin, et entraînèrent les États-Unis dans la guerre du Viêt Nam.

Le président Johnson diffuse aussitôt les détails au peuple américain, approuve la demande du secrétaire américain à la Défense Robert McNamara de lancer des frappes aériennes de représailles contre le Nord-Vietnam, et présente une résolution au Congrès demandant le droit de mener des opérations militaires en Asie du Sud-Est, que le Congrès approuve trois jours plus tard. Il s'agit là d'un tournant dans la guerre du Viêt Nam, mais il est fondé sur un mensonge. Dans le cas de la première attaque, il sera révélé plus tard que non seulement le *USS Maddox* était à l'intérieur des eaux territoriales vietnamiennes, mais que c'est le navire américain qui a tiré le premier. Quant à la deuxième attaque, elle n'a pas eu lieu du tout. Le capitaine de l'*USS Maddox* a accusé les « effets météorologiques exceptionnels sur les radars, et les traceurs sonar trop zélés » dans le rapport délibérément falsifié. Robert McNamara était au courant avant que Johnson n'ait la permission de lancer les frappes aériennes, mais ne l'a pas dit.

Quoi qu'il en soit, Johnson a désormais l'autorité dont il a besoin, et les États-Unis commencent à bombarder les villes du Nord-Vietnam ainsi que des objectifs industriels. Au printemps de 1965, 3 500 *marines* sont envoyés au Viêt Nam. Ils seront 200 000 soldats américains d'ici la fin de l'année, et ce nombre finira par dépasser les 550 000.

LA PLUPART DES CONFLITS SE DÉROULENT DANS LA JUNGLE DENSE, CE QUI AVANTAGE DE MANIÈRE DÉCISIVE LES COMBATTANTS DE LA GUÉRILLA VIÊT CÔNG.

Cette guerre n'a rien à voir avec ce que les troupes américaines ont connu auparavant. En dehors de quelques batailles conventionnelles, la plupart des conflits se déroulent dans la jungle dense, ce qui avantage de manière décisive les combattants de la guérilla Viêt Công. Afin de tenter de rétablir l'équilibre, le napalm et les défoliants américains sont utilisés en grandes quantités pour détruire la végétation, les villages et les cultures, laissant le Viêt Công théoriquement sans couverture, sans nourriture et sans soutien rural. En 1968, le Viêt Công adopte une nouvelle tactique.

À l'occasion des célébrations du nouvel an lunaire du Têt, le 30 janvier 1968, l'ordre d'un cessez-le-feu a été donné. Le Viêt Công en profite pour rassembler clandestinement environ 80000 combattants, ainsi que des armes et des explosifs, et attaque plus de 100 villes à travers le Viêt Nam du Sud, dans la plus grande opération militaire conduite à ce point de la guerre, bombardant des civils, attaquant les bases aériennes et l'ambassade américaine à Saïgon. Les combats se poursuivent pendant plus d'une semaine, et plusieurs milliers de Sud-Vietnamiens sont tués. C'est un désastre militaire pour le Viêt Công, qui a perdu environ 45000 soldats, mais c'est un triomphe politique. Des scènes de carnage sont diffusées aux États-Unis, et le mouvement anti-guerre gagne du terrain.

En janvier 1969, Richard Nixon est élu président. En mars, il approuve une campagne secrète de bombardement des positions du Nord-Vietnam au Cambodge, afin de détruire ce qui est considéré comme les quartiers généraux du Viêt Công. Il entame cependant très vite une politique de « vietnamisation », visant à remplacer les soldats américains par des troupes vietnamiennes, et rapatrie progressivement les soldats américains. En 1973, la signature des Accords de paix de Paris met un terme à l'implication américaine dans la guerre, reconnaissant tacitement que sans le soutien américain, la République du Viêt Nam ne tarderait pas à être vaincue. Le 30 avril 1975, Saïgon tombe au Nord, et les deux moitiés du pays sont réunies pour former la République socialiste du Viêt Nam en 1976.

La guerre aura coûté plus de 100 milliards de dollars, tué près de deux millions de Vietnamiens et 58000 soldats américains, en aura blessé 6 fois plus. Elle aura aussi profondément divisé l'opinion publique américaine, en échange d'absolument rien.

LA GUERRE D'ALGÉRIE

1954–1962

MOTIVATION

Colère
Charité
Envie
Foi
Gourmandise
Avidité
Espérance
Luxure
Orgueil
Paresse

Principal coupable : le gouvernement français

Dégâts causés : on assiste au premier conflit dans lequel la torture et le terrorisme brutal, pratiqué au cœur des villes, ont joué un rôle majeur.

Raison : la France était réticente à abandonner plus de 1 000 000 colons français dans un pays qui n'accepterait rien de moins que l'indépendance.

Un ajustement libre, ouvert, absolument impartial de tous les territoires coloniaux, se basant sur le principe qu'en déterminant toutes les questions au sujet de la souveraineté, les intérêts des populations concernées, soient autant prises en compte que les revendications équitables du gouvernement dont le titre est à déterminer.

5e point des « quatorze points de Wilson »

En mettant de côté la question de savoir si le gouvernement français a eu fondamentalement tort d'annexer une partie de l'Afrique du Nord et de l'administrer comme une province de France, sa réponse face aux demandes algériennes pour une plus grande autonomie et, finalement, l'indépendance, a entraîné 8 ans de guerre, ainsi que des milliers de morts chez les Algériens, les colons européens, et les militaires français. Les présidents successifs n'ont rien vu venir.

La France envahit l'Algérie en 1830, et dès 1847, près de 50 000 colons français sont installés dans le pays, exploitant des terres communales qui ont été confisquées. En 1848, les trois provinces d'Algérie deviennent les départements français d'Algérie, faisant d'eux la seule possession coloniale française à être administrée de la sorte. Après la Première Guerre mondiale, dans laquelle de nombreux Algériens se sont battus pour la France, on assiste à la naissance d'un mouvement indigène qui revendique davantage de droits et une plus grande influence dans la gestion de l'Algérie. Au cours des décennies suivantes, plusieurs partis politiques se forment en Algérie, avec, au programme de leurs revendications, la demande d'une plus grande autonomie.

LE MASSACRE DE SÉTIF

L'appel à l'indépendance s'accélère considérablement après un événement qui se déroule le 8 mai 1945. À Sétif, un défilé de 5 000 Algériens qui célèbrent la victoire en Europe, se transforme en une manifestation anti-coloniale. Au cours des affrontements avec la gendarmerie française, plusieurs manifestants sont tués par balle. Lors des émeutes qui en résultent, plus de 100 pieds-noirs sont tués par des Algériens musulmans. La police et l'armée française exercent des représailles, bombardant des villages ainsi qu'une ville côtière à l'aide d'un hélicoptère de combat naval. Plusieurs milliers d'Algériens sont tués. Le « massacre de Sétif » affecte en profondeur les relations entre les deux pays, ainsi que le climat politique créé par les soldats algériens qui ont combattu pendant la guerre.

Confronté aux demandes de réforme radicale pour le droit à l'égalité du peuple algérien, le gouvernement français fait une série de concessions, notamment en accordant la citoyenneté française à tous les Algériens, Mais en 1946, l'Union démocratique du manifeste algérien appelle l'Algérie à devenir un État autonome, avec son propre gouvernement au sein du système fédéral français, et non plus une province de France. Le gouvernement français y reste opposé, et comme les attitudes se durcissent des deux côtés, le mouvement pour l'indépendance de l'Algérie gagne de la force.

Au printemps de 1954, les Français perdent la bataille de Diên Biên Phu au Viêt Nam, et dans la foulée, le nouveau Premier ministre Pierre Mendès-France (anticolonialiste farouche) négocie le retrait français d'Indochine. En Algérie, cela incite le Front de libération nationale (FLN) à lancer, le 1er novembre, des attaques armées à travers le pays, exigeant un État algérien souverain. La France répond en déployant des troupes. Le ministre français des Affaires étrangères François Mitterrand déclare : « Je n'admets pas de négociations avec les ennemis de la patrie, la seule négociation, c'est la guerre ! » La « Toussaint sanglante » marque le début de la guerre d'indépendance algérienne.

La guerre s'intensifie en août 1955, lorsque le FLN attaque la ville de Philippeville (actuelle Skikda) où plus de 100 personnes sont tuées, dont des hommes politiques musulmans, dans des actes d'une extrême sauvagerie. En représailles, les militaires tirent à vue sur tous les hommes de 14 à 70 ans, faisant plusieurs milliers de morts parmi les Algériens musulmans. Un an plus tard, fin septembre 1956, le FLN commence à poser des bombes dans des lieux publics à Alger, la capitale. C'est la première fois que de telles méthodes sont utilisées. Le FLN veut ainsi semer l'insécurité parmi l'opinion publique. Selon certains analystes, le FLN souhaite délibérément provoquer des représailles afin de gagner des modérés à leur cause. Les Français, en retour, ont recours à la torture et aux exécutions sommaires dans le but d'éradiquer les terroristes. Cette manière d'agir alimente involontairement un mouvement anti-guerre croissant en France, et le gouvernement français se trouve désormais pris entre les désirs contradictoires de ses citoyens en métropole, et ceux des pieds-noirs français en Algérie, qui sont plus d'un million.

UNE GUERRE BRUTALE
Les soldats du FLN ont recours à des moyens inhumains, comme la décapitation et la mutilation, dans leur quête de l'indépendance. Les Français répondent par la torture et les exécutions sommaires.

Le 13 mai 1958, les chefs militaires français en Algérie et les colons français, craignant que le gouvernement socialiste en France ne soit sur le point de s'engager sur la voie de l'indépendance algérienne (le Maroc et la Tunisie ont déjà obtenu leur indépendance respectivement en 1955 et 1956), réalisent un coup d'État, et une junte armée s'empare du

LE 24 MAI, LA RUMEUR SE RÉPAND QUE DES PARACHUTISTES FRANÇAIS VENUS D'ALGÉRIE ONT SAUTÉ SUR LA CORSE. LES REBELLES UTILISENT HABILEMENT LA RADIO POUR FAIRE PLANER SUR LA MÉTROPOLE LA MENACE D'UN DÉBARQUEMENT MILITAIRE ET D'UNE GUERRE CIVILE.

pouvoir en Algérie. Le 24 mai, la rumeur se répand que des parachutistes français venus d'Algérie ont sauté sur la Corse. Les rebelles utilisent habilement la radio pour faire planer sur la métropole la menace d'un débarquement militaire et d'une guerre civile. Ils ne plaisantent pas, et à 15 heures, avant la fin de l'ultimatum et la mise en œuvre de l'opération « Résurrection », le gouvernement vote les pleins pouvoirs à de Gaulle, qui accepte. Cet événement marque la fin de la IVe République. Cette décision est perçue comme une avancée par les Algériens et les Français des deux côtés de la Méditerranée. En juin, de Gaulle se rend en Algérie, soutenant « l'Algérie française ». Il propose une série de réformes pour améliorer la situation des Algériens indigènes, et donner à tous le droit de voter lors d'un référendum sur une nouvelle constitution française l'année suivante. Dans le même temps, l'armée française continue la guerre contre le FLN et son bras armé, l'Armée de libération nationale (ALN). Le FLN continue de pratiquer le terrorisme en Algérie, afin d'essayer de forcer la population à boycotter le référendum.

En France, le climat politique a changé, et la classe politique, en particulier les partis de gauche, est plus encline à soutenir un plus grand degré d'autonomie de l'Algérie. D'autant que des voix à l'internationale, notamment au sein de l'ONU et de l'OTAN, se font de plus en plus critiques sur la poursuite de la domination coloniale de la France, et compte tenu des méthodes brutales utilisées pour l'appliquer. En 1959, de Gaulle évoque pour la première fois la possibilité de « l'autodétermination » pour l'Algérie. Horrifiés à l'idée qu'un règlement négocié et l'indépendance algérienne soient désormais à l'ordre du jour, des réservistes français et des pieds-noirs organisent au début de 1960 la « semaine des barricades » à Alger. Lors de cette insurrection, l'armée et la police, qui ont pour ordre de ne pas tirer sur les émeutiers, restent cependant fidèles au gouvernement. Les meneurs sont arrêtés et emprisonnés. Le procès dit « des Barricades » se tient à Paris au mois de novembre 1960. Les accusés Pierre Lagaillarde et Joseph Ortiz, mis en liberté provisoire pour la durée du procès, s'enfuient à Madrid, où ils fondent l'OAS, Organisation de l'armée secrète, en décembre.

La situation en Algérie est chaotique. L'OAS et le FLN se combattent, utilisant chacun des méthodes terroristes contre des partisans du gouvernement français en Algérie. Il existe aussi des querelles intestines entre les groupes radicaux au sein du mouvement de l'Algérie indépendante et parmi les partisans de l'Algérie française. En France, les batailles sont politiques. De nouveaux partis se forment pour soutenir l'Algérie française d'un côté, et en opposition à la guerre et la manière dont elle est menée de l'autre.

CESSEZ-LE-FEU
Le ministre français des Affaires algériennes Louis Joxe est le principal négociateur des Accords d'Évian entre la France et le FLN, signé à Évian-les-Bains en 1962.

Le référendum organisé le 8 janvier 1961 sur l'autodétermination en Algérie, est accepté par les trois quarts de l'électorat en France et en Algérie. Obtenant le mandat dont il a besoin, De Gaulle entame des pourparlers secrets avec le FLN. Une partie des cadres de l'armée française est déterminée à empêcher la France d'abandonner ses départements algériens. En avril, les comploteurs organisent un coup d'État, qu'on appellera le « putsch des Généraux » ou le « putsch d'Alger », visant à prendre le contrôle de l'Algérie d'abord, puis de Paris. Dans la nuit du 21 avril, avec le soutien de 1 000 soldats, ils arrêtent des fonctionnaires civils et des militaires à Alger et prennent le contrôle du pays. Mais le Premier ministre, qui a reçu des rapports émanant des services de renseignements, identifie les putschistes et fait arrêter ses meneurs à Paris. Il fait fermer tous les terrains d'aviation autour de Paris et ordonne à l'armée en France de résister au putsch. De Gaulle paraît à la télévision, et prononce un discours appelant les soldats d'Algérie, ainsi que tous les Français, d'Algérie ou de métropole, à refuser le coup d'État. Le 26 avril, le putsch prend fin.

Les pourparlers entre le gouvernement français et le FLN se poursuivent. Au cours de l'année 1961, on travaille à la mise au point des modalités du retrait français d'Algérie, qui seront ratifiées lors des Accords d'Évian le 18 mars 1962, et qui se traduiront par un cessez-le-feu applicable sur tout le territoire algérien dès le lendemain. Mais d'ici là, les combats n'ont pas encore pris fin. En août 1961, le FLN commet plusieurs attentats meurtriers contre les policiers dans différents quartiers de Paris. C'est dans ce contexte qu'en octobre 1961, 20 000 Algériens pro-FLN manifestent à Paris. La répression de la police, sous les ordres du préfet Maurice Papon, entraîne la mort de plusieurs dizaines d'Algériens, certains corps étant retrouvés dans la Seine.

Au cours des 6 premiers mois de 1962, l'aile droite de l'OAS et les pieds noirs font une dernière tentative pour empêcher la mise en œuvre du cessez-le-feu, ainsi que la création d'une Algérie indépendante dans laquelle les Français d'Algérie constitueraient une minorité équivalente à 10 % de la population. En mars 1962, mois d'entrée en vigueur du cessez-le-feu, l'OAS fait exploser plus de 3000 bombes dans une campagne de terrorisme urbain destinée à provoquer le FLN en rompant sa part du marché, sans toutefois parvenir à ses fins. L'armée et la police française sont également ciblées, ainsi que de Gaulle lui-même. Le 22 août 1962, tandis que le Général et sa femme se rendent de l'Élysée à l'aéroport de Villacoublay, des hommes de l'OAS armés, ouvrent le feu sur la voiture présidentielle, la criblant de 140 balles et tuant deux gardes du corps en moto. De Gaulle et sa femme en ressortiront indemnes.

EXODE ET INDÉPENDANCE

Après d'autres référendums favorables, de manière quasi unanime, à l'indépendance algérienne en France et en Algérie, de Gaulle reconnaît l'indépendance de l'Algérie le 3 juillet 1962, et la proclame le 5. Bien que les accords d'Évian garantissent la protection des pieds noirs, ils ont déjà quitté le pays en masse, prenant au pied de la lettre la mise en garde des nationalistes algériens, « la valise ou le cercueil ». Leurs craintes se sont avérées fondées. Le FLN entame en effet une campagne concertée de violence contre les colons : le 5 juillet 1962 se produit le massacre de centaines d'Européens à Oran. Au cours de l'année, presque tous les colons français d'Algérie, soit plus d'un million de personnes, ont fui vers la France, l'antagonisme envers eux étant exacerbé par le terrorisme que continue de perpétrer l'OAS.

Dans le contexte des changements qui s'opèrent dans le monde, la fin de la domination coloniale française en Algérie était inévitable. Pourtant, la présence d'un si grand nombre de colons n'a pas eu la même incidence sur la dynamique du pays qu'ailleurs, et le retrait français a été différent de ce qui a pu se produire dans d'autres territoires. L'intensité de l'antagonisme dans les deux camps a entraîné une violence et des actes de terrorisme sans précédent. Le montant des pertes occasionnées par la guerre et ses conséquences est sujet à controverse, du côté français, comme du côté algérien. Les répliques de ce que l'on a longtemps nommé « les événements d'Algérie », se font encore sentir dans la société française aujourd'hui.

LE DÉBARQUEMENT DE LA BAIE DES COCHONS

Avril 1961

MOTIVATION

- Colère
- Charité
- Envie
- **Foi**
- Gourmandise
- Avidité
- Espérance
- Luxure
- **Orgueil**
- Paresse

Principal coupable : le gouvernement américain

Dégâts causés : l'invasion ratée a rapproché Cuba et l'URSS et a révélé l'implication du gouvernement américain dans l'affaire.

Raison : les États-Unis souhaitaient réagir à la menace du communisme.

La preuve est claire et l'heure est tardive. Nous et nos amis sud-américains aurons à faire face au fait que nous ne pouvons pas retarder plus longtemps le véritable enjeu de la survie de la liberté dans cet hémisphère. Sur cette question, contrairement peut-être à d'autres, il ne peut y avoir de juste milieu.

Président John F. Kennedy, Statler Hilton Hotel, Washington, D.C., 1961

Lorsque John F. Kennedy devient le président des États-Unis en janvier 1961, il hérite d'un plan mis au point par la CIA, et approuvé dans son principe par le président Dwight Eisenhower. Il s'agit de provoquer la chute du régime communiste récemment installé à Cuba, et de mettre en place un gouvernement favorable aux États-Unis. La décision prise par Kennedy de poursuivre ce plan, malgré l'avis contraire de hauts responsables gouvernementaux, et en dépit du fait que ce plan semble présenter des défauts, débouchera sur le débarquement de la Baie des Cochons. Cette tentative d'invasion militaire de Cuba le 17 avril, se soldera par un désastreux fiasco qui ridiculisera les États-Unis et rapprochera plus étroitement Cuba de l'Union soviétique.

JOHN F. KENNEDY
Le nouveau président accepte de soutenir le projet d'une invasion de Cuba. Il ne parvient pas à atteindre son objectif et attire la désapprobation internationale.

En janvier 1959, le dictateur cubain Fulgencio Batista est renversé par une révolte armée dirigée par Fidel Castro, alors Premier ministre d'un gouvernement dominé par les communistes. Aux États-Unis, les réformes de grande envergure qui ont lieu à Cuba, à savoir la restriction des droits civils, l'emprisonnement et l'exécution de plusieurs milliers de dissidents, tout comme les liens étroits entre Castro et Nikita Khrouchtchev, qui dirige l'Union soviétique, suscitent des craintes — disproportionnées, selon certains — quant à l'influence grandissante du communisme dans la région. Il faut dire que les États-Unis connaissent un afflux massif d'exilés cubains. C'est dans ce contexte, encore marqué par la « Peur rouge » et le maccarthysme, qu'Eisenhower a approuvé le plan de la CIA, ainsi que le budget pour sa mise en œuvre. À partir de mars 1960, la CIA recrute et forme des exilés cubains pour mener à bien l'invasion de leur patrie.

Le plan prévoit que des forces mercenaires anticastristes envahissent l'île, avec le soutien du peuple cubain et de certains militaires, puis de créer un soulèvement populaire qui renverserait Castro et son gouvernement. Il est cependant essentiel que les États-Unis nient publiquement toute intention d'envahir Cuba. Il ne doit donc y avoir aucune preuve de leur implication directe. À la Maison Blanche, certains craignent que le sentiment anticastriste à Cuba soit insuffisant et que le rôle des États-Unis ne puisse être gardé secret. Ils seraient en outre accusés de violer une multitude d'accords internationaux, ainsi que certains points de sa propre constitution.

On entreprend néanmoins l'entraînement d'environ 1400 exilés cubains, tout au long de l'année 1960, dans plusieurs bases militaires américaines en Floride, à Panama et au Guatemala, où la CIA a déjà aidé à renverser un gouvernement socialiste démocratiquement élu. Lorsque Kennedy entre en fonction, il donne son approbation pour que l'entraînement de la fameuse brigade 2506 se poursuive. On met au point des stratégies complexes pour donner l'impression que cette affaire ne concerne que les ressortissants cubains. Ainsi, on peint 6 bombardiers d'attaque B-26 aux couleurs de l'armée de l'air cubaine. On prépare 20 de ces mêmes avions pour la mission, et la flotte aérienne est réunie sur un terrain d'aviation dédié, construit sur la côte Pacifique du Guatemala. 4 cargos affrétés pour transporter la brigade, sont équipés de canons antiaériens, et l'on prépare des péniches de débarquement.

CHOISIR UN SITE

Le plan, tel qu'il est conçu au départ, prévoit que les forces d'invasion débarquent au port de Trinidad sur la côte sud au centre de Cuba. Elles pourraient ainsi, le cas échéant, trouver refuge dans les montagnes proches de l'Escambray, où les forces contre-révolutionnaires sont déjà actives. Mais le Département d'État ne valide pas cet emplacement, et la CIA choisit alors d'organiser un débarquement nocturne dans une zone marécageuse à une centaine de kilomètres à l'ouest, autour de la baie des Cochons (Bahía de Cochinos). Il y a là un terrain d'aviation, et l'endroit étant plus reculé, le risque que les forces cubaines puissent réagir rapidement à l'invasion est moins grand. En revanche, les troupes d'invasion sont loin de tout refuge.

La date de l'invasion est fixée au 17 avril 1961. Bien que la date exacte soit tenue secrète, l'opération envisagée est un secret de polichinelle. Des articles paraissent même dans la presse américaine, notamment dans le *New York Times*. On sait que Castro était au courant de l'invasion planifiée dès octobre 1960, que Cuba et l'Union soviétique avaient des informations plus détaillées dans les jours précédant l'invasion, et que la CIA savait qu'ils savaient, mais qu'elle n'en a pas informé le président Kennedy.

À l'aube du 15 avril, 6 bombardiers américains B-26 aux couleurs de l'armée de l'air cubaine, décollent du Nicaragua et bombardent 3 bases aériennes cubaines afin d'abattre autant d'avions que possible. Les pilotes exilés cubains signalent un grand succès, mais des vols de reconnaissance effectués le lendemain, révèlent qu'ils ont largement manqué leurs cibles. Cependant, Kennedy se prononce contre un autre bombardement, de peur que l'engagement américain ne devienne trop évident. Par ruse et à des fins de propagande, un autre des avions maquillés, portant le même numéro que l'un des avions utilisés dans le bombardement, est délibérément criblé de balles et transporté à Miami, où son pilote cubain reçoit l'asile politique, afin de donner l'impression qu'il a fait défection et que les raids sur les aérodromes cubains ont été effectués par des pilotes mécontents au sein de l'armée de l'air cubaine. Lorsqu'à l'ONU, Cuba accuse les États-Unis d'avoir orchestré le bombardement, l'ambassadeur américain à l'ONU, Adlai Stevenson, montre des photographies du bombardier « cubain » sur la piste de Miami, et nie toute implication des États-Unis. Cependant, on ne tarde pas à remarquer que le nez de l'avion diffère des avions utilisés par Cuba, ce qui laisse penser que les États-Unis sont à l'origine de l'événement. Stevenson a fait sa déclaration en toute bonne foi, mais au bout de quelques heures, il devient évident pour tous qu'il a été dupé par la CIA et la Maison Blanche, où Kennedy le désigne comme son « menteur officiel ».

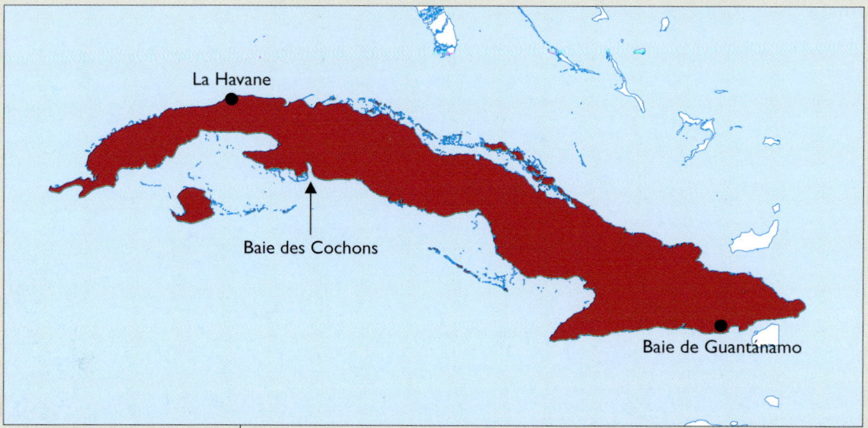

BAHÍA DE COCHINOS
Le choix que fait la CIA d'organiser le débarquement dans la Baie des Cochons, s'est avéré malheureux. La côte est en effet parsemée de récifs et la baie est entourée de marécages.

Les troupes de la brigade 2506 qui se sont embarquées sur les cargos de transport au Nicaragua le 14 avril, sont désormais en route pour Cuba, accompagnées de 7 destroyers de la marine américaine. Abandonnant leur escorte à une centaine de kilomètres au sud de Cuba, les navires de la Force expéditionnaire cubaine atteignent la zone de débarquement peu avant minuit dans la nuit du 16 avril, et le débarquement commence. Un petit poste militaire est capturé, mais la milice prévient l'armée par radio de l'invasion. Les débarquements prennent plus de temps que prévu, entravés par l'obscurité et par la présence de récifs coralliens qui endommagent les bateaux près du rivage. L'armée cubaine réagit également beaucoup plus vite que prévu. À l'aube, 6 avions cubains attaquent les navires de débarquement. L'un d'eux, le *Houston*, qui transportent des hommes, des fournitures et des munitions, est touché par des tirs de roquettes et s'échoue. Le reste des troupes à bord débarque sans équipement adéquat. Une heure plus tard, le largage de parachutistes de la brigade 2506 et de matériel lourd est un désastre : l'équipement s'enfonce irrémédiablement dans les marais environnants et les troupes sont incapables de sécuriser la route. Castro a mobilisé près de 20000 soldats, et des centaines de miliciens atteignent la ville voisine de Palpite en milieu de journée, obligeant les troupes d'invasion à fuir vers l'ouest. Dans les jours qui suivent, les combats se poursuivent. Des avions américains mènent des raids sur les convois de ravitaillement cubains, dont l'un est composé de civils. L'armée de l'air cubaine domine le ciel, en dépit des pertes causées par les bombardements de ses bases aériennes. Le 19, les troupes d'invasion étant en grave difficulté, la Maison Blanche autorise une opération de couverture aérienne. Elle envoie 6 avions de combat américains anonymes, pilotés par des hommes engagés par la CIA, afin de défendre les B-26 de la brigade. Mais les bombardiers arrivent une heure après les avions de chasse (probablement en raison d'une erreur de fuseaux horaires) et deux sont abattus. Submergées, les troupes d'invasion déploreront le lendemain 100 morts, et près de 1200 prisonniers. Quelques dizaines de combattants parviennent à s'échapper vers la côte et sont récupérés par des navires américains. Dans le camp cubain, 176 soldats ont été tués et plusieurs centaines ont été blessés.

SUBMERGÉES, LES TROUPES D'INVASION DÉPLORERONT LE LENDEMAIN 100 MORTS, ET PRÈS DE 1 200 PRISONNIERS.

Les prisonniers sont détenus pendant plus de 20 mois. Ils rentreront aux États-Unis fin décembre 1962, en échange de 50 millions de dollars de médicaments et de nourriture pour bébé fournis par des fabricants américains à la demande du gouvernement des États-Unis.

Le coup d'État manqué provoque non seulement la gêne du gouvernement américain — les États-Unis ayant menti à plusieurs reprises à l'ONU et violé plusieurs traités internationaux, ainsi que des points de leur propre constitution — mais aussi le soutien accru au nouveau gouvernement cubain. On raconte que Che Guevara aurait envoyé une note au président Kennedy pour le remercier de l'opération de la baie des Cochons et disant : « Avant l'invasion, la révolution était faible. Maintenant, elle est plus forte que jamais. » En outre, la Baie des Cochons a renforcé les liens entre Cuba et l'Union soviétique, et a peut-être contribué à la crise des missiles de Cuba, qui entraînera le monde au bord de la guerre nucléaire.

MOTIVATION

Colère

Charité

Envie

Foi

Gourmandise

Avidité

Espérance

Luxure

Orgueil

Paresse

LA GRANDE RÉVOLUTION CULTURELLE PROLÉTARIENNE DE MAO ZEDONG

1966–1976

Coupable principal: Mao Zedong, président du Parti communiste de Chine

Dégâts causés: des millions de personnes furent soumises à la torture et au travail forcé; plusieurs centaines de milliers de personnes furent assassinées; la grande richesse artistique et culturelle chinoise fut détruite.

Raison: purger le pays des gens dont l'idéologie différait de celle de leur grand leader.

C'est à nous d'organiser le peuple. Quant aux réactionnaires en Chine, c'est à nous d'organiser le peuple à les renverser. Tout ce qui est réactionnaire est pareil; si vous ne le frappez pas, il ne tombera pas. C'est comme balayer le sol; en règle générale, là où le balai ne passe pas, la poussière ne disparaîtra pas d'elle-même.

Mao Zedong, 1945

Après avoir organisé la longue marche, la retraite de l'Armée rouge communiste (qui deviendra l'Armée révolutionnaire du peuple) contre les forces du Kuomintang (Parti nationaliste chinois), Mao Zedong poursuit son ascension et devient président du Parti communiste chinois en 1943. C'est sous sa houlette que la République populaire de Chine est créée en 1949 et que sont réalisées des réformes foncières considérables, dans lesquelles les terres sont expropriées aux propriétaires fonciers et distribuées aux paysans. Afin d'impliquer les paysans dans la révolution, Mao les encourage à tuer les propriétaires terriens et les riches paysans qui les ont opprimés. On estime que cela a entraîné la mort d'au moins un million de personnes.

LE GRAND BOND EN AVANT

Une deuxième série de réformes appelée (sans doute de manière ironique) le Grand Bond en avant, a lieu à la fin des années 1950, dans le but d'établir une société communiste moderne et d'augmenter la production de céréales et d'acier. Il s'agit de promouvoir l'industrialisation à petite échelle dans les zones rurales, d'interdire l'élevage privé et de « collectiviser » les petites exploitations pour en faire des structures communes plus grandes, mécanisées et efficaces. Des projets industriels de grande envergure financés par l'État sont également entrepris, et les innovations agricoles, en grande partie non testées, sont encouragés. Les résultats sont désastreux.

Des millions de paysans sont déplacés vers les zones urbaines afin d'effectuer des travaux industriels et le nombre de fonctionnaires double quasiment entre 1957 et 1960, pour atteindre plus de 50 millions de personnes. La mauvaise gestion du nouveau système agricole, renforcée par des conditions météorologiques exceptionnellement défavorables, entraîne une importante diminution des récoltes. Ces faits sont largement maquillés : à chaque niveau de la hiérarchie, on exagère systématiquement les chiffres de production, trop effrayé d'admettre la vérité. L'État ne parvient pas à répondre à l'insupportable demande de céréales et dans de nombreuses régions, il est impossible de nourrir la population rurale. La grande famine en Chine, qui résulte des décisions politiques adoptées lors du Grand Bond en avant, sera responsable de la mort de 30 millions de personnes entre 1959 et 1961. Elle sera officiellement

MAO ZEDONG
Officiellement destinée à atteindre des objectifs idéologiques élevés, la Révolution culturelle fournit à Mao les moyens de regagner une autorité qui avait été ébranlée par le Grand Bond en avant.

appelée les « Trois années de catastrophes naturelles ».

Sans se laisser démonter par l'échec de cette expérience en ingénierie sociale, Mao Zedong lancé en 1966 la grande révolution culturelle prolétarienne. Craignant que la Chine soit détournée de la voie du véritable socialisme par la réémergence d'une élite bourgeoise et par la propagation insidieuse du capitalisme (et peut-être désireux de regagner son prestige et son autorité personnels), il mobilise la jeunesse du pays pour extirper les contre-éléments révolutionnaires au sein de la société et de purifier le parti à travers une violente lutte de classe. Partout, les étudiants — environ 20 millions — quittent l'école pour former des unités de gardes rouges dans les villes de Chine. Ils instaurent un climat de terreur, perquisitionnant au hasard les maisons pour trouver des preuves compromettantes de « déviance », chez quiconque ne serait pas entièrement communiste ou serait corrompu par les anciennes valeurs de la culture chinoise, comme les artistes, les écrivains, les intellectuels, ou toute personne ayant un diplôme universitaire. Des millions de personnes sont condamnées au travail forcé et plusieurs dizaines de milliers sont tuées. Les gardes rouges, qui ont acquis des armes de l'armée, deviennent juges, mais aussi bourreaux. Mao donne des instructions explicites à la police pour ne pas interférer avec le bon travail des gardes rouges. La religion est elle aussi ciblée : les temples et les églises sont confisqués et détruites. Les œuvres d'art, les livres et les objets culturels historiques, sont systématiquement pillés et leurs propriétaires incarcérés ou envoyés en camp de rééducation. La hiérarchie politique de haut en bas est purgée de toute personne dont les points de vue, actuels ou passés, ne s'accordent pas avec ceux de Mao. Toute opposition à la Révolution culturelle est rapidement écrasée. La plupart des rivaux politiques de Mao seront déchus, mais la bureaucratie du Parti communiste est si perturbée qu'il cessera pratiquement de fonctionner.

FACTIONS RIVALES

En 1967, les gardes rouges commencent à se scinder en factions rivales : les différents groupes s'opposent entre eux pour la pureté idéologique et essaient de se surpasser les uns les autres dans leur zèle à débarrasser le pays des « ennemis de classe ». On assiste à des batailles rangées entre les unités de gardes rouges rivales, constituées de milliers d'étudiants armés. En 1968, Mao envoie l'Armée populaire de libération pour mettre fin au désordre. L'armée prend le contrôle des écoles, des usines et des bâtiments publics, introduisant des comités révolutionnaires qui prennent en charge l'administration locale.

© AFP | Getty Images

PROPAGANDE
Sur cette affiche à Pékin, en 1967, on peut lire : « Nous devons être de bons soldats de Mao Zedong, nous devons écouter ses paroles, nous devons suivre ses instructions et lire ses livres ».

Pour tenter de mettre fin au chaos et reléguer au passé les excès des gardes rouges, Mao lance un programme de « retour à la terre », qui implique le déplacement forcé de millions d'étudiants des villes, vers les zones rurales les plus reculées de Chine, sous prétexte d'apprendre les enseignements des ouvriers et des paysans. La même année, une campagne concertée visant à renforcer le culte de la personnalité fervente du président Mao, chaque citoyen chinois doit avoir un exemplaire du Petit Livre rouge et de ses citations.

En 1969, Mao déclare la fin de la grande révolution culturelle prolétarienne. Désormais, des millions de personnes ont été déplacées, emprisonnées ou exécutées, et le pays est rongé par la trahison généralisée, la torture, le viol et le harcèlement physique et mental. La grande histoire culturelle de la Chine est en grande partie détruite. La production industrielle a chuté de plus de 10 % depuis 1966, et le pays sera en proie à l'instabilité politique jusqu'après la mort de Mao en 1976, lorsque des dirigeants plus modérés commenceront à tourner la Chine vers une économie plus orientée vers le marché. La Révolution culturelle, qui était destinée à revitaliser la Chine, est maintenant considérée comme une « décennie de chaos ».

MOTIVATION

Colère
Charité
Envie
Foi
Gourmandise
Avidité
Espérance
Luxure
Orgueil
Paresse

CHARLES DE GAULLE ET MAI 68

Mai 1968

Principal coupable : Charles de Gaulle et sa manière autoritaire de gouverner

Dégâts causés : une petite manifestation d'étudiants a dégénéré en manifestations de masse violentes, et une grève nationale a paralysé l'économie française.

Raison : un refus obstiné d'écouter ceux qui demandaient un réexamen des politiques du gouvernement.

Dans l'après-midi, M. Mendès-France, l'ancien président du Conseil et, de son propre chef, sans doute la personnalité politique la plus universellement respectée dans le pays, a déclaré que le gouvernement devait démissionner. Par le comportement dont il a fait preuve au cours des 10 dernières années, dit-il, le gouvernement avait créé une situation révolutionnaire. Il ne pouvait plus recourir à la force sans provoquer de tragiques conséquences ; un dialogue utile ne pouvait pas non plus être entamé avec les masses qui s'élevaient contre sa politique… Et il termine en rendant hommage aux étudiants et aux jeunes travailleurs qui les avaient rejoints pour réveiller la nation.

Nesta Roberts, Paris, 19 mai, 1968,
extrait d'un article publié dans *The Guardian*

Charles de Gaulle arrive au pouvoir en France en 1958, devenant le premier président de la Vᵉ République. Il apporte une stabilité bienvenue dans un pays épuisé par les querelles politiques et l'indécision. Réélu en 1965, son style très conservateur et ultranationaliste est de plus en plus en décalage avec son temps. C'est une époque de changement social en Europe et aux États-Unis, de manifestations contre la guerre au Viêt Nam, où règnent le *flower power* et la liberté d'expression ; c'est aussi l'ère de la musique pop et de la minijupe — sa femme Yvonne tentera de le persuader de l'interdire en France.

Dans ce contexte, le mécontentement est croissant, en particulier parmi les étudiants, qui rejettent les aspects répressifs de l'État et sa censure de la radio et de la télévision, le capitalisme occidental, ainsi que le style autoritaire du gouvernement du général de Gaulle, en particulier dans les domaines de l'emploi et de l'éducation.

Les événements qui vont secouer la société française débutent le 22 mars 1968. Environ 150 étudiants occupent un bâtiment à l'université de Nanterre pour protester contre l'impérialisme et le contrôle qu'exerce le gouvernement sur le financement de l'enseignement. En guise de réaction, l'administration de la faculté fait appel à la police. La protestation prend fin pacifiquement, mais le conflit dure pendant plusieurs semaines jusqu'à ce que, le 2 mai, l'administration ferme l'université et menace d'expulser les meneurs.

INÉBRANLABLE
Les revendications politiques des étudiants parisiens et le style autoritaire du général Charles de Gaulle s'affrontent au printemps 1968.

Le lendemain, les étudiants de la Sorbonne expriment leur solidarité avec les étudiants de Nanterre et occupent un certain nombre de bâtiments. La police envahit la faculté qui, elle aussi, ferme. Cette réaction musclée illustre le contrôle de l'État sur l'éducation nationale, et le 6 mai, environ 20 000 étudiants de l'Union nationale des étudiants de France, soutenus par les enseignants, défilent devant la Sorbonne et affrontent la police, qui réagit en les chargeant à la matraque. La situation dégénère lorsque les manifestants, avec le soutien de la population locale, construisent des barricades et jettent des pavés sur les forces de l'ordre, qui répliquent en dispersant des gaz lacrymogènes parmi la foule. Des centaines d'étudiants sont arrêtés.

Le lendemain, les étudiants et les enseignants sont rejoints par des lycéens et des ouvriers lors d'un rassemblement à l'Arc de Triomphe, revendiquant la libération sans chef d'accusation de tous les étudiants arrêtés, la fin de l'occupation policière de la Sorbonne, et la réouverture de Nanterre et de la Sorbonne. Aucune revendication ne sera accordée.

DE MAL EN PIS

Au cours de la semaine suivante, le nombre de manifestants et le degré de violence ont augmenté. Le Quartier Latin est devenu un champ de bataille : les manifestants lancent des cocktails Molotov et des centaines de policiers et de manifestants sont blessés. Dans la nuit du 10 mai, après un nouvel échec des négociations, les affrontements, qui ont duré toute la nuit, sont retransmis en direct à la radio. Le lendemain, la télévision diffuse des images des événements. Les manifestants occupent désormais le Quartier Latin et obligent la police à partir.

Le Parti communiste et les principaux syndicats, involontairement entraînés dans la mêlée, appellent à une grève générale d'une journée le lundi 13 mai. Plus d'un million de personnes se pressent dans les rues de Paris, tandis que des manifestations sont organisées dans plusieurs villes. Le Premier ministre Georges Pompidou décide de libérer les personnes qui avaient été arrêtées, et de rouvrir la Sorbonne. Mais les manifestants ne veulent désormais plus d'un compromis, exigeant davantage de liberté au travail, au sein du gouvernement, et dans l'éducation. À la fin de la semaine, le Parti communiste et les syndicats, jugés trop enclins à négocier avec le gouvernement, ont perdu le contrôle des travailleurs et plus de deux millions font des grèves sauvages. Dans le courant de la semaine qui suit, ce nombre atteint un stupéfiant record de 10 millions de personnes, ce qui représente les deux tiers de l'ensemble des salariés français. Les syndicats négocient un accord salarial très bénéfique avec les employeurs, mais les travailleurs le rejettent, et se tournent vers le ministère des Affaires sociales. Ils exigent des réformes beaucoup plus profondes des droits des travailleurs.

À présent, le gouvernement envisage l'utilisation de la force pour réprimer ce qui équivaut à une rébellion, et qui pourrait bientôt devenir une révolution. L'armée est placée en état d'alerte. Le Premier ministre Georges Pompidou suggère au général de Gaulle de dissoudre l'Assemblée nationale et d'appeler à des élections législatives. Pensant que son parti perdra, le général refuse. Le 29 mai, reconnaissant que les grèves et les manifestations nationales défient sa légitimité en tant que président, le général de Gaulle fait ses valises et emmène sa famille à l'état-major français à Baden-Baden, en Allemagne. De là, il vérifie que l'armée est prête à le soutenir, et il rentre en France le lendemain. Près de 500 000 personnes défilent dans les rues de Paris pour célébrer son départ, mais le reste du pays est plus modéré. La disparition soudaine de de Gaulle a troublé le peuple de France qui a réfléchi.

Cette fois-ci, de Gaulle accepte la proposition de Pompidou de dissoudre l'Assemblée nationale et annonce que des élections législatives se dérouleront le mois suivant. Il déclare également qu'il décrétera l'état d'urgence national, sauf en cas de retour au travail.

GRÈVE GÉNÉRALE
Les manifestations qui ont débuté dans les universités de Paris se répandent bientôt aux ouvriers à travers le pays. On assiste à une grève générale. Plus d'un million de personnes viennent manifester à Paris.

La crise est terminée. Lorsque la campagne électorale débute, les grèves et les manifestations sont apaisées. À la surprise générale, le parti du général de Gaulle, l'Union pour la défense de la République (UDR), remporte une écrasante victoire aux élections, la nation sortant de la vision de chaos que laissaient présager les événements du mois précédent. Le nouveau gouvernement ne tarde pas à annoncer d'importantes réformes du système éducatif, y compris l'ouverture de plus de 60 nouvelles universités et la mise en place d'un système plus démocratique des conseils d'administration.

Le résultat des élections n'est cependant pas un blanc-seing pour Charles de Gaulle. La France d'après mai 1968 est un pays différent, plus disposé à admettre ses propres changements sociaux et à embrasser ceux qui se déroulent au-delà de ses frontières. L'homme politique traditionaliste et autoritaire que représente le général de Gaulle est de la vieille école. En 1969, il organise un référendum national sur la réforme du Sénat et la régionalisation, qui se solde par un « non » majoritaire. Ayant mis sa présidence en balance en cas de rejet du référendum, il démissionnera de son poste de président.

MOTIVATION

- **Colère**
- Charité
- **Envie**
- Foi
- Gourmandise
- **Avidité**
- Espérance
- Lust
- **Orgueil**
- Paresse

IDI AMIN DADA EXPULSE LA POPULATION ASIATIQUE D'OUGANDA

1972

Principal coupable : Idi Amin Dada, 3e président de la République d'Ouganda

Dégâts causés : Amin Dada organisa le meurtre et la torture de dizaines de milliers de ses compatriotes, l'expulsion de l'ensemble de la communauté asiatique, et la destruction de l'économie ougandaise.

Raison : l'ignorance, la paranoïa, la mégalomanie et l'impitoyable folie sanguinaire

Son Excellence le Président à vie, Maréchal Alhaji Docteur Idi Amin Dada, titulaire de la Victoria Cross, DSO, titulaire de la Military Cross et Conquérant de l'Empire britannique en Afrique en général, et en Ouganda en particulier.

Titres que s'est décernés Idi Amin à lui-même. Il n'a jamais reçu ni le DSO, ni la MC, mais il s'est décerné à lui-même une « Victorious Cross » et un doctorat en droit. Il a également prétendu être roi d'Écosse.

Le nom d'Idi Amin Dada, le dictateur de l'Ouganda de 1971 à 1979, est synonyme de corruption et de brutalité inhumaine. Au cours de ses années de règne, au moins 100 000 Ougandais, et peut-être plus de 250 000, ont été exécutés pour s'être opposés à lui personnellement ou au plan politique, ou pour avoir été membres de la mauvaise tribu, ou simplement en raison de la paranoïa de leur leader. Des milliers d'autres ont été torturés ou emprisonnés. L'économie ougandaise est entrée dans un déclin dramatique et a subi une inflation galopante, alimentée par la décision arbitraire d'Amin Dada d'expulser la population asiatique de l'Ouganda — soit environ 50 000 personnes — qui était le pilier de l'industrie et du commerce du pays, et qui occupait également des postes clés dans la fonction publique. Son action a non seulement paralysé le pays, mais a aussi causé des problèmes inouïs aux réfugiés.

© Getty Images

UN FOU AU POUVOIR
Avec un sens démesuré de l'estime de soi et une tendance sadique vicieuse, Idi Amin Dada plonge son pays dans une décennie de sang, d'oppression et de chaos économique.

Né dans le nord de l'Ouganda vers 1925, Idi Amin Dada débute sa carrière militaire dans l'armée britannique, en tant que cuisinier du *King's African Rifles*. Il gravit les échelons, se bat aux côtés des Britanniques au Kenya lors de la révolte des Mau Mau, détient le titre de champion d'Ouganda de boxe dans les années 1950, et en 1961, il devient officier (il est seulement le deuxième Ougandais noir à le devenir), en dépit d'être presque totalement inculte et analphabète. En 1962, il dirige une troupe dans le nord de l'Ouganda pour faire cesser les vols de bétail par les tribus de la région de Turkana, au Kenya. On apprendra plus tard que ses hommes ont torturé, assassiné, et même enterrés vivants les voleurs de bétail. Mais l'Ouganda étant sur le point d'accéder à l'indépendance, et Amin Dada étant l'un des rares officiers noirs du pays, aucune mesure n'est prise contre le chef zélé qui a pérpétré le massacre des Turkana.

LA PRISE DE POUVOIR

Le nouveau premier ministre de l'Ouganda, Milton Obote, pense sincèrement qu'Idi Amin Dada présente des qualités admirables, car il le nomme capitaine en 1963, puis *Deputy commander* (commandant adjoint) de la jeune armée ougandaise en 1964. Cependant, leurs relations se détériorent et Amin est rétrogradé en 1970. Ayant appris qu'Obote était sur le point de l'arrêter au motif de détournement de fonds militaires, il organise un coup d'État militaire et s'empare du pouvoir.

Promettant des élections et l'égalité pour tous les Ougandais, indépendamment de leur origine ethnique ou tribale, sa présidence autoproclamée est bien accueillie par la majorité du peuple, mais il ne tarde pas à révéler sa vraie nature. Les partisans d'Obote au sein des services de sécurité sont raflés, torturés et exécutés. L'armée est purgée des membres des ethnies Acholis et Lango, qui représentent peut-être 6000 personnes, et leurs corps horriblement mutilés sont jetés dans les forêts et les cours d'eau. Toute personne qui dénonce ces atrocités devient une cible immédiate, comme l'archevêque anglican Janani Luwum (dont le corps est retrouvé dans un accident de voiture mal simulé), et Benedicto Kiwanuka, *Chief Justice* et chef du Parti démocrate.

PURIFICATION ETHNIQUE

Les Asiatiques, la quasi-totalité d'entre eux étant originaire de l'Inde et du Pakistan, constituent depuis longtemps le plus grand groupe ethnique non-indigène en Ouganda. Leur présence en Afrique s'explique du fait qu'ils font partie de l'Empire britannique. Sous le gouvernement d'Obote, ils ont dû affronter une hostilité considérable en raison de leur réussite économique. Les Asiatiques sont très présents dans le secteur bancaire, l'habillement, l'agriculture, l'élevage, l'import/export. Certaines industries prospères ont suscité beaucoup de jalousie, sur laquelle Obote a capitalisé afin de diaboliser la communauté asiatique. Pour Amin Dada, ils sont un bouc émissaire commode et une source potentielle de richesse. Aussi annonce-t-il en 1972 qu'Allah lui a parlé et lui a demandé d'expulser tous les Asiatiques du pays. Amin Dada les accuse de saboter l'économie du pays — ce qui est loin d'être vrai — et d'envoyer tout leur argent hors du pays, ce qui est en partie vrai. En effet, la population asiatique avait senti monter l'insécurité en Ouganda, et beaucoup avaient donc choisi d'envoyer une partie de leur richesse durement gagnée à l'étranger. Le 4 août, on leur annonce qu'ils ont 90 jours pour quitter le pays, en n'emportant avec eux que ce qu'ils peuvent transporter, ou bien d'en subir les conséquences. Aucune compensation n'est proposée pour les entreprises et les maisons qu'ils sont forcés d'abandonner. Au moment où ils descendent du bus pour se rendre à l'aéroport, on leur confisque tous leurs objets de valeur. Bon nombre d'entre eux quittent l'Ouganda avec absolument rien en poche

EXPULSÉS
Contraints de quitter leur maison, leur travail et leurs biens en Ouganda, de nombreux Asiatiques, comme cette famille arrivée à Londres, ont dû repartir de zéro.

et sont contraints de repartir à zéro dans leur nouvelle vie. Environ la moitié d'entre eux s'installent en Grande-Bretagne (ayant des passeports britanniques), de nombreux Asiatiques partent aussi au Canada et en Inde, et le reste se disperse autour du globe.

La majorité des entreprises et des terres, les maisons, les voitures et les biens personnels qu'ils ont laissés derrière eux, sont partagés entre Amin Dada et ses partisans, notamment les membres de l'armée. On estime que plus de 5000 entreprises, dont des fermes et des exploitations agricoles, sont distribuées de cette façon. D'un seul coup, Amin Dada a pratiquement éliminé la classe moyenne ougandaise, et ses entreprises, autrefois productives, sont désormais entre les mains d'individus et d'organisations n'ayant ni les compétences, ni l'expérience pour les faire fonctionner correctement. La production, la distribution et les importations sont complètement perturbées. Exacerbée par la décision d'Amin Dada de nationaliser l'année suivante les entreprises britanniques (encore une fois, sans aucune indemnité, ce qui amènera la Grande-Bretagne à couper tous liens diplomatiques), la situation économique se détériore rapidement. La fonction publique sombre dans le chaos, l'inflation annuelle atteint 1 000 %, et les cours du café, la principale exportation ougandaise, chutent car les producteurs sont à cours d'argent.

LA FONCTION PUBLIQUE SOMBRE DANS LE CHAOS, ET L'INFLATION ANNUELLE ATTEINT 1 000 %.

En octobre 1978, afin de détourner l'attention des difficultés économiques que connaît l'Ouganda, Amin Dada envahit la Tanzanie, avec l'aide des forces libyennes, dans le but d'annexer une partie de ce pays. Sous la houlette du président Julius Nyerere, la Tanzanie envoie une armée qui comprend plusieurs milliers d'exilés ougandais, et réussit à repousser les troupes d'Amin Dada, plus concentrées sur le pillage des villes et villages qu'elles traversent, que sur le combat. L'armée tanzanienne marche sur l'Ouganda, rejointe par l'Armée de libération nationale ougandaise. En avril 1979, la capitale Kampala est prise. Amin Dada s'enfuit en Libye, où il restera dix ans, puis s'installe en Arabie Saoudite, où il mourra en 2003.

Quant aux réfugiés asiatiques dépossédés, certains regagneront leur terre natale à la chute d'Amin Dada, mais la plupart resteront dans leurs nouveaux foyers où ils prospèrent. Au Royaume-Uni, les familles asiatiques venues de l'Afrique orientale constituent la majorité des propriétaires de petites épiceries de quartier, et gagnent très confortablement leur vie.

MOTIVATION

Colère
Charité
Envie
Foi
Gourmandise
Avidité
Espérance
Luxure
Orgueil
Paresse

LE PRÉSIDENT NIXON ET LE SCANDALE DU *WATERGATE*

Juillet 1972–août 1974

Principal coupable : le président américain républicain Richard Nixon

Dégâts causés : il fut contraint de démissionner pour éviter la destitution. Le scandale ébranle la confiance des Américains dans leur système politique.

Raison : il toléra l'utilisation de méthodes illégales pour essayer de saboter les prochaines élections et faire perdre les démocrates ; il tenta d'étouffer l'affaire.

Dans toute organisation, l'homme qui est au sommet doit en assumer la responsabilité. Cette responsabilité est donc ici, dans ce bureau. Je l'accepte. Et je m'engage auprès de vous, ce soir, dans ce bureau, à faire tout ce qui est en mon pouvoir pour faire en sorte que les coupables soient traduits en justice et que de tels abus disparaissent à jamais de nos pratiques politiques dans les années à venir, longtemps après que j'aurai quitté ce bureau.

Premiers discours de Nixon dans l'affaire du *Watergate*, le 30 avril 1973

Il est toujours incroyable de constater que des individus au pouvoir peuvent parfois prendre des décisions risquées dont ils savent qu'elles pourraient entraîner leur chute, et qu'ils se font prendre. L'usage qu'a fait le président Richard Nixon d'opérations clandestines totalement contraires à l'éthique, afin de saboter la campagne électorale des démocrates, ainsi que sa tentative d'étouffer l'affaire, ont finalement abouti à la plus grande disgrâce politique publique dans l'histoire de l'Amérique.

Le suffixe *-gate* qui a depuis été appliqué à tant de scandales — de l'Irangate au Weinergate en passant par le Monicagate — vient de l'hôtel et des immeubles de bureaux Watergate à Washington, où était installé le siège du Parti démocrate en 1972. Très tôt le matin du 17 juin, un agent de la sécurité remarque, dans les bureaux du 6e étage, que les verrous de plusieurs portes ont été scellés, ce qui empêche de fermer les portes à clé. Il appelle la police. Cinq hommes sont surpris en train de photographier et de voler des documents, et de placer des lignes téléphoniques sur écoute. Ils sont arrêtés, accusés de plusieurs chefs d'inculpation en septembre, et condamnés en janvier 1973. Leur arrestation est cependant le début d'une piste qui finira par conduire jusqu'au président.

UNE BRÈVE POPULARITÉ
Selon le journaliste Hunter S. Thompson, le président Nixon était « un homme sans âme, sans convictions intimes, ayant l'intégrité d'une hyène et le style d'un crapaud empoisonné ».

Le cambriolage faisait partie d'un plan de campagne électorale mis en place par le « Comité pour la réélection du Président » (CRP), qui rassemblait des républicains, dont l'ancien procureur général John Mitchell et le conseiller présidentiel John Dean. Ce plan avait pour but d'espionner et de saboter le Parti démocrate. Le cambriolage avait été coordonné par G. Gordon Liddy, un ancien agent du FBI, avec l'aide d'Howard Hunt, un ancien agent de la CIA. Ils sont tous les deux également impliqués dans les opérations clandestines des « plombiers de la Maison Blanche », dont le but était de prévenir les fuites médiatiques d'informations sensibles émanant du cabinet présidentiel. Les « plombiers » avaient recours à des méthodes peu orthodoxes pour atteindre leurs objectifs. Le FBI ne tarde pas à découvrir le nom de Hunt dans les carnets d'adresses de deux des cambrioleurs. Afin d'empêcher que la vérité ne soit connue, le président Nixon ordonne à son chef d'état-major d'obtenir de la CIA qu'elle bloque l'enquête du FBI pour des raisons de sécurité nationale.

Deux reporters du *Washington Post*, Carl Bernstein et Bob Woodward, ont cependant déjà levé un loup. Avec l'aide d'un informateur du FBI (plus de 30 ans plus tard, on apprendra qu'il s'agissait de Mark Felt, directeur adjoint du FBI), qu'ils se contentent de surnommer « Deep Throat », (« gorge profonde »), ils découvrent qu'il existe des liens entre le cambriolage et le cabinet de Nixon. Que l'un des cambrioleurs joue les intermédiaires financiers auprès du Parti républicain (ce que réfute vigoureusement John Mitchell), qu'un chèque déposé sur le compte d'un autre cambrioleur a été signé par l'un des dirigeants de l'équipe de campagne de Nixon en 1968, et que lorsqu'il était procureur général, Mitchell a géré un fonds destiné à financer des opérations d'espionnage politique contre les démocrates. En octobre, le FBI établit la connexion entre le *Watergate* et une opération d'infiltration à grande échelle dans le but de soutenir la réélection de Nixon. Ces événements n'empêchent cependant pas Richard Nixon d'être réélu le mois suivant par une victoire écrasante.

Au printemps 1973, tout le monde parle d'une « tentative d'étouffer l'affaire », et ce au plus haut niveau. L'un des cambrioleurs informe le juge qu'il a commis un parjure au cours du procès, et que lui et les autres ont subi des pressions pour le faire. Un autre des cambrioleurs déclare aux avocats que John Dean et John Mitchell sont impliqués. Les conseillers de Nixon, quant à eux, disent au procureur général que personne, à la Maison Blanche, n'était au courant du cambriolage.

En avril, les avocats informent le président que ses deux conseillers les plus importants, John Ehrlichman et HR Haldeman, ont tenté d'étouffer l'affaire. Nixon leur demande alors de démissionner, et se rend sur les plateaux de télévision pour dire à la nation combien cette décision a été difficile. Il annonce également le départ de John Dean, qu'il a renvoyé.

COMMISSION D'ENQUÊTE SÉNATORIALE

Dans le même temps, le Sénat approuve la convocation d'une commission spéciale pour enquêter sur l'affaire du *Watergate*. Les premières audiences débutent le 17 mars 1973. Elles sont diffusées en direct à la télévision, et retransmises par 3 chaînes. En juin, un assistant de la Maison Blanche révèle que le président Nixon possède un système d'enregistrement automatique installé dans le bureau ovale et dans d'autres endroits stratégiques, et que toutes les conversations sont enregistrées. Les « bandes magnétiques de Nixon » sont immédiatement citées à comparaître, mais le président refuse de les remettre et ordonne au président du comité sénatorial de renoncer aux citations à comparaître, ce que ce dernier refuse. Nixon campe sur ses positions. Cette attitude très impopulaire dresse l'opinion publique contre le président. Les soupçons sont exacerbés lorsque le juge signale que dans l'une des bandes magnétiques remise par la Maison Blanche, il y a un trou d'un peu plus de 18 minutes. La secrétaire de Nixon explique avoir accidentellement effacé cette partie, mais ne sera pas crue.

En mars de l'année suivante, sept conseillers de Nixon sont inculpés pour entrave à l'enquête du *Watergate*, et l'étau se resserre. Nixon manque d'être mis en accusation avec eux, mais il continue à maintenir qu'il ne savait rien du cambriolage ni d'une quelconque tentative d'étouffer l'affaire. En juillet 1974, la Cour suprême ordonne à Nixon de remettre les bandes à la commission d'enquête, ce qu'il finit par faire à la fin du mois. Même si elles ne révèlent aucun acte criminel, leur teneur démontre le mépris du président pour un gouvernement démocratique. Il semblerait aussi qu'il ait participé à une opération dont le but était de donner de l'argent aux cambrioleurs inculpés pour qu'ils se taisent. En juillet, la commission sénatoriale sur le *Watergate* entame la procédure de destitution du président pour obstruction à la justice, abus de pouvoir, et outrage au Congrès.

CITÉ À COMPARAÎTRE
En avril 1974, dans son discours à la nation, le président Nixon annonce qu'on lui a finalement remis les transcriptions des conversations enregistrées de la Maison Blanche.

Nixon décide de rendre public, le 5 août, le texte intégral de l'une des bandes les plus compromettantes, celle qui contient une conversation avec son chef de cabinet Bob Haldeman, peu après le cambriolage du *Watergate*. Ce sera le coup de grâce. On y entend le président autoriser explicitement ses collaborateurs à approcher le directeur de la CIA afin qu'il demande au directeur du FBI d'enterrer l'enquête fédérale sur le cambriolage. Il n'y a plus de doute sur le fait que Nixon a menti tout au long de l'affaire, motif justifiant la procédure d'*impeachment* (destitution). Le 8 août, assis dans le bureau ovale, il annonce sa démission au peuple américain.

Peu de temps après la prise de ses nouvelles fonctions de président, son ancien vice-président Gerald R. Ford graciera Nixon pour toutes les accusations en lien avec l'affaire du *Watergate*.

MOTIVATION

Colère

Charité

Envie

Foi

Gourmandise

Avidité

Espérance

Luxure

Orgueil

Paresse

L'ARGENTINE ENVAHIT LES ÎLES MALOUINES

2 avril 1982

Principaux coupables : le général Leopoldo Galtieri et la junte militaire

Dégâts causés : des centaines de morts et de blessés

Raison : pour détourner l'attention du peuple argentin des problèmes sociaux et économiques intérieurs et pour renforcer la position du gouvernement militaire.

Ils se sont repliés, nos troupes ont atteint la périphérie de Port Stanley. Un grand nombre de soldats argentins ont déposé les armes. Des drapeaux blancs flottent au-dessus de Port Stanley. Nos troupes ont reçu l'ordre de ne tirer qu'en cas de légitime défense. Les commandants ont entamé des pourparlers sur la capitulation des troupes argentines dans les Malouines.

Le Premier ministre britannique Margaret Thatcher,
le 14 juin 1982

Une image satellite révèle deux grands archipels arides bordés de quelques petits îlots, dont l'un s'appelle Barren Island. Au sol, l'image est légèrement différente, car les îles ont un climat humide. Qu'est-ce qui a bien pu inciter le gouvernement argentin à contester la souveraineté de la Grande-Bretagne sur ces îles reculées et balayées par le vent de l'Atlantique Sud ? Les raisons sont diverses, mais une chose est certaine : il s'agissait d'une mauvaise décision.

LES GRAINES DE LA GUERRE

Après avoir été découvertes au XVIe siècle, ces îles furent revendiquées par les Espagnols, les Français et les Britanniques, qui y ont tous établi des colonies au cours du XVIIIe siècle. En 1767, les Français (qui ont baptisé ces îles du nom de Malouines, en l'honneur des premiers colons français, dont beaucoup venaient de Saint-Malo en Bretagne) les concèdent aux Espagnols, qui persuadent les Britanniques de partir en 1774. Lorsque l'Argentine acquiert son indépendance vis-à-vis de l'Espagne en 1816, elle revendique à son tour la souveraineté sur les *Islas Malvinas* telles qu'elle les désigne. Mais en 1833, une altercation éclate entre l'Argentine et l'Amérique à propos d'une histoire de pêche et de droits de chasse. Des navires de guerre américains bombardent la colonie argentine de Puerto Soledad, et deux navires de guerre britanniques réussissent à chasser les Argentins. Affirmant n'avoir jamais renoncé à ses revendications de souveraineté, la Grande-Bretagne prend définitivement possession des îles qu'elle nomme Falkland, et y fonde une colonie en 1844. Les colons britanniques sont en grande partie originaires d'Écosse et du Pays de Galles. L'élevage de moutons devient l'aliment de base de l'économie, un port est construit à Stanley, et les îles s'avéreront d'une importance stratégique pendant les deux guerres mondiales.

PORT STANLEY
Malgré leur apparence inhospitalière, les îles Malouines sont devenues un élément important dans les enjeux politiques entre la Grande-Bretagne et l'Argentine.

Pendant tout ce temps, la question des îles Malvinas continuera à irriter l'Argentine. Lorsque les Nations Unies sont créées en 1945, l'Argentine fait part de ses doléances à l'ONU, fondant ses revendications sur sa proximité géographique avec les îles et de sa souveraineté héritée des Espagnols, mais avec peu de succès. Néanmoins, la question devient un sujet populaire et important pour le peuple argentin. La Grande-

Bretagne, quant à elle, revendique aussi son droit à la souveraineté sur des îles Falkland, à partir du moment où les territoires sont occupés de manière continue et paisible depuis plus de 100 ans par près de 2 000 habitants fortement pro britanniques.

Au début des années 1980, lorsque la junte militaire au pouvoir en Argentine est confrontée à la montée du mécontentement d'une population souffrant des difficultés économiques et de droits civils sévèrement restreints, le général Leopoldo Galtieri voit les Malouines comme un moyen de détourner l'attention des lacunes du gouvernement et de rallier le peuple derrière lui. En supposant, peut-être non sans raison, qu'il est peu probable que la Grande-Bretagne lance une intervention militaire en réponse à des événements qui se déroulent sur un insignifiant groupe de rochers à 13 000 kilomètres de distance, Galtieri décide d'envahir les Malouines au printemps 1982 et d'imposer la souveraineté argentine.

LE PRÉTEXTE DE L' INVASION

En mars 1982, une quarantaine d'ouvriers employés par un ferrailleur argentin arrivent en Géorgie du Sud, un territoire britannique situé à 1 300 km des Malouines. Les autorités britanniques sont au courant, mais lorsque les Argentins plantent leur drapeau, les Britanniques réagissent en dépêchant le *HMS Endurance* de Stanley, avec la moitié de la garnison, soit 22 *Royal Marines* et un lieutenant, avec l'intention d'arrêter et d'expulser les hommes. L'Argentine, cependant, envoie un navire de guerre et fait débarquer 100 soldats pour « défendre » ses ressortissants. Les forces britanniques n'ont pas d'autre de choix que de reculer et observer.

Le 2 avril, se servant de l'incident comme prétexte, une troupe argentine amphibie de 4 000 soldats débarque sur l'île Falkland orientale et occupe la ville de Stanley. En apprenant ces nouvelles, les *Marines* basés en Géorgie du Sud se rendent aux Argentins. À ce stade, Galtieri doit espérer que l'affaire est un fait accompli. Il a cependant sans doute oublié de prendre en compte le caractère du Premier ministre britannique, et son propre besoin de popularité à l'approche des élections. Au Royaume-Uni, la presse de droite hurle, exprimant la crainte que la Grande-Bretagne soit en passe de perdre le dernier vestige de son passé impérial.

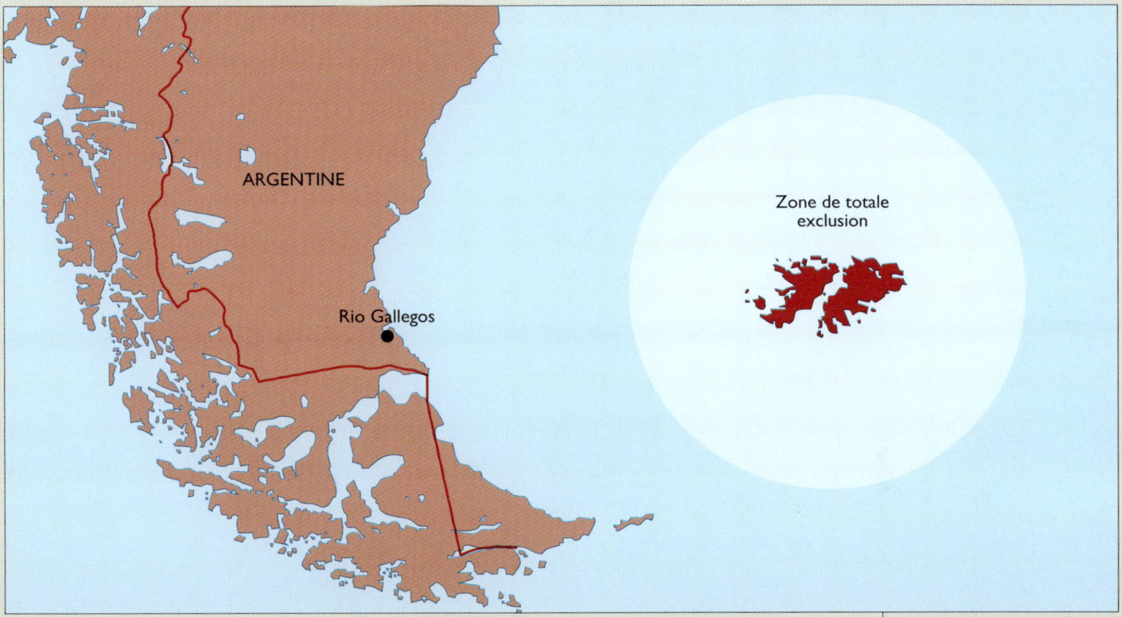

Les efforts diplomatiques sont aussitôt lancés, et la Grande-Bretagne agit habilement pour obtenir le soutien de l'OTAN, de la CEE et de l'ONU, qui adopte la résolution 502 du Conseil de sécurité le 3 avril, appelant à mettre fin aux hostilités. Dans le même temps, Margaret Thatcher, décide de lancer l'opération « Corporate », une réponse militaire potentielle. Une unité navale britannique, composée de 20 navires de guerre (dont certains sont déjà à Gibraltar), 8 navires amphibies et une flotte de ravitaillement de 40 navires de la *Royal Fleet Auxiliary* et de la marine marchande, se met en route. L'unité navale compte environ 15 000 personnes, dont une unité de débarquement de 7 000 *Marines* et soldats.

Le 12 avril, la Grande-Bretagne déclaré une zone d'exclusion totale de 320 kilomètres autour des îles Malouines, afin d'entraver le mouvement des troupes et les approvisionnements en provenance d'Argentine. Cette mesure est appliquée par 3 sous-marins d'attaque à propulsion nucléaire qui ont déjà atteint la zone. Entre-temps, les États-Unis ont fait des propositions de paix, qui sont rejetées par l'Argentine. Fin avril, les États-Unis décident d'apporter leur soutien à la fois diplomatique et militaire à la Grande-Bretagne.

ZONE D'EXCLUSION
La déclaration britannique d'une zone d'exclusion autour des Malouines réussit à empêcher la marine argentine de mener des opérations dans cette zone.

© Getty Images

SURVIVANTS
Lorsque le *HMS Sheffield* est frappé par un missile Exocet à vol rasant le 4 mai 1982, les incendies qui en résultent causent de graves blessures à plusieurs membres de l'équipage. Le navire sombrera six jours plus tard.

Le 25 avril, les *Marines* britanniques, couverts par l'artillerie navale, reprennent la Géorgie du Sud à la garnison argentine qui l'occupe. Fin avril, plusieurs porte-avions britanniques (avec des hélicoptères Sea Harriers et Sea King à bord), ainsi que plusieurs frégates, atteignent les îles Malouines. En l'absence de solution diplomatique en vue et l'hiver approchant dans l'Atlantique Sud, les opérations militaires britanniques commencent le 1er mai à bombarder la piste de l'aéroport de Stanley pour empêcher les avions argentins de l'utiliser.

Le lendemain, le sous-marin nucléaire britannique *Conqueror* lance 3 torpilles sur le croiseur *General Belgrano* de la marine argentine, coulant le navire et faisant de plus de 300 morts. Cette action sera controversée, certaines critiques soulignant que le bateau se trouvait en dehors de la zone d'exclusion et se dirigeait peut-être vers les côtes sud-américaines, et non vers les îles Malouines. La marine britannique soutient que ni la position du navire, ni sa direction n'étaient pertinentes, qu'il était une menace potentielle. De hauts responsables de l'armée argentine sont convenus que le naufrage était légal dans le contexte des hostilités. En tout cas, la marine argentine s'est retirée des eaux côtières pour le reste du conflit et les efforts se sont concentrés sur les attaques aériennes lancées à partir des bases du continent.

Deux jours plus tard, le 4 mai, le *HMS Sheffield* est touché juste au-dessus de la flottaison par un missile tiré depuis un avion d'attaque Super Étendard argentin, provoquant un incendie majeur, faisant 20 morts parmi les membres d'équipage et 24 blessés. Le navire sombrera quelques jours plus tard. L'armée de l'air argentine continue à infliger des dégâts considérables sur les navires britanniques qui encerclent maintenant les îles, mais subissent aussi des pertes importantes. Le 21 mai, des commandos britanniques débarquent sur l'île en hélicoptère et véhicules amphibies. Au cours des trois semaines suivantes, les troupes avancent sur un terrain difficile, prenant successivement les positions argentines, tandis que des combats aériens ont lieu et que les navires et les Harriers britanniques bombardent des cibles stratégiques. La Grande-Bretagne subit un revers majeur le 25 mai, lorsqu'un missile

Exocet coule un navire transportant des hélicoptères Chinook, tuant 12 marins et forçant les soldats à traverser l'île Falkland orientale sur 100 km. Le 4 juin, des bombes argentines frappent deux péniches de débarquement britannique, tuant 50 soldats et en blessant beaucoup d'autres. Néanmoins, en début de matinée le 14 juin, les Argentins ont perdu toutes leurs positions de supériorité et les commandos sont à la périphérie de Stanley, où 8 000 troupes argentines sont prises au piège dans la péninsule. L'avance britannique est stoppée et à 21 h 30, après plusieurs heures de négociations, les forces argentines offrent officiellement leur reddition.

Le résultat était loin d'être prévisible. Les difficultés logistiques de mener une opération militaire pour les Britanniques, si loin de leur territoire, étaient considérables. L'armée de l'air argentine, que l'on a félicitée pour sa bravoure et son professionnalisme, était également en difficulté, agissant à la limite de son aire de ravitaillement en carburant. Elle a perdu plus de la moitié de ses avions de combat dans le conflit. Sur le terrain, les troupes britanniques — des soldats de carrière expérimentés qui s'étaient entraînés dans des conditions similaires à celles rencontrées sur les îles — avaient un avantage indéniable. Les troupes argentines étaient jeunes et composées de conscrits peu qualifiés, dirigés par une classe d'officiers élitiste qui a fait tout son possible pour éviter les rigueurs du champ de bataille. Voici quelques-uns des facteurs qui ont fait que l'invasion des Malouines était une mauvaise idée. Même si le territoire risquait d'être occupé par les Argentins, le nombre de victimes demeure beaucoup trop élevé, les pertes argentines s'élevant à 635 morts et 1 068 blessés, les pertes britanniques à 255 morts (dont 3 habitants des îles Malouines) et 777 blessés.

Pour la junte militaire argentine, l'invasion a également été une mauvaise décision car la défaite a précipité la chute du régime dictatorial, amorçant par ailleurs une lente transition démocratique pour les Argentins. En 1983, Margaret Thatcher récoltera les fruits de la victoire britannique en étant élue pour un second mandat.

MOTIVATION

Colère
Charité
Envie
Foi
Gourmandise
Avidité
Espérance
Luxure
Orgueil
Paresse

L'IRAK ENVAHIT LE KOWEÏT

2 août 1990

Principal coupable : le président Saddam Hussein

Dégâts causés : cette invasion a coûté la vie de milliers de civils koweïtiens et de militaires irakiens, et a dévasté les champs de pétrole des deux pays.

Raison : Saddam Hussein pensait à tort qu'il pouvait annexer le Koweït sans encourir de réponse militaire.

Combattez-les avec votre foi en Dieu. Combattez-les pour la défense de toute femme honorable libre et pour tout enfant innocent, et pour la défense des valeurs de virilité et d'honneur militaire. Combattez-les, car avec leur défaite, vous serez à la dernière marche de la conquête de toutes les conquêtes. La guerre se terminera avec la dignité, la gloire et le triomphe pour votre peuple, votre armée et votre nation.

Saddam Hussein s'adressant aux Irakiens à la radio, le 19 janvier 1991

Lorsque la guerre Iran-Irak s'achève en août 1988 — une guerre inutile et coûteuse initiée en 1980 par l'Irak à l'instigation de son président Saddam Hussein — l'Irak se trouve dans une situation économique très grave. La guerre a mené la croissance économique du pays dans une impasse, et la production de pétrole dans les champs pétrolifères de Bassora — où l'Iran a tiré plusieurs millions d'obus — est gravement perturbée. Le coût de la guerre est astronomique et l'Irak a beaucoup emprunté. Le pays a désormais une dette internationale de plus de 130 milliards de dollars, dont 14 milliards qu'il doit à son voisin le Koweït, que le soutien financier à l'Irak a exposé à des représailles iraniennes. Les pétroliers koweïtiens seront attaqués à plusieurs reprises dans le golfe Persique. Une fois la guerre finie, les tensions entre les deux pays ne cessent néanmoins d'augmenter, et ce pour plusieurs raisons.

Incapable de rembourser les prêts, l'Irak demande au Koweït (entre autres) d'effacer sa dette, ce que le Koweït refuse. Le Koweït rejette également la demande de l'Irak de réduire sa production de pétrole. Comme le Koweït raffine une grande partie de son propre pétrole, le prix du baril est moins préoccupant pour lui, alors que l'Irak essaie désespérément d'obtenir un prix aussi élevé que possible compte tenu de la quantité limitée de pétrole qu'il produit. La production du Koweït, en dépassement des quotas fixés par l'OPEP, a pour effet de maintenir les prix du pétrole, ce qui coûte à l'Irak des milliards de dollars par an. Tout en poursuivant les pourparlers diplomatiques de haut niveau et en faisant pression sur une OPEP divisée pour trouver une solution au problème, l'Irak augmente progressivement le nombre de ses troupes massées le long de la frontière avec le Koweït. L'Irak accuse alors le Koweït, dont la frontière avec l'Irak traverse la limite sud du champ pétrolier de Rumaila, d'utiliser des techniques de forage en biais pour extraire le pétrole situé sous le territoire irakien. Selon les observateurs extérieurs, ces accusations s'inscrivent dans le cadre d'un plan irakien dont le but est de faire progresser ses ambitions territoriales et de prendre le contrôle de l'approvisionnement en pétrole.

© Getty Images

SADDAM HUSSEIN
Le dirigeant tyrannique de l'Irak envahit le Koweït afin de gagner un territoire riche en pétrole et d'éviter de rembourser les dettes financières que son pays doit au Koweït.

Le 25 juillet 1990, l'OPEP annonce que le Koweït a accepté de limiter sa production de pétrole. À ce moment, l'Irak a positionné près de 100 000 de ses troupes le long de la frontière. Le même jour, Saddam Hussein convoque au palais présidentiel de Bagdad, l'ambassadrice américaine en Irak, April Glaspie. Celle-ci demande au président pourquoi un tel déploiement de troupes massées à la frontière avec le Koweït. Hussein répond qu'à moins d'un règlement du conflit entre l'Irak et le Koweït par voie de négociations, il est prêt à renoncer à son objectif de contrôler l'ensemble de la voie navigable du Chatt-el-Arab « pour défendre nos revendications sur le Koweït afin de maintenir l'ensemble de l'Irak dans la forme que nous voulons qu'il soit. Quelle est l'opinion des États-Unis à ce sujet ? »

Selon une version de la transcription de cette conversation, l'ambassadrice américaine aurait répondu : « Nous n'avons pas d'opinion sur les conflits opposants deux pays arabes, ni sur votre différend avec le Koweït. Le secrétaire [d'État James] Baker m'a chargé de mettre l'accent sur l'information, déjà donnée à l'Irak dans les années 1960, selon laquelle la question du Koweït n'est pas associée à l'Amérique. » Les avis sont partagés quant à savoir si ou non ces mots ont tacitement donné à l'Irak le « feu vert » pour envahir le Koweït. (Abordée par deux journalistes britanniques un mois plus tard, l'ambassadrice Glaspie déclarera que ni elle, ni personne d'autre, n'avait imaginé que l'Irak aurait l'intention d'annexer la totalité du Koweït, ce qui signifie peut-être que les États-Unis ne pensaient pas que l'Irak essaierait de repousser sa frontière au sud pour englober le champ pétrolier de Rumaila.) En tout cas, Saddam a apparemment souri à cette réponse. Lors d'une réunion entre l'Iraq et le Koweït, qui se tient à Djeddah, en Arabie Saoudite, quelques jours plus tard, les négociations dégénèrent rapidement, et peu après minuit le lendemain 2 août, l'Irak envahit le Koweït. Mais si Saddam Hussein a pensé que les États-Unis et la communauté internationale se contenteraient de répondre par une condamnation verbale, il a mal évalué la situation.

INVASION ET RÉACTIONS

Malgré la détérioration des relations diplomatiques au cours des mois précédents et du grand nombre de troupes massées à la frontière, l'invasion a pris l'armée koweïtienne par surprise. Tandis que des divisions blindées irakiennes et des troupes d'infanterie mécanisées se dirigent vers Koweït City, des hélicoptères de combat et des hélicoptères transportant des commandos lancent une offensive sur la ville, et prennent les bases aériennes et les aéroports. Les avions irakiens remportent rapidement la suprématie dans les airs, et 1/5e des avions de l'armée de l'air du Koweït est perdu avant que le reste s'envole pour l'Arabie Saoudite. L'émir déchu du Koweït et la famille royale, ainsi que les hauts fonctionnaires du gouvernement et plusieurs militaires en retraite, cherchent également refuge. En 48 heures, l'Irak contrôle l'ensemble du pays, et Saddam Hussein ne tarde pas à installer un « gouvernement provisoire de libération du Koweït », annexant le pays qui devient la 19e province de l'Irak.

RÉPONSE MILITAIRE
Avec l'approbation de l'ONU, une coalition de nations envoie des troupes pour libérer le Koweït de l'occupation irakienne. L'opération « Tempête du désert » durera moins de 6 semaines.

La condamnation de l'invasion par la communauté internationale — y compris les anciens amis de l'Irak — est instantanée et quasi unanime. Le Conseil de sécurité des Nations unies adopte la résolution 660, demandant le retrait inconditionnel de toutes les troupes du Koweït. Dans le même temps, la Ligue arabe appelle à une solution à la crise au sein de ses propres rangs et sans l'intervention des pays non-arabes. Il s'en suit des embargos sur les armes ainsi que des sanctions économiques. L'ONU autorise un blocus naval pour atteindre ces objectifs. Le 7 août, en réponse à une demande formulée par le roi Fahd, les États-Unis envoient des troupes en Arabie Saoudite, le pays ayant des craintes légitimes d'agression irakienne — il partage une longue frontière avec l'Irak, ses champs de pétrole sont à portée de main des forces irakiennes, et, comme le Koweït, l'Irak lui doit plusieurs milliards de dollars suite à la guerre Iran-Irak. C'est le début de l'opération « Bouclier du désert », qui entraîne finalement le stationnement de plus de 500 000 soldats américains en Arabie Saoudite.

Le 12 août, Saddam Hussein cherche une solution de compromis, qui relie le retrait de l'Irak du Koweït au retrait — entre autres — d'Israël des territoires palestiniens occupés, et demandant que toutes les troupes américaines en Arabie Saoudite soient remplacées par des troupes arabes. Les États-Unis, soucieux de ne récompenser en aucun cas l'Irak pour ses actions, s'opposent à relier ces deux affaires et restent inflexibles sur le retrait irakien inconditionnel. D'autres propositions de compromis de Saddam Hussein se heurtent au même type de réponse au cours des prochains mois, et le 29 novembre, l'ONU adopte la résolution 678, fixant à l'Irak un ultimatum au 15 janvier 1991, après quoi les troupes irakiennes du Koweït seraient contraintes de se retirer par la force.

Le jour où l'ultimatum prend fin, 34 pays ont rejoint les États-Unis dans une coalition, indignés par l'agression irakienne au Koweït, mais aussi par la menace perçue envers l'Arabie saoudite et d'autres pays du Moyen-Orient, par des rapports de violations des droits de l'homme au sein du Koweït (dont certains s'avéreront plus tard être des faux), et par l'utilisation de l'Irak d'armes chimiques et biologiques. Certains membres de la coalition sont sans aucun doute influencés par des incitations financières ou par des menaces de suspension d'aide.

VU DE L'ESPACE
Pour forcer le Koweït à réduire sa production de pétrole, Saddam Hussein ordonne à ses troupes en retraite d'incendier les puits de pétrole koweïtiens et de les entourer de mines terrestres. Le feu brûlera pendant des mois sans qu'il soit possible de le maîtriser.

L'opération « Tempête du désert » débute le 16 janvier 1991, avec une campagne aérienne qui durera 38 jours et ciblera les forces aériennes irakiennes, les défenses antiaériennes, les lance-missiles et la marine irakienne. Les attaques — menée à la fois sur le Koweït et l'Irak — perturbent complètement les infrastructures militaires de l'Irak, et sapent le moral de ses soldats. L'offensive terrestre débute le 23 février, et au bout de 100 heures, Koweït City est entre les mains de la coalition et des forces koweïtiennes. En se retirant vers le nord, la Garde républicaine irakienne met le feu à des centaines de puits de pétrole koweïtiens, et des milliers de soldats irakiens se rendent. Les forces de la coalition suivent l'armée en retraite en Irak avant de déclarer un cessez-le 28 février. Elles décident de ne pas continuer vers Bagdad et de ne pas tenter de renverser Saddam Hussein, ce qui aurait dépassé le mandat de l'ONU et divisé la coalition. En avril, l'Irak accepte les conditions de l'ONU pour un cessez-le-feu permanent, qui comprennent la destruction de tous les stocks d'armes.

L'occupation du Koweït a duré 7 mois. L'Irak a perdu au moins 20 000 soldats et les coûts financiers sont énormes. Des milliers de civils koweïtiens sont morts, les champs pétroliers des deux pays sont dévastés, et Saddam Hussein est devenu l'ennemi public numéro un. Rien ne lui sera pardonné.

MARGARET THATCHER ET LA *POLL TAX*

1989–1990

MOTIVATION

Colère
Charité
Envie
Foi
Gourmandise
Avidité
Espérance
Luxure
Orgueil
Paresse

Principal coupable : Margaret Thatcher

Dégâts causés : elle a perdu la direction du Parti conservateur.

Raison : le peuple de Grande-Bretagne s'est rebellé contre une politique gouvernementale injuste. Le parti de Margaret Thatcher est devenu extrêmement impopulaire.

Lorsque Mrs. Thatcher dit qu'elle est nostalgique des valeurs victoriennes, je ne pense pas qu'elle se rende compte que 90 % de sa nostalgie serait satisfaite en Union soviétique.

Peter Ustinov

Lorsque le roi Richard II d'Angleterre introduit une *poll tax* (impôt par capitation) en 1377, il devient — c'est le moins que l'on puisse dire — impopulaire. Sa décision de tripler cette taxe 14 ans plus tard, en insistant pour que les pauvres paient le même montant que les riches, met le feu aux poudres et fait exploser le mécontentement latent que les paysans ressentent envers les propriétaires fonciers et les classes dirigeantes. Il en résultera la révolte des paysans. En juin 1381, des paysans armés venus des comtés du Kent et de l'Essex, convergent vers Londres, où ils prennent d'assaut la Tour de Londres et capturent le Lord Chancelier, Simon Sudbury, et le Lord Grand Trésorier, Robert Hales. Les deux hommes, considérés comme les principaux instigateurs de l'impôt par capitation, seront décapités à Tower Hill. Margaret Thatcher, Premier ministre britannique de 1979 à 1990, n'aurait peut-être pas défendu la *poll tax* si elle avait étudié l'histoire à Oxford, et non la chimie.

LA DAME DE FER
Même si elle était célèbre, et dans certains milieux admirée pour sa force de volonté, le refus de Margaret Thatcher à céder sur la *poll tax* était politiquement inepte.

Avant les élections générales de 1987, les services de l'administration locale au Royaume-Uni sont financés par une taxe foncière appelée *domestic rates*, une somme annuelle à payer par chaque propriétaire sur la base d'une valeur locative évaluée pour la propriété. Ce n'est peut-être pas parfait, mais cela fonctionne depuis près de 400 ans. Margaret Thatcher juge cependant que la taxe n'est pas en conformité avec la pensée conservatrice — jusque-là, les riches paient plus, les plus pauvres ne paient rien, et la classe moyenne, qui peut être considérée comme le cœur de son électorat, paie pour les services gouvernementaux locaux prévus pour ceux qui sont au bas de l'échelle sociale. Il faut que cela change. En fait, Margaret Thatcher y pense depuis 1974, cinq ans avant qu'elle ne devienne Premier ministre, et ce projet est inscrit dans le manifeste du Parti conservateur.

En 1986, un Livre vert du gouvernement propose que les *domestic rates* soient remplacés par une *Community Charge*, une taxe forfaitaire prélevée sur chaque adulte, indépendamment des revenus de chacun — en d'autres termes, une *poll tax* (impôt par capitation). Margaret Thatcher soutient entièrement ce projet et le changement proposé devient une partie du manifeste conservateur avant les élections générales de 1987. Il faut croire que la *poll tax* séduit une majorité d'électeurs, puisque les conservateurs remportent les élections et accèdent au pouvoir pour un troisième mandat de quatre ans.

La *Community Charge* est introduite en Écosse en 1989, puis en Angleterre et au Pays de Galles en 1990. Ces mêmes électeurs ne mettent pas longtemps à se rendre compte que la *poll tax*, même avec des réductions pour les étudiants, les personnes âgées et les très pauvres, est outrageusement injuste, comme le Parti travailliste d'opposition le fait vite remarquer. Alors que les riches propriétaires de grosses maisons coûteuses vont payer moins, les familles nombreuses occupant de petites surfaces payeront plus — parfois beaucoup plus.

LA BATAILLE DE TRAFALGAR

Même avant que la taxe ne soit officiellement présentée, l'opposition est immédiate en Écosse, puis au Royaume-Uni, et des syndicats anti-*poll tax* se forment pour que ces voix soient entendues. En novembre 1989, la *All Britain Anti-Poll Tax Federation* (Fédération des opposants à la *poll tax* de toute la Grande-Bretagne) est mise en place pour coordonner les protestations, et au printemps 1990, une manifestation est organisée au samedi 31 mars, quelques jours avant l'introduction de la *Community Charge* en Angleterre et au Pays de Galles. La manifestation, qui part de Kennington sur la rive sud de la Tamise à Londres, doit se terminer par un rassemblement à *Trafalgar Square*, qui peut contenir environ 60 000 personnes. Selon les estimations de la police, la foule représente environ 200 000 manifestants. Dans le chaos le plus total, les manifestants s'attroupent sur la place et le long de Whitehall, pour arriver devant Downing Street et la résidence du Premier ministre. Alors que la police et la police montée antiémeute tentent de contrôler la foule, des scènes de violence éclatent, et se poursuivront tout au long de la soirée et de la nuit. Londres n'a pas connu d'émeutes plus graves depuis plus de 100 ans. Plus de 100 personnes (dont des policiers) sont blessées, certaines grièvement, et on assiste à plusieurs centaines d'arrestations. Le hasard veut que, tandis que les émeutes sont en cours, le Premier ministre participe à une conférence du Parti conservateur, avec pour thème central la *Community Charge*. L'impopularité évidente de la taxe soulève les premiers doutes sur le gouvernement de Margaret Thatcher.

Au cours des mois suivants, à travers le pays, les syndicats anti-*poll tax* exhortent les gens à ne pas payer la *Community Charge*, un appel que de nombreux citoyens, jusqu'ici respectueux des lois, écoutent — jusqu'à

30 % d'entre eux dans certains districts. Les conseils, la police et les tribunaux, qui n'y sont absolument pas préparés, sont incapables de faire face à une telle vague de « criminalité ».

Ce n'est là qu'un des contretemps imprévus dans la mise en œuvre de la taxe. Tandis que les *domestic rates* étaient prélevés sur les propriétaires, la capitation s'applique à tous les adultes, et traquer la partie mobile — parfois très mobile — de la société qui vit en location, s'avère une tâche gigantesque et augmente considérablement le coût de la collecte de cette taxe.

TRAFALGAR
En mars 1990, un rassemblement de protestation dans le centre de Londres tourne mal lorsque la police tente de contrôler inopinément un grand nombre de personnes. Les émeutes se poursuivent toute la nuit, des véhicules sont incendiés et des commerces sont pillés.

Bien que, tout au long de son occupation du 10 Downing Street, elle attirera plus que sa part de critiques, voire de haine, personne n'a jamais douté que Margaret Thatcher était une femme de principe. Loin de céder aux pressions exercées par le public, et même de ses collègues, d'abandonner la taxe, elle en fait une question de fierté personnelle, sans se demander si parfois, il ne vaut mieux pas renoncer à ses principes par bon sens et pour le bon fonctionnement de la démocratie.

Le nombre de contribuables à ne pas payer la taxe augmente et les sondages montrent qu'une grande majorité des Britanniques (98 % selon un sondage) sont opposés à la *Community Charge*. La popularité des conservateurs chute dans les sondages d'opinion. En novembre 1990, Michael Heseltine provoque l'élection du Leader du parti conservateur. Il recueille 40 % des voix, ce qui ne permet pas à Margaret Thatcher d'obtenir un score suffisant pour gagner dès le premier tour de scrutin. Plutôt que de risquer la défaite probable au second tour, Margaret Thatcher démissionne de son poste de Premier ministre et de chef du parti.

L'élection de leadership qui en découle est remportée par John Major. Michael Heseltine sera nommé Secrétaire de l'environnement et chargé de remplacer la *Community Charge*. En mars, l'introduction de la *council tax* (taxe d'habitation) — une taxe fondée sur la valeur marchande d'une propriété — est annoncée et entre en vigueur en 1993. Elle n'est pas sans rappeler les *domestic rates*.

LE GÉNOCIDE AU RWANDA

1994

MOTIVATION

Colère
Charité
Envie
Foi
Gourmandise
Avidité
Espérance
Luxure
Orgueil
Paresse

Principaux coupables : les pays du Conseil de sécurité des Nations unies

Dégâts causés : le viol et le massacre des trois quarts de la population tutsie rwandaise

Raison : difficulté à reconnaître la nature terrible de ce qui se passait, et un manque de volonté politique d'intervenir.

Jamie Owen : « Au Rwanda, le général Roméo Dallaire, commandant de la force de maintien de la paix des Nations unies, a fini par tenter d'arrêter le génocide avec seulement deux cents hommes. L'ONU lui a ordonné d'arrêter à trois reprises. Il a refusé à chaque fois. Selon des témoins oculaires, il partait en ville le soir et sauvait personnellement des gens ».

Général Roméo Dallaire : « Il y a douze ans, dans un petit pays d'Afrique, un groupe de citoyens s'est réuni et a décidé que la seule façon qu'il avait de se maintenir au pouvoir était tout simplement d'éliminer 1,2 million de personnes en les assassinant. Une centaine de jours après le début du génocide, 800 000 personnes avaient été massacrées et 3 millions de réfugiés avaient été déplacés, non seulement des Tutsis, mais aussi des Hutus modérés qui les soutenaient et qui ont eux aussi souffert. Et personne n'est venu. »

Extraits des discours prononcés lors de la commémoration nationale de la Journée de commémoration de l'Holocauste à Cardiff, au Pays de Galles, le 26 janvier 2006

« Pour que le mal triomphe, il suffit que les hommes de bien ne fassent rien. » Cette phrase souvent répétée ne s'est jamais avérée aussi vraie qu'au Rwanda en 1994. Malgré les preuves abondantes que la majorité des Hutus se livraient à un massacre organisé de leurs compatriotes tutsis, les pays du Conseil de sécurité de l'ONU ont refusé de prendre les mesures nécessaires pour l'empêcher, et le carnage qui a suivi a entaché la réputation et la crédibilité des Nations unies.

Lorsque le territoire du Rwanda est tombé sous le contrôle colonial allemand à la fin des années 1800, les deux principaux groupes ethniques du pays, les Hutus et les Tutsis, occupaient différents niveaux dans la hiérarchie sociale. En général, les Hutus, qui représentaient de loin la majorité, étaient des agriculteurs. Les Tutsis étaient des bergers et avaient un statut plus élevé, mais il y avait une certaine fluidité dans les définitions, et un Hutu qui devenait propriétaire de bétail devenait aussi, dans les faits, un Tutsi. Les Allemands, et plus tard les Belges, ont toutefois fondé leur propre système administratif sur cette distinction et ont accordé plus de pouvoir politique aux Tutsis, qu'ils estimaient être plus « proches des Européens », ayant la peau plus claire et étant plus grands que les Hutus. Les Belges ont insisté pour que chaque individu ait une carte d'identité attestant qu'il était Hutu ou Tutsi, ceci sur la base du nombre de bovins que possédait une personne. En outre, les Tutsis étant généralement plus disposés à se convertir au catholicisme, ils avaient accès à de plus grandes possibilités en matière d'éducation. Conséquence: la division ethnique au sein de la société a été cristallisée.

DIVISIONS COLONIALES
Les problèmes tribaux au Rwanda remontent au moins à la première période de la colonisation. Le comte Gustav Adolf Von Götzen, l'un des premiers Allemands à mettre le pied sur le sol rwandais, fut gouverneur de l'Afrique orientale allemande dans les années 1900.

Tout au long des années 1950, le ressentiment hutu envers la classe dirigeante de la minorité tutsie grandit et, suite à des agressions contre des leaders politiques hutus en 1959, des dizaines de milliers de Tutsis sont tués par les Hutus. Environ 150 000 Tutsis sont exilés dans les pays voisins du Burundi, de la Tanzanie et de l'Ouganda, et une politique de discrimination délibérée contre les Tutsis au Rwanda est mise en œuvre. Des élections démocratiques ont lieu en 1960: la population majoritaire hutu élit un président hutu, ce qui marque la fin de la monarchie tutsi. Au cours des 30 prochaines années, à travers une série de bouleversements politiques majeurs, les Tutsis sont de plus en plus exclus des emplois et des postes d'influence, jusqu'à ce que le Rwanda devienne une société à parti unique, dominée par les Hutus.

CAP SUR LA GUERRE CIVILE

Un conflit de même type Hutu/Tutsi fait rage au Burundi voisin, qui possède une majorité hutu, mais une armée dominée par les Tutsis, et en 1972, l'armée du Burundi tue environ 200 000 Hutus. De nombreux Hutus fuient vers le Rwanda. Pendant ce temps, les réfugiés tutsis du Rwanda, dont beaucoup avaient combattu avec les rebelles ougandais, ont constitué le Front patriotique rwandais. En 1990, le FPR entame une série d'incursions au Rwanda afin de mettre en place des réformes démocratiques et de réintégrer 500 000 Tutsis qui avaient été exclus de leur patrie. Cette démarche est perçue comme une tentative des Tutsis de reprendre le pouvoir, et elle entraîne trois années de guerre au cours de laquelle les deux camps commettent de nombreuses violations des droits de l'homme, avant la signature d'un accord de paix — les Accords d'Arusha — en août 1993. L'accord prévoit la mise en place d'un gouvernement de transition au Rwanda, la réunification de l'armée et une force de maintien de la paix de l'ONU pour superviser le processus.

De nombreux Hutus, cependant, sont opposés à l'accord, et les tensions ethniques montent, le gouvernement dirigé par les Hutus alimentant délibérément l'animosité croissante, en utilisant la presse écrite et les radios d'État pour diffuser une propagande anti-Tutsi et inciter à la haine raciale, qualifiant les Tutsis de « cafards », affirmant qu'ils ont l'intention d'asservir les Hutus et leur reprochant les difficultés économiques que connaît le pays.

Conscient que la situation est susceptible de devenir violente, en octobre 1993, le Conseil de sécurité des Nations unies crée la Mission des Nations unies pour l'assistance au Rwanda (MINUAR), sous le commandement du général canadien Roméo Dallaire. Il faudra cinq mois aux pays contributeurs pour fournir les 2 500 hommes nécessaires. En décembre 1993, on avertit le général Dallaire que la puissante élite hutu a élaboré un plan pour se maintenir au pouvoir en éliminant les Tutsis. Les Forces armées rwandaises ainsi que 1 700 miliciens organisés en « groupes civils d'extermination » ont été armés de fusils et de grenades, et plus de 500 000 machettes ont été importées. Dallaire apprend où les armes sont cachées, mais l'ONU lui répond qu'il n'a pas de mandat pour intervenir dans les affaires internes du pays, sauf si un acte de génocide est perpétré.

Les déclarations médiatiques anti-tutsi, ainsi que la propagande incitant au viol de femmes tutsies, prennent de l'ampleur au cours des mois suivants.

Le 6 avril 1994, un événement agira comme un détonateur. Alors que l'avion transportant le président rwandais et le président du Burundi, tous les deux Hutus, s'apprête à atterrir à l'aéroport de Kigali, la capitale du Rwanda, il est touché par deux missiles et s'écrase, tuant les deux hommes. Selon les Accords d'Arusha, c'est au Premier ministre, Agathe Uwilingiyimana, de gouverner, mais son autorité est contestée par l'armée et surtout par le colonel Bagosora, qui est le principal instigateur de la création de « groupes d'extermination » et qui a peut-être organisé l'attaque des missiles contre l'avion du président. Le général Dallaire envoie 10 casques bleus belges pour garder la résidence d'Uwilingiyimana et pour l'escorter le lendemain matin à la station de radio d'État afin qu'il puisse faire une annonce publique pour soulager la tension croissante. Mais au cours de la nuit du 7 avril, des membres de l'armée et de la garde présidentielle désarment les Belges, puis abattent Uwilingiyimana et son mari. Les soldats belges seront tués plus tard ce jour-là.

LE PRÉSIDENT RWANDAIS
L'assassinat de Juvénal Habyarimana (ici lors d'une visite aux États-Unis), leader pro-hutu, déchaîne les violences qui dégénéreront en génocide.

Le massacre débute alors véritablement, dans un effort organisé à l'échelle nationale pour éliminer du Rwanda autant de Tutsis que possible. Alors que la violence éclate à une échelle sans précédent, l'ONU ordonne à Dallaire et à la MINUAR d'aider à l'évacuation des ressortissants étrangers. Tandis qu'une force de maintien de la paix se retire d'une école dans laquelle 2 000 Tutsis, dont de nombreux enfants, ont trouvé refuge, les Hutus attendent à l'extérieur, avant de se ruer à l'intérieur et d'assassiner tous les réfugiés. Peu de temps après, l'ONU ordonne le retrait de tous les soldats de la paix, à l'exception de 270 hommes, malgré les rapports de Dallaire sur la situation et sa demande de 5 500 Casques bleus pour empêcher le massacre. Les États-Unis demandent le retrait de toutes les troupes de la MINUAR et refusent d'utiliser leurs moyens technologiques pour bloquer les stations de radio qui diffusent des discours de haine raciale.

En 100 jours, environ 800 000 personnes — essentiellement des Tutsis, mais aussi des Hutus modérés qui essaient de les aider, ou qui refusent de participer au massacre — sont abattues ou littéralement taillées en pièces par l'armée, les groupes d'extermination et les civils hutus forçant des Hutus, arme au poing, à tuer leurs voisins. 500000 femmes et filles tutsi sont systématiquement violées.

Le général Roméo Dallaire et ses troupes de maintien de la paix totalement insuffisantes, ont de leur mieux pour créer des zones de sécurité dans lesquelles ils peuvent protéger les victimes de ce qui est désormais très clairement un génocide. Il réussira à sauver des dizaines de milliers de Tutsis, mais les rapports de Dallaire et ses demandes de moyens de soutien supplémentaires sont largement ignorés par l'ONU. Les pays qui la composent ne sont pas disposés à se laisser entraîner dans ce qu'ils préféreraient considérer comme les affaires internes du pays, et refusent d'accepter que ce qui se passe est bien un génocide. Le reconnaître leur demanderait de réagir avec de l'argent et des effectifs. Enfin, au bout de cinq semaines de violence indescriptible, l'ONU vote l'envoi des 5500 casques bleus supplémentaires demandés, mais au moment où ils sont mobilisés, il est trop tard.

Fanny Schertzer | Creative Commons

NOUS NOUS SOUVIENDRONS
Le Mémorial du Génocide de Nyamata, sur le site de l'église de la paroisse catholique de Nyamata près de Kigali, abrite les restes de plus de 45000 victimes. 10000 d'entre elles sont mortes dans l'église même.

Parallèlement au génocide contre les Tutsis, une autre guerre se déroule dans le pays, une guerre civile entre les forces armées rwandaises et le Front patriotique rwandais. À la mi-juillet, le FPR réussit à prendre le contrôle du pays, et c'est seulement à ce moment-là que le génocide cesse, remplacé par un exode massif de 2000000 Hutus au Zaïre et dans d'autres pays voisins, entraînant la création de camps de réfugiés surpeuplés et insalubres.

L'ONU commande une enquête pour déterminer sa responsabilité dans les événements de 1994. Les résultats sont rendus publics en décembre 1999. Le rapport conclut que la cause de l'échec absolu de l'intervention de l'ONU avant et pendant le génocide au Rwanda, peut être résumée comme « un manque de ressources et un manque de volonté d'accepter l'engagement qui aurait été nécessaire pour empêcher ou arrêter le génocide. » La MINUAR a été victime d'un manque de volonté politique au sein du Conseil de sécurité et d'autres États membres. Selon les termes du rapport, « cette responsabilité internationale est celle qui justifie des excuses claires par l'ONU et par les États membres concernés par le peuple rwandais ».

MOTIVATION

Colère

Charité

Envie

Foi

Gourmandise

Avidité

Espérance

Luxure

Orgueil

Paresse

BILL CLINTON ET LE SCANDALE MONICA LEWINSKY

Janvier 1998

Principal coupable : le président Clinton

Dégâts causés : l'événement a attiré l'attention du monde sur ses mœurs ; il coûtera aux contribuables des millions de dollars et conduira à sa mise en accusation.

Raison : il n'a pas réussi à contrôler ses pulsions, mais a pensé pouvoir le cacher et échapper au parjure.

Mais je tiens à dire une chose au peuple américain. Je veux que vous m'écoutiez. Je vais le dire à nouveau. Je n'ai pas eu de relations sexuelles avec cette femme — Mlle Lewinsky. Je n'ai jamais dit à personne de mentir, pas une seule fois, jamais. Ces allégations sont fausses…

Le président Clinton, 26 janvier 1998

Les problèmes du président Clinton commencent avec la publication, en janvier 1994, d'un article dans le journal qui se fonde sur les récits de deux policiers (*troopers*) de l'Arkansas, affirmant avoir organisé des liaisons sexuelles pour le gouverneur Clinton en 1991. L'article fait référence à une femme nommée Paula, et en mai 1994, alors que le scandale du *Troopergate* prend de l'ampleur, Paula Jones se manifeste et poursuit Bill Clinton en justice pour harcèlement sexuel. Fin 1997, la juge Susan Webber Wright rend son jugement : Paula Jones « a droit aux informations sur n'importe laquelle des personnes à qui le président Clinton a proposé des rapports sexuels ou a cherché à avoir des rapports sexuels et qui était, pendant les délais appropriés, fonctionnaires d'État ou fonctionnaires fédéraux. » C'est dans ce contexte que le nom de Monica Lewinsky est révélé.

JE N'AI PAS EU...
La tentative de Bill Clinton de nier sa relation avec Monica Lewinsky a conduit à plusieurs mois d'enquêtes publiques et à beaucoup d'embarras...

En décembre 1997, Mlle Lewinsky est citée à comparaître par les avocats de Paula Jones, et le 7 janvier 1998, elle nie, dans sa déposition écrite, avoir eu des relations sexuelles avec le président. Le 17 janvier, la Cour lui ayant fourni la définition très détaillée de ce qui constitue des relations sexuelles — « une personne a des relations sexuelles lorsque la personne se livre sciemment ou provoque un contact avec les organes génitaux, l'anus, l'aine, les seins, l'intérieur des cuisses, ou les fesses d'une personne avec l'intention de provoquer ou satisfaire le désir sexuel d'une personne » — le président Clinton déclare catégoriquement sous serment qu'il n'a pas eu de relations sexuelles avec Monica Lewinsky. À la lumière de ce qui s'est passé par la suite, ces dénégations ont été une mauvaise décision de leur part à tous les deux.

Le cas de Mlle Jones est ensuite rejeté, mais elle fait appel, et en novembre 1998, le président Clinton, sans admettre quoi que ce soit ni même présenter des excuses, lui verse à l'amiable 850 000 dollars, le montant total de la somme qu'elle réclamait, à condition qu'elle abandonne les poursuites. Pourtant, les choses ne s'arrêtent pas là.

Retour en novembre 1995 : Monica Lewinsky, 22 ans travaille en tant que stagiaire à la Maison Blanche. Elle entame une liaison avec le président Clinton qui durera jusqu'en mars 1997 — du moins, c'est ce qu'elle confie à son amie Linda Tripp, avec qui elle travaille au bureau des relations publiques du Pentagone. Linda Tripp, bien sûr, fait ce que toute bonne amie ferait. Elle discute de cette affaire avec Lucianne Goldberg, agent littéraire et opposante de Bill Clinton, qui lui conseille de commencer à enregistrer secrètement ses conversations téléphoniques avec Monica. À l'automne 1997, c'est précisément ce qu'elle fait : elle enregistre les confidences de Monica Lewinsky sur ses relations sexuelles avec Bill Clinton. La jeune femme lui dit aussi que le président lui a demandé de mentir sous serment sur leur liaison. Linda Tripp conseille à Monica de garder tous les cadeaux que le président lui a offerts, notamment la robe bleue qu'il a tachée, et de ne pas la porter au pressing.

Lorsque Linda Tripp apprend en janvier 1998 que Monica a nié avoir eu des relations sexuelles avec Bill Clinton, elle pense qu'il est de son devoir d'apporter les enregistrements — d'une durée de 20 heures et conservés par l'avocat de Miss Tripp — à Kenneth Starr, procureur indépendant enquêtant sur le scandale immobilier Whitewater et les investissements du couple Clinton dans ce programme. Une réunion entre Monica Lewinsky et Linda Tripp est ensuite organisée, au cours de laquelle Linda Tripp est équipée de micros par les agents du FBI pour enregistrer la conversation. Trois jours plus tard, Starr reçoit l'autorisation, par le procureur général, d'enquêter sur la possibilité que Monica ait été amenée à commettre un parjure et à faire obstruction à la justice dans l'affaire Jones. Ce même jour, Linda Tripp demande à Monica Lewinsky de la rencontrer à nouveau, et cette fois, les agents du FBI et des avocats américains se présentent pour lui poser des questions et discuter de la possibilité d'une immunité de poursuites, probablement en échange de sa coopération.

TROIS JOURS PLUS TARD, STARR REÇOIT L'AUTORISATION, PAR LE PROCUREUR GÉNÉRAL, D'ENQUÊTER SUR LA POSSIBILITÉ QUE MONICA AIT ÉTÉ AMENÉE À COMMETTRE UN PARJURE.

Le lendemain, 17 janvier, le président Clinton fait sa déposition dans l'affaire Jones, et nie expressément avoir eu des relations sexuelles avec Monica Lewinsky.

Un récit de la relation sexuelle présumée entre Monica Lewinsky et le président Bill Clinton paraît immédiatement sur le site Drudge Report, suivi quelques jours plus tard par un article paru dans le *Washington Post*. Le 26 janvier, Bill Clinton tient une conférence de presse, avec Hillary à ses côtés, où il nie catégoriquement avoir eu toute relation sexuelle avec Monica Lewinsky, niant également lui avoir demandé de mentir sous serment. Le lendemain, Hillary Clinton apparaît à la télévision, émettant l'hypothèse que le scandale est une « vaste conspiration de l'aile droite ». La suite ne sera qu'un grand déballage public.

BLANCHI

Fin juillet 1998, ayant reçu l'immunité de toute poursuite en relation avec tout délit lié à son témoignage, Monica Lewinsky livre des détails sur ses relations sexuelles avec Bill Clinton à un grand jury et remet une robe bleue tachée de sperme. Les tests ADN prouvent de façon concluante que ses relations avec le président étaient de nature sexuelle. Ken Starr conclut que la déclaration sous serment de Bill Clinton était fausse. Clinton est assigné. Dans son témoignage devant un grand jury, le 17 août, il admet avoir eu « une relation inappropriée » avec Mlle Lewinsky, et dans une déclaration à la télévision nationale, il reconnaît que leur relation n'était pas « appropriée » et que c'était « mal ».

Au moment des accusations de parjure, cependant, Clinton a une défense inattaquable. Compte tenu de la définition très précise des relations sexuelles selon la Cour, il pensait que, bien que Monica ait eu des relations sexuelles avec lui en pratiquant le sexe oral, il n'a pas eu des relations sexuelles avec elle — n'ayant pas été en contact avec aucune de ses parties intimes. Au Congrès, certains démocrates et la plupart des républicains estiment que son témoignage et prétendues tentatives d'influencer Lewinsky constituent un parjure et une obstruction à la justice. Il est mis en accusation pour ces faits par la Chambre des représentants le 19 décembre 1998, mais bien que les républicains contrôlent le Sénat, ils ne parviennent pas à rallier la majorité des deux tiers nécessaire pour le condamner. Il est acquitté de toutes les accusations et il reste en poste.

Congressional Record

United States of America

PROCEEDINGS AND DEBATES OF THE 106th CONGRESS, FIRST SESSION

Vol. 145 — WASHINGTON, FRIDAY, FEBRUARY 12, 1999 — No. 26

Senate

The Senate met at 9:36 a.m. and was called to order by the Chief Justice of the United States.

TRIAL OF WILLIAM JEFFERSON CLINTON, PRESIDENT OF THE UNITED STATES

The CHIEF JUSTICE. The Senate will convene as a Court of Impeachment. The Chaplain will offer a prayer.

PRAYER

The Chaplain, Dr. Lloyd John Ogilvie, offered the following prayer:

Gracious God, whose love for this Nation has been displayed so magnificently through our history, we praise You that Your presence fills this historic Chamber and enters into the minds of the Senators gathered here. Each of them is here by Your divine appointment. Together they claim Your promise, "Call upon Me in the day of trouble: I will deliver you."—Ps. 50:15. We call upon You on this day of trouble in America as this impeachment trial comes to a close. You have enabled an honest, open debate of alternative solutions. Soon a vote will be taken. You have established a spirit of unity in the midst of differences. Most important of all, we know that we can trust You with the results. You can use what is decided and continue to accomplish Your plans for America. We entrust to Your care the President and his family. Use whatever is decided today to enable a deeper experience of Your grace in his life and healing in his family. We commit this day to You and thank You for the hope that fills our hearts as we place our complete trust in You. You are our Lord and Saviour. Amen.

The CHIEF JUSTICE. The Sergeant at Arms will make the proclamation.

The Sergeant at Arms, James W. Ziglar, made proclamation as follows:

Hear ye! Hear ye! Hear ye! All persons are commanded to keep silent, on pain of imprisonment, while the Senate of the United States is sitting for the trial of the articles of impeachment exhibited by the House of Representatives against William Jefferson Clinton, President of the United States.

THE JOURNAL

The CHIEF JUSTICE. If there is no objection, the Journal of proceedings of the trial are approved to date.

The majority leader is recognized.

Mr. LOTT. Thank you, Mr. Chief Justice.

ORDER OF PROCEDURE

Mr. LOTT. For the information of all Senators, later on today, the Secretary of the Senate will be putting at each Senator's desk something I think you will enjoy reading later. It is the prayers of the Chaplain during the impeachment trial. Subsequently, we plan to put it in a small pamphlet, because they truly have been magnificent. We thought you each would like to have copies.

The Senate will resume final deliberations now in the closed session. Thank goodness. At this point in the proceedings, there are approximately eight Members who still wish to speak or submit part of their speech into the RECORD.

Following those final speeches, the Senate will resume open session and proceed to the votes on the two articles of impeachment. I estimate that those votes will begin at approximately 11, 11:30. However, the exact time will depend on the length of the remaining speeches, and also we will have to have a few minutes to open the Chamber and the galleries so that our constituents and our families can enter the galleries if they would like to.

Following those votes, all Senators should remain at their desks as the Senate proceeds to several housekeeping items relating to the adjournment of the Court of Impeachment. So again, I emphasize, please, after the votes, don't rush out of the Chamber because we have some very important proceedings to attend to, and I think you will enjoy them if you will stay and participate.

Under the consent agreement reached last night, following those votes, a motion relating to censure may be offered by the Senator from California, Senator FEINSTEIN. If offered, Senator GRAMM will be recognized to offer a motion relative to the Feinstein motion, with a vote to occur on the Gramm motion. Therefore, Senators may anticipate an additional vote or votes following the votes on the articles.

I thank the Senators. And I believe we are ready to proceed to the closed session.

Mrs. BOXER. Will the majority leader yield for a question?

Mr. LOTT. Yes.

Mrs. BOXER. Will there be intervening debate or no debate on any of those votes?

Mr. LOTT. In the UC that was reached last night, I believe we have 2 hours, which will be equally divided, for Senators to submit statements at that point or to make speeches if they would like. So I presume—after the votes, yes.

Mrs. BOXER. That is the question. Yes.

Mr. LOTT. I presume we will go on for a couple hours—2 or 3 o'clock in the afternoon, yes.

UNANIMOUS-CONSENT AGREEMENT—PRINTING OF STATEMENTS IN THE RECORD AND PRINTING OF SENATE DOCUMENT OF IMPEACHMENT PROCEEDINGS

Mr. LOTT. I would like to clarify one other matter. Senators will recall the motion approved February 9, 1999, which permitted each Senator to place in the CONGRESSIONAL RECORD his or her own statements made during final deliberations in closed session.

I ask unanimous consent that public statements made by Senators subsequent to the approval of that motion, with respect to his or her own statements made during the closed session, be deemed to be in compliance with the Senate rules. This would permit a Senator to release to the public his or her

• This "bullet" symbol identifies statements or insertions which are not spoken by a Member of the Senate on the floor.

Printed on recycled paper.

S1457

DANS LE J. O.
Le *Congressional Record* (journal officiel du Congrès) du 12 février 1999, fait le récit du « procès de William Jefferson Clinton, président des États-Unis d'Amérique ». L'accusé est acquitté.

Étonnamment, il reçoit également l'approbation de l'opinion publique américaine, bien que beaucoup en aient eu assez qu'on leur rebatte les oreilles avec les aventures de Bill Clinton. L'affaire Lewinsky aura non seulement dominé la dernière année de Bill Clinton à la Maison Blanche, mais elle aura également coûté au contribuable une petite fortune. Le bureau du procureur indépendant Ken Starr a dépensé 6,2 millions de dollars pour son enquête de six mois sur le président Clinton. Le prix est d'autant plus élevé qu'il n'a pas réussi à faire avouer au président « ce qui aurait probablement été considéré comme une indiscrétion relativement mineure. »

MOTIVATION

Colère

Charité

Envie

Foi

Gourmandise

Avidité

Espérance

Luxure

Orgueil

Paresse

LE MASSACRE DE SREBRENICA

Juillet 1995

Principaux coupables : les soldats serbes de Bosnie, paramilitaires et la police

Dégâts causés : le meurtre de masse de milliers d'hommes et garçons bosniaques musulmans, la déportation forcée des femmes et des enfants, et de nombreux viols

Raison : les crimes horribles et injustifiables commis par les troupes serbes n'avaient aucun sens sur le plan militaire, et ne peuvent être interprétés que comme des actes de haine ethnique.

…pendant plusieurs jours de carnage après la chute de Srebrenica, plus de 8 000 hommes et garçons musulmans, qui avaient cherché refuge dans cette zone sous protection de la Force de protection des Nations unies (FORPRONU), ont été sommairement exécutés par les forces serbes bosniaques commandées par le général Mladi et par les unités paramilitaires, y compris les unités régulières de la police serbes qui avaient pénétré dans le territoire bosniaque à partir de la Serbie.

…près de 25 000 femmes, enfants et personnes âgées ont été déportés de force, faisant de cet événement le plus grand crime de guerre qui a eu lieu en Europe depuis la fin de la Seconde Guerre mondiale.

Extraits de la résolution du Parlement européen du 15 janvier 2009, à propos de Srebrenica

L'ÉCLATEMENT DE LA YOUGOSLAVIE

En 1991, la République de Bosnie-Herzégovine fait partie de la République fédérative socialiste de Yougoslavie, constituée à la fin de la Seconde Guerre mondiale, et sa population est principalement composée de 43 % de Bosniaques musulmans (appelés plus tard Bosniaques), de 31 % de Serbes orthodoxes chrétiens et de 17 % de Croates, majoritairement catholiques. Ces trois groupes sont représentés par trois partis au sein du gouvernement de coalition démocratiquement élu. À l'automne 1991, le Parlement adopte une résolution vers la première étape d'une déclaration d'indépendance de la Yougoslavie, malgré l'opposition de tous les délégués serbes, qui forment ensuite leur propre « Assemblée du peuple serbe de Bosnie-Herzégovine ». En janvier suivant, l'assemblée serbe proclame la République du peuple serbe de Bosnie-Herzégovine, la création de quatre districts autonomes distincts dans les zones de Bosnie-Herzégovine où les Serbes sont majoritaires. Dans ces oblasts serbes, une écrasante majorité vote pour rester au sein de la Fédération yougoslave, mais lors d'un référendum organisé par le Parlement bosniaque, le reste du pays vote avec la même véhémence pour l'indépendance, qui est déclarée en mars 1992. Les Serbes proclament alors leur séparation de la Bosnie-Herzégovine et la création de la République serbe (*Republika Srpska*), un État séparé dans le territoire de Bosnie-Herzégovine.

L'armée de l'ex-République fédérative socialiste de Yougoslavie, avec tout son armement et ses véhicules, devient l'armée de la République serbe ou *Vojska Republike Srpske* (VRS). L'armée de la VRS, forte de 80 000 hommes, déclare une guerre contre l'armée (principalement bosniaque) de la République de Bosnie-Herzégovine (ABiH) pour le contrôle du territoire, et proclame la République serbe. Cette guerre vicieuse, dans laquelle des crimes de guerre terribles seront commis, principalement par la VRS, contre la population civile, durera trois ans. Le massacre de Srebrenica est le pire d'entre eux, et il sera rendu d'autant plus effrayant par la défaillance coupable de la communauté internationale à l'empêcher.

Alors que les forces bosno-serbes ont pris le contrôle de régions de plus en plus grandes en Bosnie-Herzégovine, ils tentent de procéder à un « nettoyage ethnique » de ces zones en supprimant ou en tuant les musulmans de Bosnie. À l'extrême est du pays, près de la frontière

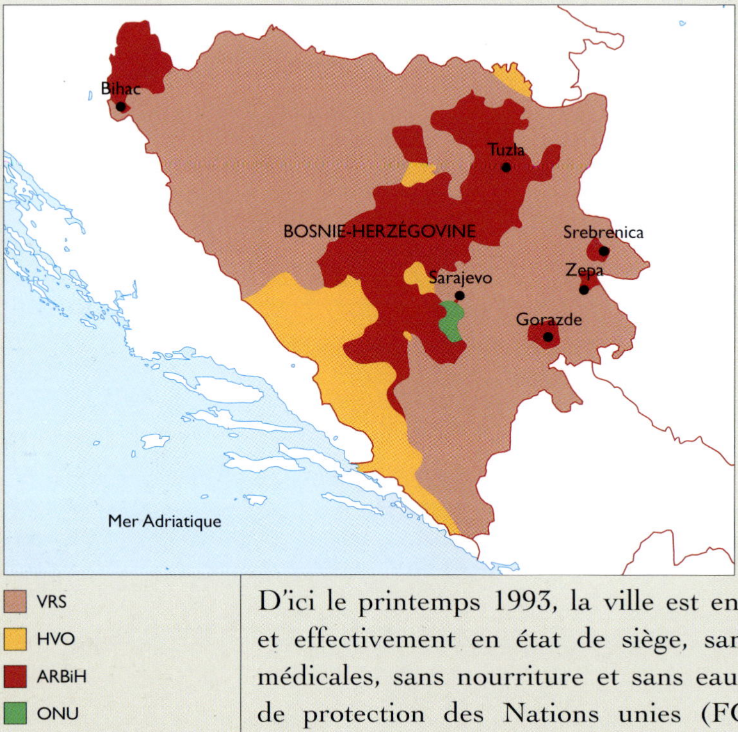

ZONES DE CONTRÔLE
Avec quelques zones sous contrôle croate (HVO), la majorité du pays était détenue par les Serbes de Bosnie (VRS). Bien que la partie centrale ait été contrôlée par l'armée de la République de Bosnie-Herzégovine (ABiH), les Bosniaques musulmans dans l'est du pays se sont retrouvés entourés dans de petites enclaves.

avec la Serbie, la ville majoritairement musulmane de Srebrenica et la région environnante, comprenant environ 300 petits villages, se retrouvent isolées sur le territoire détenu par la VRS et attaqué par les forces serbes. Pendant 12 mois à partir du printemps 1992, la ville et les villages sont systématiquement bombardés et attaqués. Les villages étant détruits, de nombreux habitants partent pour Srebrenica. D'ici le printemps 1993, la ville est encerclée, totalement surpeuplée et effectivement en état de siège, sans électricité, sans fournitures médicales, sans nourriture et sans eau. Le commandant de la Force de protection des Nations unies (FORPRONU) déclare que les Nations unies protégeraient la ville. Plusieurs milliers d'habitants sont évacués vers la principale région détenue par le gouvernement de Bosnie centrale, bien que le gouvernement soit ambivalent à propos des évacuations. Les évacuations pourraient en effet être considérées comme une manière d'aider les Serbes à mettre en œuvre le nettoyage ethnique.

Les troupes serbes lancent alors un ultimatum, disant qu'elles vont attaquer la ville, à moins que tous les Bosniaques se rendent et acceptent d'être évacués. Mais les Bosniaques refusent. Quelques jours plus tard, une superficie d'un kilomètre carré incluant Srebrenica, est déclarée « zone de sécurité devant être exempte de toute attaque armée ou de tout autre acte hostile » par le Conseil de sécurité de l'ONU. 600 soldats néerlandais de la FORPRONU sont mobilisés pour protéger la population. Une zone démilitarisée est également déclarée, ce qui fait peu de différence pour les soldats mal équipés des troupes musulmanes bosniaques de la 28e division de la ville, et aucune différence pour les

1 500 soldats serbes qui entourent la ville, et qui refusent de déposer leurs armements lourds. La situation est dans une impasse pendant toute l'année suivante, mais les troupes serbes maintiennent leur pression sur la ville et autorisent l'accès à de moins en moins de convois de secours. Les conditions pour les Bosniaques pris au piège et les casques bleus de l'ONU ne cessent de se détériorer, et en juin 1995, des gens commencent à mourir de faim.

LA CHUTE DE SREBRENICA

En mars 1995, le président de la République serbe, Radovan Karadzic, émet une directive à la VRS pour « créer une situation insupportable d'insécurité totale sans aucun espoir de survie ou de vie pour les habitants de Srebrenica ». Début juillet, les troupes serbes sous le commandement du général Ratko Mladic commencent à avancer dans la « zone de sécurité » au sud. Les 400 hommes restants de la Force de protection des Nations unies font peu pour les empêcher. Leur commandant demande l'aide d'urgence de l'OTAN, qui mène des frappes aériennes contre les positions d'artillerie de la VRS et contre les tanks qui progressent. Les Serbes menacent alors de tuer les otages de l'ONU qu'ils détiennent et bombardent le complexe de l'ONU à Potocari, un village en dehors de la ville.

© Getty Images

RATKO MLADIC
Accusé d'avoir commis des crimes de guerre, le leader des Serbes de Bosnie a été arrêté dans le nord de la Serbie en mai 2011 et a été extradé vers La Haye. Son procès devant le Tribunal pénal international pour l'ex-Yougoslavie a commencé le 3 juin 2011.

Entre-temps, les Bosniaques de Srebrenica ont fui vers Potocari, à quelques kilomètres de là, et dans la soirée du 11 juillet, il y a plus de 20 000 réfugiés dans l'enceinte et dans les champs et dépendances environnants. Les troupes bosno-serbes ont suivi, et au cours des jours suivants, ils effectuent des dizaines (certains rapports disent que des centaines) de meurtres, emportant les jeunes gens — et même des enfants — puis leur tirent dessus ou leur tranchent la gorge. Les femmes et les jeunes filles sont torturées et violées, les mères sont forcées de regarder leurs enfants se faire tuer. Les détails de ce qu'ont subi des milliers d'individus sont horribles. Les soldats néerlandais de la FORPRONU ne peuvent que regarder, impuissants.

Lorsque l'évacuation débute, les femmes, les enfants et les personnes âgées sont parqués dans des bus pour être emmenés dans la région centrale du pays contrôlée par les Bosniaques, mais certains de ces bus vont dans d'autres directions, et leurs passagers ont presque certainement été massacrés. Les hommes et les garçons sont séparés : la nuit, l'armée serbe procède à des exécutions de masse derrière les bâtiments industriels du village, les corps sont enterrés dans des fosses communes creusées au bulldozer. Les membres de la FORPRONU qui tentent d'enquêter en sont empêchés par les soldats serbes. Des milliers d'hommes, capturés à l'intérieur de Potocari ou sur les routes menant loin de Srebrenica, sont conduits ou transportés par autobus vers des points de collecte au nord-ouest, en dehors de la zone dite de sécurité. Certains sont tués individuellement ou en petits groupes, mais la grande majorité est rassemblée dans des entrepôts et sur un terrain de football et, à compter du 13 juillet, ils sont emmenés dans les champs isolés de la région et systématiquement massacrés, alignés et abattus dans des exécutions en masse très organisées. (Dans un cas, plus d'un millier d'hommes rassemblés dans l'entrepôt d'une ferme sont tués par les soldats serbes qui jettent des grenades et tirent des coups de feu.) Du matériel de terrassement lourd est utilisé pour enterrer les milliers de cadavres dans des charniers gigantesques, et dans certains cas, les cadavres sont jetés dans les rivières.

LA MARCHE VERS SARAJEVO

Dans la nuit du 11 juillet, alors que la plupart des Bosniaques battent en retraite vers Potocari, les soldats mal armés de la 28e division bosniaque, avec plusieurs milliers d'hommes civils et quelques femmes, prennent la direction des bois et commencent une marche de 60 kilomètres au nord-ouest en direction de Tuzla, en territoire bosniaque détenu par le gouvernement. Ils pensent que c'est leur seule chance de survie. Lorsque la VRS comprend ce qui s'est passé, l'ordre est donné d'empêcher les réfugiés d'arriver. Certains sont capturés peu après le départ, afin d'être plus tard exécutés, avec les autres prisonniers masculins de Potocari. D'autres réussissent à gagner la campagne, mais au cours des trois jours suivants, la colonne de quelque 12 000 personnes est bombardée, pilonnée et prise en embuscade, tandis qu'ils tentent de fuir, sans eau ni nourriture à travers un terrain montagneux, en été. Plus de 200 personnes sont capturées puis fauchées par le feu des mitrailleuses.

Tandis qu'ils approchent de Tuzla, le reste de la colonne franchit les troupes de la VRS qui bloquent le chemin, avec l'aide de la 2e division bosniaque qui a attaqué l'armée serbe côté bosniaque. Après des négociations, un corridor est ouvert pour traverser Tuzla. On estime cependant que plus de 8 000 personnes sont mortes au mois de mars. Moins de la moitié de ceux qui ont quitté Srebrenica ont accompli le voyage. Émaciés et délirants de faim, beaucoup d'entre eux sont pieds nus et blessés, les survivants bouillonnent de colère face à l'échec de l'ONU de les avoir protégés. Ils reprochent également à leur propre armée d'avoir refusé d'envoyer des renforts pour aider la 28e division.

La guerre prend fin après une campagne de bombardements de l'ONU pour écraser l'armée de la République serbe dans les trois premières semaines de septembre 1995. L'Accord de paix de Dayton est signé par toutes les parties en novembre 1995. Ce même mois, Radovan Karadzic et Ratko Mladic sont inculpés pour leur rôle dans les atrocités. Plus de 8 000 musulmans de Bosnie à qui on avait garanti un refuge dans la « zone de sécurité » de Srebrenica ont été massacrés.

© Adam Jones | Creative Commons

IN MEMORIAM
Chaque année, le 11 juillet à Potocari, en Bosnie-Herzégovine, une cérémonie commémorative a lieu devant le monument aux victimes du massacre de Srebrenica en 1995 Juillet.

Karadzic est arrêté en 2008 et accusé de génocide, de crimes de guerre et de crimes contre l'humanité. En 2012, il était toujours détenu par le Tribunal pénal international pour l'ex-Yougoslavie (TPIY), qui a jugé que le massacre de Srebrenica était bien un acte de génocide. Ratko Mladic est arrêté en Serbie en 2011 et a été extradé vers La Haye. Depuis la fin de la guerre de Bosnie, il y a un effort international visant à localiser les fosses communes dans la région, et pour exhumer et identifier les milliers de corps qu'elles contiennent à l'aide de l'analyse de l'ADN. Jusqu'à présent, plus de 6 500 morts ont été identifiés et ont reçu des sépultures appropriées. À ce jour, il y a des Serbes qui nient que le massacre s'est passé, et d'anciens soldats de l'armée de la République serbe qui expriment leur fierté pour ce qu'ils ont accompli.

MOTIVATION

Colère
Charité
Envie
Foi
Gourmandise
Avidité
Espérance
Luxure
Orgueil
Paresse

L'ABROGATION DE LA LOI GLASS–STEAGALL

Novembre 1999

Principaux coupables : le secteur financier et le gouvernement américain

Dégâts causés : cela a détruit l'économie américaine et a forcé des millions d'Américains à perdre leurs maisons et leurs emplois.

Raison : la création d'une culture de la cupidité des entreprises, du profit personnel et de risques publics

Bien que la loi accorde aux sociétés de services financiers une plus grande latitude pour innover, elle contient également d'importantes protections de solidité et de sécurité. Alors que la loi permet la propriété commune de services bancaires, de valeurs mobilières et de compagnies d'assurance, il faut encore que ces activités soient menées séparément au sein d'une organisation, sous réserve de la réglementation fonctionnelle et des limites de financement.

Le président Bill Clinton, extrait de sa déclaration lors de la signature de la loi Gramm–Leach–Bliley, 12 novembre 1999

En novembre 1999, la loi Glass-Steagall, qui imposait des limites au secteur bancaire aux États-Unis, est abrogée. Elle est remplacée par la loi Gramm-Leach-Bliley, qui inaugure une nouvelle ère de régulations moins strictes, de fusions et de nouvelles possibilités pour faire d'énormes profits. L'abrogation de la loi Glass-Steagall sera un facteur majeur dans la débâcle des *subprimes* et la crise du crédit qui enverra des ondes de choc dans le monde entier.

Après le krach de Wall Street de 1929 et la Grande Dépression qui a suivi, on a en partie reproché aux banques commerciales d'avoir été profondément impliquées dans les placements boursiers. Cela n'a pas seulement mis en danger l'épargne de leurs déposants, mais cela a aussi conduit les banques à consentir des prêts malsains aux sociétés dans lesquelles elles avaient investi, puis à encourager leurs clients à acheter ces actions. Pour éviter que les choses ne se répètent, la loi Glass-Steagall a été adoptée en 1933 pour séparer les activités bancaires de dépôt et d'investissement, leur association étant considéré comme créant un conflit d'intérêts. Les banques ont été invitées à choisir entre les deux. Les banques ont également été empêchées de vendre de l'assurance, ce qui représentait un trop grand risque. (En 1956, le *Bank Holding Company Act* a étendu ces règles aux sociétés de portefeuille bancaires.) La loi Glass-Steagall a également conduit à la création d'une assurance des dépôts bancaires, protégeant les déposants de l'incapacité d'une banque à payer.

AFFAIBLIR LES RESTRICTIONS

À partir des années 1960, les banques ont fait pression pour obtenir des restrictions à la loi Glass-Steagall, afin de pouvoir élargir l'éventail de leurs activités financières, et en 1986, la Réserve fédérale « réinterprète » la loi Glass-Steagall pour permettre aux banques de tirer 5 % de leurs revenus bruts d'activités d'investissement, et plus tard d'émettre des obligations communales et des titres adossés à des hypothèques. Cela a entraîné un nouvel affaiblissement de la loi Glass-Steagall, en particulier sous l'égide du président de la Réserve fédérale Alan Greenspan, partisan de la déréglementation, et qui a permis aux banques d'émettre un large éventail de titres. En 1996, les sociétés de portefeuille bancaires sont autorisées à posséder des banques d'investissement. Ces changements ne sont pas sans rapport avec le niveau des pressions exercées par les grandes banques, qui ont investi des millions de dollars pour convaincre le gouvernement de la nécessité de leur donner une plus grande liberté.

Tout au long des années 1990, l'érosion de la réglementation conduit à la consolidation constante des banques dans un plus petit nombre d'établissements beaucoup plus grands, et en 1998, les présidents de Travelers Insurance Group (Sandy Weill) et de Citicorp (John Reed) annoncent leur intention de fusionner. La fusion est techniquement une violation de la loi Glass-Steagall et exigerait que Citigroup, Inc. nouvellement formé, cesse ses activités d'assurance dans les deux ans, mais — après avoir parlé à Alan Greenspan, au Secrétaire au Trésor Robert Rubin et au président Clinton — Sandy Weill est convaincu que la loi Glass-Steagall sera abrogée. Et il a tout à fait raison. (Incidemment, Robin Rubin a quitté le Trésor en 1999 et a rejoint le conseil d'administration de Citigroup.)

En novembre 1999, après avoir passé 20 ans à faire du lobbying et avoir dépensé 300 millions de dollars pour l'abrogation de la loi Glass-Steagall, les sociétés financières obtiennent leur remboursement plus les intérêts, grâce à l'adoption de la loi Gramm-Leach-Bliley, connue comme la loi de modernisation des services financiers, qui, selon les mots de Bill Clinton :

> … apporte les changements législatifs les plus importantes à la structure du système financier américain depuis les années 1930. Les sociétés de services financiers seront autorisées à avoir une vaste gamme d'activités financières, leur permettant la liberté d'innover dans la nouvelle économie. La Loi abroge les dispositions de la loi Glass-Steagall qui, depuis la Grande Dépression, ont limité les affiliations entre les banques et maisons de courtage. Elle modifie également le *Bank Holding Company Act* visant à supprimer les restrictions sur les affiliations entre les banques et les compagnies d'assurance. Elle accorde aux banques un nouveau pouvoir important de procéder à la plupart des activités nouvellement autorisées par les filiales financières.

Le projet de loi ouvre la voie à la création d'immenses conglomérats bancaires qui combinent un large éventail de services financiers et de transactions, alors que dans le même temps, il réduit la réglementation et le contrôle externe.

LE BOOM DES *SUBPRIMES*

Les nouvelles « méga-banques » ont maintenant le feu vert pour vendre toute une gamme de différents « instruments » financiers et créer des produits innovants. L'un des nouveaux domaines dans lesquels elles se lancent est celui des prêts immobiliers. De nouveaux types de prêts hypothécaires sont développés, tels que les prêts hypothécaires à taux ajustables (que les propriétaires espèrent refinancer avant que les taux montent), les prêts hypothécaires capitalisés à l'échéance, et même des prêts hypothécaires à amortissement négatif, où le propriétaire paie moins que le montant nécessaire chaque mois, la dette continuant d'augmenter. Wall Street commence à regrouper ces prêts hypothécaires et à les vendre comme des titres adossés à des hypothèques. La *Federal National Mortgage Association* (Fannie Mae, en abrégé) et la *Federal Home Loan Mortgage Corporation* (Freddie Mac), toutes deux parrainées par le gouvernement, en vendent à des fonds de pension, à des compagnies d'assurance et à des gouvernements étrangers depuis des années, et désormais Wall Street peut aussi avoir sa part du gâteau. Le revenu est utilisé pour fournir d'autres prêts hypothécaires à regrouper et à vendre, et ainsi de suite. Comme le cycle lucratif continue, les banques privées, ainsi que Fannie et Freddie accordent des hypothèques aux emprunteurs ayant des cotes de crédit de plus en plus basses, créant un boom de *subprime* (« de haut risque ») des prêts hypothécaires. Les taux d'intérêt étant bas, les prix des maisons augmentent à des taux records. Même un prêt hypothécaire pour plus de la valeur d'une propriété ne constitue pas un gros risque pour le prêteur, car la propriété prendra de toute façon de la valeur dans un délai de quelques mois. Plus la valeur résiduelle du propriétaire est élevée, moins il y a de chances qu'il fasse défaut, et la valeur résiduelle augmente tout le temps. De plus, le fait que dans les titres adossés à des hypothèques, les *subprimes* soient regroupés avec d'autres, les prêts hypothécaires de qualité supérieure signifient qu'il est difficile d'évaluer le risque réel. Les propriétaires continuent d'emprunter (en augmentant leur niveau d'endettement de manière significative), les banques continuent de prêter et de vendre, et les fonds spéculatifs et les compagnies d'assurance continuent d'acheter.

FANNIE & FREDDIE
Fannie Mae (et son siège social, ici, à Washington) et Freddie Mac avaient combiné des pertes de près de 15 milliards de dollars et avaient besoin d'être renflouées par le gouvernement américain à hauteur de plus de 200 milliards de dollars.

Et puis, à la mi-2006, cela tourne mal. Les prix des maisons commencent à baisser, les taux d'intérêt commencent à augmenter, les prêts hypothécaires à taux variable sont revus à des taux plus élevés, et les propriétaires à qui on a vendu des prêts hypothécaires qu'ils ne peuvent pas, à long terme, assumer, commencent à faire défaut sur le remboursement. Certains de ceux qui se retrouvent avec des capitaux propres négatifs rendent simplement les clés de la maison. Parfois, les banques ferment avec eux. Les titres adossés à des créances, détenues par à peu près toutes les institutions financières, perdent leur valeur de façon spectaculaire, certains établissements devenant insolvables, les investisseurs ayant retiré leur argent, et les autres se trouvant dans l'incapacité d'emprunter des fonds.

Parmi les cinq grandes banques d'investissement, l'une fait faillite, deux sont reprises et les deux dernières reçoivent des renflouements massifs du gouvernement. Fannie Mae et Freddie Mac sont mises sous séquestre. La dette totale de ces sept institutions s'élève à 9 milliards de dollars — l'équivalent des deux tiers du PIB américain. Le resserrement du crédit qui a suivi étouffe la croissance économique, et pas seulement aux États-Unis, où l'industrie automobile est frappée de plein fouet, mais dans le monde entier.

L'abrogation de la loi Glass-Steagall est loin d'être le seul facteur qui a provoqué la crise financière, mais elle compte certainement beaucoup. Pour ceux qui ont encore l'illusion que les États-Unis sont une démocratie, le processus par lequel la déréglementation du secteur financier a eu lieu, démontre amplement la relation malsaine qui existe entre les grandes entreprises et le pouvoir politique — un état de fait appelé « corporatocratie ». Ce n'est pas une surprise pour la plupart des gens.

AL-QAÏDA ATTAQUE LES ÉTATS-UNIS

11 septembre 2001

MOTIVATION

- **Colère**
- Charité
- Envie
- **Foi**
- Gourmandise
- Avidité
- Espérance
- Luxure
- **Orgueil**
- Paresse

Principaux coupables : les terroristes islamistes d'Al-Qaïda

Dégâts causés : les attaques tuèrent 2 753 personnes et provoquèrent un sentiment anti-islamique injustifié. Elles marquèrent le début d'une ère de peur et de suspicion.

Raison : représailles à la participation économique, politique et militaire de l'Amérique au Moyen-Orient

Comment puis-je répondre quand je vois que dans certains pays islamiques, il existe une haine virulente envers l'Amérique ? Je vais vous dire comment je réponds : je suis étonné. Je suis étonné qu'il y ait une telle incompréhension de ce que notre pays est, que des gens nous haïssent. Je suis, je suis — comme la plupart des Américains, je ne peux pas le croire. Parce que je sais combien nous sommes bons, et nous devons faire un meilleur travail pour faire valoir nos arguments. Nous devons faire un meilleur travail pour expliquer aux populations du Moyen-Orient, par exemple, que nous ne menons pas une guerre contre l'islam ou les musulmans. Nous ne tenons aucune religion pour responsable. Nous combattons le mal. Et ces assassins ont détourné une grande religion pour justifier leurs méfaits. Et nous ne le tolérerons pas.

George W. Bush

SECONDE ATTAQUE
Alors que de la fumée s'échappe de la tour nord, et que des photographes et des équipes de tournage filment la catastrophe, la tour sud est heurtée par un deuxième avion, sous les yeux horrifiés de millions de personnes qui regardent.

Tous ceux qui ont vu les images télévisées de l'effondrement des tours jumelles — et qui ne les a pas vues ? — ont été frappés par un sentiment d'effroi et d'horreur face à l'ampleur de cette tragédie. Même ceux qui ont orchestré l'acte terroriste le plus meurtrier au monde ont dû être abasourdis par l'immensité de la dévastation. Cet événement a transformé le paysage politique et a engendré la peur, la suspicion et l'insécurité à l'échelle mondiale. A-t-il fait avancer les objectifs d'Al-Qaïda ou était-ce juste un acte inutile de haine venimeuse ?

Lorsque les tours 1 et 2 du World Trade Center sont inaugurées en décembre 1970 et juillet 1971, ce sont les plus hauts bâtiments du monde, dominant l'horizon de Lower Manhattan à New York. Comptant toutes les deux 110 étages, les « Twin Towers » sont composées de bureaux, beaucoup étant loués par des entreprises du secteur financier. Environ 50 000 personnes viennent y travailler chaque jour, et plus de 100 000 visiteurs se rendent quotidiennement dans les espaces publics des observatoires installés sur les toits, ainsi qu'au célèbre restaurant « Windows on the World » aux 106e et 107e étages de la tour nord. Devenues des emblèmes de l'influence économique de l'Amérique dans le monde, ce sont des symboles immédiatement reconnaissables.

À 08 h 46 au matin du mardi 11 septembre 2001, le Boeing *767* du vol 11 d'American Airlines, reliant Boston à Los Angeles et transportant 92 personnes, s'écrase sur la face nord de la tour nord entre les 94e et 98e étages, coupant les cages d'escalier. Le carburant stocké dans les ailes de l'avion explose et se transforme en une boule de feu géante qui rugit à travers les cages d'ascenseur de haut en bas du bâtiment et déclenche un gigantesque incendie qui ravage les étages supérieurs dans une épaisse fumée toxique. Les gens situés dans les étages en dessous de la zone d'impact commencent immédiatement à évacuer le bâtiment, mais ceux qui sont au-dessus sont pris au piège. En quelques minutes, l'accident d'avion et l'incendie sont diffusés à la radio et à la télévision, tous les commentateurs pensant qu'il s'agit d'un terrible accident. Les véhicules d'urgence déboulent dans les rues de Manhattan et se dirigent vers le World Trade Center, certains arrivant quelques minutes après la collision.

À 9 h 03, 17 minutes après que la tour nord a été frappée, un deuxième Boeing *767*, acheminant le vol 175 de la compagnie United Airlines de Boston à

Los Angeles, s'écrase sur la face sud de la tour sud. L'avion, dont la vitesse s'élève à près de 950 km/h et transportant 65 personnes, percute le bâtiment en détruisant les étages 77 à 85. Comme dans la tour nord, les étages de la tour sud s'enflamment. Comme les équipes de télévision sont en train de couvrir l'incident dans la tour nord, l'approche, puis l'impact du second avion, sont diffusés en direct sous les yeux d'un public horrifié. Cela ne fait désormais aucun doute qu'il s'agit d'une attaque terroriste coordonnée.

MORT ET DESTRUCTION

Les 157 passagers des deux avions meurent instantanément au moment où les avions frappent les bâtiments, de même que les personnes qui travaillaient dans les étages et qui ont été frappés directement. Dans la tour nord, les quelques étages au-dessus de la zone d'impact sont rapidement touchés par le feu qui s'est déclaré en dessous. Peu de temps après l'impact, les personnes qui se trouvent aux étages supérieurs ne peuvent plus respirer et viennent chercher de l'air frais aux fenêtres. Mais comme le feu, la chaleur et la fumée sont devenus insupportables, certains choisissent de sauter du bâtiment, plongeant de plus de 300 mètres de haut. On pense qu'au moins 100 personnes, et probablement même 200, sont mortes de cette façon.

Dans la tour sud, une cage d'escalier est restée ouverte après l'impact, mais plutôt que d'affronter la fumée étouffante qui la remplit, les personnes présentes dans les étages supérieurs remontent, dans l'espoir d'être secourues sur le toit de l'immeuble. Toutefois, les seules portes donnant accès à la toiture sont fermées. Mais aucun hélicoptère ne peut atterrir sur le toit, en raison de l'épaisse fumée qui l'a envahi. Seules quatre personnes, qui ont choisi de descendre à travers la fumée et les débris, réussissent à descendre et à se mettre en sécurité. Dans les étages situés au-dessus de la zone d'impact dans la tour nord, il n'y aura aucun autre survivant.

Juste avant 10 heures, moins d'une heure après avoir été frappée, la tour sud s'effondre sur lui-même, sa structure en acier étant fragilisée par l'impact de l'avion et par l'incendie qui fait rage. Une demi-heure plus tard, la tour nord s'écroule. Bien que les étages inférieurs des deux bâtiments aient été en grande partie évacués, de nombreux secouristes sont entrés dans les tours pour tenter de sauver ceux qui étaient pris au piège. Seules 20 personnes qui se trouvaient dans les bâtiments à ce moment-là ont survécu à l'effondrement des tours. Le nombre total de morts s'élève à 2 753 personnes, dont 343 pompiers de New York et 23 officiers de la police de New York.

Plus de 1300 véhicules sont écrasés sous les bâtiments effondrés, dont 91 camions de pompiers et véhicules d'urgence. Les incendies de « Ground Zero », le nom que l'on a donné au site du WTC après l'effondrement des tours, brûleront pendant 99 jours, et le nettoyage du site prendra huit mois.

LA TERREUR SE RÉPAND

En plus des deux avions de passagers qui ont été dirigés dans les tours jumelles le 11 septembre 2001, deux autres avions sont détournés au même moment. Ils devaient tous les quatre se rendre en Californie. Les pirates de l'air avaient choisi ces vols longue distance, car ils transportaient une quantité maximum de carburant.

ACTION MILITAIRE
En réaction aux liens connus entre les talibans et Al-Qaïda, et au refus des talibans de livrer Oussama ben Laden, les États-Unis lancent l'opération *Enduring Freedom* en Afghanistan en octobre 2001.

Le vol 77 d'American Airlines, un Boeing 757 à destination de Los Angeles, décolle de Dulles, en Virginie du Nord, à 08 h 20, avec à son bord 6 membres d'équipage et 58 passagers, dont 5 pirates de l'air. Une demi-heure après le décollage, les pirates prennent le contrôle de l'appareil, forçant les passagers à se rendre à l'arrière de la cabine et faisant faire demi-tour à l'avion. Les passagers ont le temps d'appeler leurs familles sur leurs téléphones mobiles et leur dire ce qui se passe. À 9 h 37, l'avion s'écrase sur le côté du Pentagone, tuant 125 personnes dans le bâtiment, et tout le monde dans l'avion.

Le vol 93 d'United Airlines, un Boeing 757 à destination de San Francisco, est le dernier des quatre à décoller. Transportant 7 membres d'équipage et 37 passagers, dont 4 pirates de l'air, il doit quitter l'aéroport international de Newark à 8 heures du matin, mais il est retardé sur le tarmac et ne décolle pas avant 08 h 42, quelques minutes seulement avant que le vol 11 d'American Airlines ne frappe la tour sud du WTC. Trois quarts d'heure après le début du vol, les pirates prennent le contrôle de l'appareil. Le pilote terroriste annonce aux passagers qu'il y a une bombe à bord et que le vol est redirigé vers Newark. Dans la demi-heure qui suit, grâce à leurs téléphones cellulaires, les passagers apprennent ce qui s'est passé à New York. Ils comprennent que l'histoire de la bombe est un mensonge et qu'il s'agit d'une mission suicide. À 10 heures, ils prennent d'assaut le cockpit avec courage et les pirates de l'air sont contraints d'abandonner leur cible — probablement le Capitole ou la Maison Blanche, à Washington. L'avion s'écrase dans un champ en Pennsylvanie, tuant tout le monde à bord.

Les horribles événements du matin étant le résultat d'une attaque concertée par 19 pirates de l'air (dont certains avaient pris des leçons de pilotage aux États-Unis), on soupçonne immédiatement le groupe terroriste islamique Al-Qaïda et son chef, Oussama ben Laden, qui nie cependant toute implication. Ce n'est que trois ans plus tard qu'il admettra sa responsabilité, dans une lettre ouverte aux États-Unis où il justifie l'attaque, organisée en représailles du soutien de l'Amérique à Israël et de l'implication militaire et politique américaine au Moyen-Orient. Selon lui, l'assassinat de près de 3 000 civils est justifié car les États-Unis sont une démocratie et que les actions du gouvernement sont donc approuvées par le peuple.

LES CONSÉQUENCES DU 11 SEPTEMBRE

L'attaque pouvait difficilement induire un changement de politique aux États-Unis. Aussi les États-Unis exigent-ils des talibans qu'ils leur livrent Ben Laden, ce qu'ils refusent de faire. En réponse, et dans le cadre d'une guerre contre le terrorisme, les États-Unis envahissent l'Afghanistan. La guerre contre l'Irak est aussi, en partie, provoquée par l'attaque contre le World Trade Center. Les États-Unis consacrent des ressources considérables à la traque d'Oussama ben Laden. Un assaut militaire mené par la CIA au Pakistan aboutira à sa mort en mai 2011.

Aux États-Unis et dans de nombreux autres pays, une nouvelle législation est introduite pour éradiquer le terrorisme : les gouvernements coopèrent de manière accrue en matière de collecte et de partage de renseignements, d'arrestation et de détention, de suivi et de surveillance des individus. Certaines de ces lois sont dénoncées, considérées comme une restriction des droits civils et de la vie privée. Les voyages transfrontaliers, en particulier aux États-Unis, sont beaucoup plus difficiles et intrusifs, chacun étant traité comme un terroriste potentiel.

L'une des séquelles les plus insidieuses du 11 septembre est l'équation erronée qui est faite entre islam et terrorisme, donnant lieu à des préjugés largement répandus contre les Arabes et les musulmans dans de nombreux pays, et conduisant à une polarisation croissante des idéologies. Qu'Al-Qaïda ait servi ses objectifs, ou que l'Occident ait réfléchi au contenu de la « Lettre à l'Amérique » d'Oussama ben Laden, le monde semble un endroit plus effrayant et moins tolérant depuis cette terrible journée de septembre 2001.

MOTIVATION

Colère
Charité
Envie
Foi
Gourmandise
Avidité
Espérance
Luxure
Orgueil
Paresse

L'EXPLOSION DE *DEEPWATER HORIZON*

20 avril 2010

Principal coupable : BP, Transocean, Halliburton

Dégâts causés : elle a tué 11 hommes, fait 17 blessés et libéré près de 5 millions de barils de pétrole dans le golfe du Mexique.

Raison : une culture d'entreprise qui place la rentabilité au-dessus de la sécurité.

La technologie, les lois et les règlements, ainsi que les pratiques pour contenir, nettoyer et faire face aux déversements, sont en décalage avec les risques réels liés au forage en eau profonde dans de grands réservoirs à haute pression de pétrole et de gaz situés loin en pleine mer, et à des milliers de mètres sous la surface de l'océan. Le gouvernement doit combler le fossé existant et l'industrie doit supporter cet effort plutôt que d'y résister.

Extrait du « Rapport de la commission nationale du gouvernement américain au président des États-Unis sur le déversement d'hydrocarbures à partir de la plate-forme *Deepwater Horizon* de BP et sur les forages extra-côtiers », janvier 2011

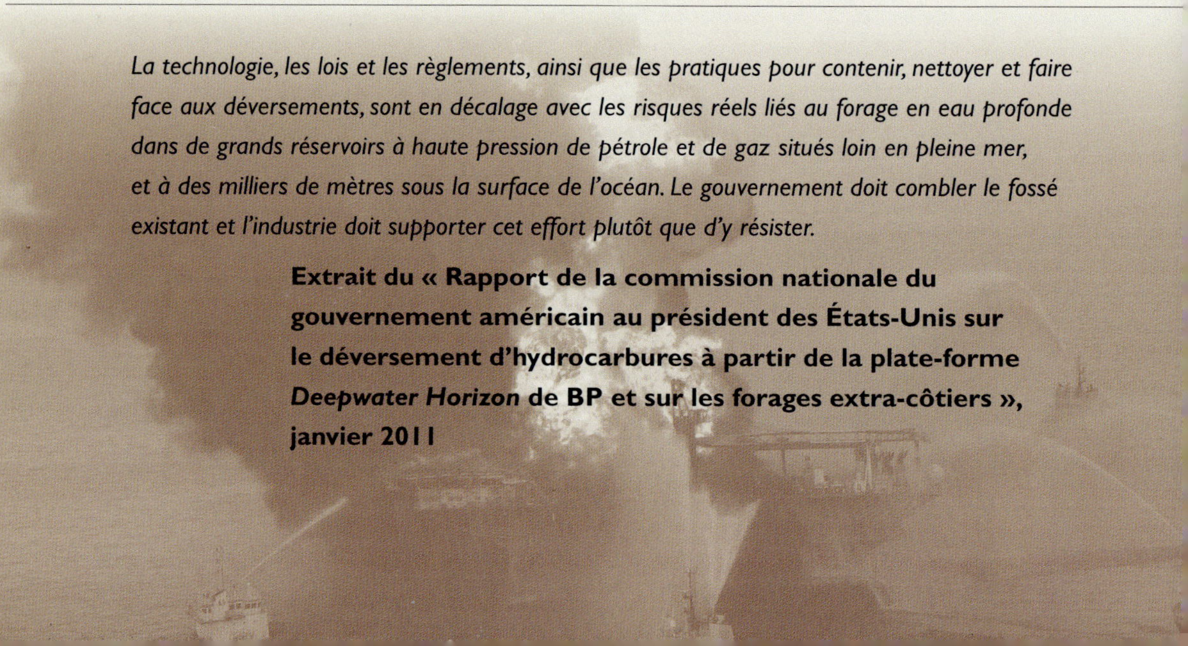

Certaines catastrophes résultent d'une décision unique et extrêmement mauvaise, et les exemples ne manquent pas. D'autres sont la conséquence d'une somme de petites actions erronées dont l'effet cumulatif aboutit à un résultat horrible. L'explosion qui se produit sur la plate-forme pétrolière *Deepwater Horizon* dans le golfe du Mexique et la marée noire qui en résulte — la plus grande de l'histoire américaine — en sont l'illustration.

Le forage du puits Macondo par BP (anciennement British Petroleum), dans une zone du golfe répertoriée sous le nom « Mississippi Canyon Block 252 », est un défi. Pour commencer, le fond se situe à 1 500 mètres sous la surface de l'océan. Le forage doit descendre à plus de 6 000 mètres en dessous du niveau de la mer pour rejoindre la roche qui contient les hydrocarbures.

© Sculpied | Dreamstime.com

MÉGA-PLATE-FORME PÉTROLIÈRE
Ayant coûté 560 millions de dollars, la plate-forme *Deepwater Horizon* a pris feu après une explosion le 20 avril 2010. La plate-forme sombre deux jours plus tard, provoquant la plus grande marée noire que les États-Unis aient jamais connue.

La plate-forme *Deepwater Horizon* est une gigantesque unité de forage offshore mobile (MODU) semi-submersible, à « positionnement dynamique », de 33 000 tonnes, qui utilise la technologie GPS et les propulseurs afin de rester positionnée exactement au-dessus du puits, quelles que soient les conditions météorologiques ou maritimes. Détenue et exploitée par Transocean, et louée à BP pour un coût d'environ 500 000 dollars par jour, elle succède à une autre plate-forme (endommagée par l'ouragan Katrina) en janvier 2010. Sa première tâche consiste à mettre en place un bloc obturateur de puits, ou BOP, sur le fond marin. Il s'agit d'une gigantesque valve de sécurité que l'on pose au-dessus du puits et qui permet de fermer le puits en cas d'urgence. Le BOP fournit également le moyen de surveiller ce qui se passe dans le forage. La plate-forme dispose d'un réservoir de 4 426 m^3 pour alimenter les générateurs d'électricité.

LA PRESSION MONTE

Début avril 2010, le forage, qui descend à de plus de 5 500 mètres, atteint la roche qui contient les hydrocarbures. Forer à cette profondeur est un exercice d'équilibre délicat. Les réserves profondes d'hydrocarbures piégés dans les roches poreuses sous une couche imperméable, sont soumises à une énorme pression, et le puits doit être maintenu à une pression suffisamment élevée pour éviter que les gaz et les liquides ne jaillissent par le puits de forage et provoquent une décharge non contrôlée, ou éruption. Cela se fait par pompage dans un mélange complexe et coûteux, appelé « boue », qui circule à travers le derrick, refroidissant et lubrifiant le trépan, et remonte jusqu'à la plate-forme en transportant avec elle les débris résultant de l'opération de forage. Une protection supplémentaire est assurée par l'enveloppe tubulaire métallique mise en place lorsqu'on étend le puits à travers la roche. Le ciment est injecté dans l'espace entre l'enveloppe et les parois du forage, ce qui maintient les hydrocarbures hors du puits. Cela protège également la roche environnante de la pression de la boue de forage, ce qui peut fracturer la roche. Dans ce cas, la boue s'infiltre dans la roche, et une quantité de boue moins importante que celle qui a été vidée, revient alors dans le derrick : c'est ce qu'on appelle « la circulation perdue ». Le 9 avril, c'est précisément ce qui se produit. Ce n'est pas un événement rare, et l'équipe de forage réagit en injectant un liquide spécial pour sceller la fracture, tout en incitant BP à stopper le forage et à s'arrêter à cette profondeur. L'étape suivante consiste à installer la dernière section du boîtier (le « tubage de production » qui permettra d'extraire du pétrole et du gaz lorsqu'une plate-forme de production sera introduite pour remplacer la plate forme *Deepwater Horizon*), puis à pomper une mousse de ciment qui s'infiltrera dans la partie inférieure du boîtier et dans l'espace compris entre le boîtier et la roche environnante, afin d'emprisonner les réserves d'hydrocarbures dans le puits. C'est alors que commencent les problèmes et la série de mauvaises décisions.

SOLUTIONS MIRACLES

Installer un tubage de production est un travail de longue haleine : il faut assembler les sections, puis les faire descendre lentement à 5 500 mètres au fond du puits. Comme elles sont assemblées, il faut que les centreurs soient montés sur le boîtier à intervalles, afin de les maintenir au centre du forage. Sans quoi, des blocs de boue de forage peuvent rester entre la roche et le boîtier. On constate qu'il n'y a que six centreurs sur la plate-forme, or un programme de modélisation informatique révèle que ce nombre est insuffisant. On commande donc 15 autres centreurs, avec une livraison immédiate par hélicoptère, mais lorsqu'ils arrivent, on se rend compte que ce ne sont pas les bons. Plutôt que d'attendre une nouvelle livraison, on décide de se contenter des six, malgré le risque potentiel. On continue d'ajouter et de faire descendre des sections. L'extrémité du tubage, d'une longueur de 55 mètres, est dotée d'une paire de valves maintenues ouvertes par un tube perforé

qui permet à la boue de forage de circuler dans le boîtier. Le 19 avril, il est en position au fond du puits.

Avant de pouvoir injecter la mousse de ciment dans le boîtier, il faut faire descendre le tube qui maintient les valves ouvertes, pour leur permettre de fermer : devenant unidirectionnelles, elles empêchent le ciment de remonter dans le puits. Pour atteindre cet objectif, il faut injecter de la boue dans l'enveloppe tubulaire. Cependant, l'équipe de forage n'y parvient pas. Après plusieurs tentatives, et après avoir augmenté la pression à plus de 3 000 livres par pouce carré, la pression chute brusquement et la boue commence à couler, mais à un débit et une pression plus faibles que prévu. Au lieu de rechercher la cause de ces anomalies, l'équipe en conclut qu'une jauge de pression est défectueuse et que les valves ont été converties avec succès.

FORAGE MACONDO
Deepwater Horizon forait à environ 1 500 mètres sous l'eau dans le secteur du golfe du Mexique aux États-Unis, à environ 65 kilomètres au large des côtes de la Louisiane, lorsque l'explosion s'est produite.

Vient ensuite l'étape de cimentation, la partie la plus critique du processus pour prévenir une éruption. Compte tenu de la fragilité de la structure de la roche, BP souhaite maintenir la pression au fond du puits au minimum, et donne à Halliburton, l'entreprise qui effectue la pose de ciment, plusieurs instructions douteuses. La première d'entre elles est de ne pas suivre la procédure normale de pompage de la boue avant que le matériel qui vient d'en bas n'atteigne le sommet du puits. Cela permet de s'assurer que l'espace entre l'enveloppe et la roche est nettoyé, et les techniciens peuvent ainsi vérifier la boue à partir du fond, afin de détecter la présence d'une fuite d'hydrocarbures dans le puits. BP envoie seulement un huitième de la quantité de boue qui aurait été nécessaire pour terminer la procédure. Il est également décidé d'injecter moins de ciment, ce qui signifie que le joint de ciment autour de l'enveloppe s'étendrait beaucoup moins que ce qui est recommandé, et de pomper à un taux inférieur à la normale. Pour aggraver les risques, les tests de laboratoire effectués par Halliburton avaient déjà indiqué que la mousse ciment/azote qui devait être utilisée, pourrait être instable, mais cela n'avait pas retenu l'attention de BP. Le pompage du ciment est achevé peu après minuit, le matin du 20 avril. Les techniciens vérifient alors la quantité de liquide qui s'écoule du boîtier si on ouvre une valve. L'écoulement est légèrement supérieur à ce qui est prévu, mais il s'arrête, et ils en concluent que les valves tiennent et que le ciment ne remonte pas dans le boîtier. On estime que la procédure est un succès, et comme il n'y a pas eu de « perte de circulation » pendant le pompage, BP renvoie chez eux les techniciens de Schlumberger, qui attendaient d'exécuter une série de tests afin de vérifier l'intégrité du joint de ciment. La confiance est déjà très élevée.

DES SIGNES D'ALERTE

L'équipe de la plate-forme *Deepwater Horizon* se prépare alors à terminer les procédures pour sceller le puits et retirer l'élévateur, et commence par exécuter deux essais standard. Le premier est un « test de pression positive », pour lequel la pression dans le puits doit être augmentée à 2 500 psi, afin de vérifier si la pression tient. Et elle tient, indiquant qu'il n'y a pas de fuite en provenance du puits dans la roche environnante. L'équipe réalise ensuite un « test de pression négative »: la pression dans le puits est réduite à zéro, et elle doit rester à zéro. Cette opération est destinée à vérifier à la fois le boîtier et le joint de ciment au fond du puits. Si la pression monte, les hydrocarbures s'infiltrent alors dans la tige de forage, et seule la pression de la boue dans le puits de forage et l'élévateur l'empêchent de monter. Dans le cas présent, l'équipe ne parvient pas, dans un premier temps, à maintenir la pression à zéro. La plus basse pression est de 266 psi, et la pression dépasse 1 200 psi chaque fois que le tube de forage est fermé. L'équipe effectue le test sur un autre conduit, obtient un résultat satisfaisant et déclare le test réussi, sans toutefois réussir à expliquer pourquoi la pression dans le conduit de forage est si élevée. La seule explication, c'est qu'il y a une fuite au fond du puits, mais tout le monde l'ignore.

Au cours de la soirée, l'équipe pompe l'eau de mer dans la tige de forage, l'injecte dans le puits de forage et l'élévateur, puis la récupère dans les réservoirs sur la plate-forme. La pression dans le tube de forage diminue progressivement, au fur et à mesure que l'eau remplace l'épaisse boue au-dessus. Cependant, juste après 21 heures, la pression dans le tube de forage commence à augmenter et continue à le faire pendant les 15 minutes qui suivent. C'est ce qu'indiquent les données enregistrées par les systèmes de surveillance et relayées sur le rivage, mais personne sur la plate-forme ne semble remarquer ce qui se passe. Tous les signes indiquent qu'il y a eu une poussée, une intrusion de pétrole et/ou de gaz dans le puits. Une baisse de pression enregistrée à 21 h 39 indique qu'une bulle de gaz monte à une vitesse vertigineuse vers le haut du boîtier, se dilatant en montant. Quelques minutes plus tard, les ouvriers sur la plate-forme voient de la boue de forage heurter le plancher de forage. Les valves dans le BOP sont rapidement déployées, mais il est trop tard. Elles ne parviennent pas à contenir la pression et, de toute façon, le gaz est déjà au-dessus du BOP et s'approche de l'élévateur. Il souffle la partie supérieure du puits qui s'enflamme, provoquant une énorme explosion. Plusieurs membres de l'équipe de la plate-forme périssent dans cette première boule de feu.

L'un des superviseurs court vers le panneau de contrôle principal et active le système de déconnexion d'urgence, censé cisailler le tube de forage, sceller le puits et détacher la plate-forme du BOP. Mais rien de tout cela ne se produit, sans doute car l'explosion a endommagé les câbles entre la plate-forme et le BOP. Un système de coupure automatique n'a pas fonctionné non plus, probablement en raison d'un entretien défectueux.

Une série d'explosions se déclenche ensuite, tandis que la plate-forme brûle de manière incontrôlable et que les hommes et les femmes à bord tentent éperdument de s'échapper dans les canots de sauvetage, ou en sautant du pont dans l'océan, pour être secourus par le navire de la plate-forme, le *Bankston*.

EAUX TROUBLES
La progression de la nappe de pétrole de la plate-forme *Deepwater Horizon* a été suivie grâce à l'imagerie par satellite. La quantité totale de pétrole qui a fui du puits est près de 20 fois plus grande que la marée noire de l'*Exxon Valdez* en 1989, et a contaminé plus de 1 000 kilomètres de côtes.

Parmi les 126 membres de l'équipage, 11 décèdent cette nuit-là et 16 sont grièvement blessés. La plate-forme *Deepwater Horizon* brûlera pendant 36 heures avant de sombrer, arrachant l'élévateur et déclenchant une marée noire qui libère environ 5 millions de barils de pétrole dans le golfe du Mexique. Trois mois s'écouleront avant que l'on parvienne à colmater la fuite. Le coût pour BP — et potentiellement pour Halliburton et Transocean — s'élève à des dizaines de milliards de dollars. Les dégâts causés sur l'environnement et les répercussions financières sur les moyens de subsistance des habitants de la côte américaine du Golfe sont incalculables. À qui la faute ? Dans son « rapport au président des États-Unis », la commission nationale du gouvernement américain sur le déversement d'hydrocarbures à partir de la plate-forme *Deepwater Horizon* de BP et sur les forages extra-côtiers, pointe une mauvaise gestion et une culture de prise de risques dans l'industrie du pétrole, ainsi que l'absence d'une réglementation adéquate.

Selon les mots du vice-président de la commission William K. Reilly :

> Notre enquête montre qu'une série de défaillances techniques et humaines spécifiques et évitables sont les causes immédiates de la catastrophe, mais, en fait, cette catastrophe était presque le résultat inévitable d'années de complaisance industrielle et gouvernementale et de négligence en matière de sécurité. Ce fut incontestablement le cas avec BP, Transocean et Halliburton, ainsi que pour l'agence gouvernementale chargée de réglementer le forage en mer — l'ex *Minerals Management Service* (MMS). Comme on effectue des forages toujours plus profonds avec toujours plus de risques, là où se trouvent les plus grandes réserves de pétrole d'Amérique, seules des réformes systémiques, à la fois du gouvernement et de l'industrie, permettront d'éviter une nouvelle catastrophe du même type.

Peut-être devrions-nous tous assumer une partie des griefs, en raison de la « décision » inconsciente de l'humanité de compter sur une source d'énergie dont l'extraction et l'utilisation présentent un risque inacceptable pour la planète.

DES RÉACTEURS NUCLÉAIRES SUR LES CÔTES DU JAPON

11 mars 2011

MOTIVATION

Anger
Charité
Envie
Foi
Gourmandise
Avidité
Espérance
Luxure
Orgueil
Paresse

Principal coupable : la compagnie d'électricité de Tokyo

Dégâts causés : d'importantes quantités de matières radioactives se sont échappées dans l'atmosphère et dans l'océan.

Raison : la centrale nucléaire Daiichi de Fukushima a été construite sur la côte dans une zone sismique, connue pour ses risques majeurs de tsunami.

Chaque fois que nous construisons et exploitons un réacteur nucléaire, nous le faisons avec l'hypothèse implicite que nous serons toujours en mesure de contenir les poisons radioactifs que nous créons dans le réacteur. Ce faisant, nous supposons que nous pouvons prédire l'avenir pendant des siècles et des millénaires à venir, que nous pouvons isoler et protéger les réacteurs nucléaires et les déchets nucléaires à partir de chaque catastrophe unique que la nature et l'homme peuvent infliger, y compris les tremblements de terre, les tsunamis, les éruptions volcaniques, les astéroïdes, l'erreur humaine, le terrorisme et la guerre. L'histoire a déjà montré que ces hypothèses sont à la fois stupides et vaines.

Steven Starr, *Les accidents de réacteurs nucléaires*, dans *Les leçons à tirer de Fukushima et Tchernobyl pour la santé publique américaine, les scientifiques pour leur responsabilité sociale*, printemps 2011

Quand peut-on dire que l'espoir est une infraction pénale ? Quand il conduit à une sous-estimation trop optimiste d'un risque potentiellement mortel. Le séisme et le tsunami qui frappent la côte orientale du Japon en 2011, endommagent si gravement les réacteurs nucléaires de Fukushima Daiichi et leurs systèmes, que plusieurs explosions se produisent, libérant de grandes quantités de matières radioactives. Pourquoi ? Eh bien, étant donné qu'un séisme de cette ampleur est une possibilité réaliste, la décision de construire une centrale nucléaire de ce type et à cet endroit, était clairement une mauvaise idée. Malheureusement, Fukushima n'est pas la seule.

ALERTE AU TSUNAMI

En 2008, l'Agence internationale de l'énergie atomique (AIEA) fait part de ses préoccupations quant à la capacité des installations nucléaires japonaises de résister à un important tsunami causé par un tremblement de terre en mer, de magnitude 7 sur l'échelle de Richter. La même année, la *Tokyo Electric Power Company* (TEPCO), propriétaire et exploitante de la centrale nucléaire de Fukushima Daiichi, réalise une étude qui montre qu'un tsunami peut atteindre 10,20 m de haut, que la centrale serait inondée par un tsunami de plus de 8,40 m de hauteur, et que des mesures devraient être prises pour améliorer la protection du site en cas d'un tel événement. Les dirigeants de l'entreprise considèrent cependant que la probabilité d'un séisme ou d'un tsunami de cette ampleur est insignifiante et ne prennent aucune mesure. Le rapport atterrit sur le bureau de l'Agence japonaise de sûreté nucléaire et industrielle (NISA) le 7 mars 2011.

Le 11 mars 2011, à 14 h 46, un séisme de magnitude 9 survient à 24 km au-dessous de la croûte terrestre, à 128 kilomètres au large de la côte orientale de l'île de Honshu, et à 370 km au nord-est de Tokyo. Les ondes de choc du Grand séisme de l'Est du Japon coupent automatiquement 11 réacteurs nucléaires sur 4 sites de la côte nord-est du Japon.

La centrale de Fukushima Daiichi possède 6 réacteurs nucléaires. Les unités 4, 5 et 6 sont fermées pour cause de maintenance ; les barres de combustible de l'unité 4 ont été enlevées et placées dans la piscine de désactivation du combustible usagé. Les unités 1, 2 et 3, en activité à l'époque, s'arrêtent automatiquement, insérant les barres de contrôle dans le noyau pour ralentir la réaction nucléaire. Le tremblement de terre coupe l'alimentation électrique externe à l'installation, mais les générateurs diesel de secours (2 pour chacun des 5 réacteurs et 3 pour l'unité 6) démarrent comme il se doit et le courant est rétabli pour les 6 unités. Jusqu'ici, tout va bien.

Environ 50 minutes après le séisme, un premier tsunami frappe la côte. Il atteint 14 m de haut, soit plus de deux fois la hauteur de la vague à laquelle la centrale peut résister. En s'écrasant sur la centrale nucléaire, il inonde l'installation et met les générateurs diesel hors service partout, sauf dans l'unité 6. Les opérateurs parviennent à se connecter au générateur de l'unité 6 afin de mettre également en route l'unité 5. Ces deux générateurs sont désormais en état de marche, mais les quatre autres sont en état de « black-out ».

FUSION DU RÉACTEUR

Bien que les unités 1, 2 et 3 aient été fermées, chaque cœur de réacteur contient des barres de combustible extrêmement chaudes qui doivent être sans cesse refroidies, comme les barres de combustible dans la piscine de désactivation du combustible usagé du réacteur 4. Plusieurs dispositifs de sécurité étant hors service faute d'électricité, les températures dans les cœurs des réacteurs commencent à augmenter et le niveau d'eau de chacun diminue puisque l'eau s'évapore, peut-être aussi à cause de fractures causées par le tremblement de terre. Malgré leur courage et leur diligence, les opérateurs ne peuvent pas faire grand-chose pour remédier à la situation. Quelques heures après le tsunami, le niveau d'eau dans l'unité 1 est tombé en dessous du niveau supérieur des barres de combustible, si bien que ces dernières chauffent rapidement et endommagent le cœur. Le lendemain 12 mars, la pression dans la cuve du réacteur augmente et ne peut pas être évacuée sans électricité. Les ouvriers entrent dans le réacteur pour évacuer manuellement, en prenant un risque énorme. Mais une heure plus tard, une explosion survient, détruisant le haut du bâtiment. Elle est causée par l'hydrogène qui s'échappe dans le bâtiment du réacteur à partir du « confinement primaire » autour du cœur du réacteur.

AVANT L'EXPLOSION
Lorsque l'hydrogène qui s'était accumulé dans l'unité 1 (la plus proche) a explosé le 12 mars 2011, la moitié supérieure de l'édifice a été arrachée. Le bâtiment de l'unité 3 a explosé deux jours plus tard, suivi par l'unité 2 le 15 mars.

À 7 heures du soir, on décide d'injecter de l'eau de mer dans le réacteur, avec le recours des camions de pompage des pompiers, afin de le refroidir, et malgré le fait que cela entraînera des dommages irréparables. Bien que l'on ne s'en soit pas aperçu à l'époque, le noyau du réacteur de l'unité 1 a déjà complètement fondu et est tombé au fond de la cuve du réacteur.

Le lendemain 13 mars, les niveaux d'eau dans les unités 2 et 3 sont préoccupants : ils ont en effet chuté au niveau de la partie supérieure des barres de combustible. La pression dans l'unité 2 est élevée, et on pense qu'il y a une fusion partielle dans l'unité 3. À 11 heures, le lendemain matin, le réacteur de l'unité 3 explose violemment, tuant 6 ouvriers. L'explosion est entendue à 40 kilomètres. En quelques heures, une grande partie du combustible est tombée au fond de la cuve du réacteur. Pendant ce temps, le niveau d'eau dans l'unité 2 a continué de chuter, endommageant le cœur, et le 15 mars, elle subit elle aussi une explosion, suivie peu après par un incendie dans l'unité 4 où l'on pense que l'eau de la piscine de désactivation du combustible usagé est bouillante. Cela signifie qu'il est possible qu'une réaction nucléaire en chaîne commence.

Le 16 mars, les niveaux de radiation à la centrale augmentent à un niveau dangereux et la majorité des ouvriers sont temporairement évacués. On prend une série de mesures pour essayer de garder les cœurs des réacteurs et les piscines de désactivation du combustible usagé en les arrosant d'eau dans les réacteurs à partir des camions de pompiers et en faisant tomber de l'eau sur les piscines à partir d'hélicoptères. On parvient à remplir la piscine de l'unité 4.

Au cours des deux jours suivants, on détecte des niveaux de radiation élevés à 32 kilomètres au nord-ouest de Fukushima, et la semaine suivante, on trouve des niveaux élevés de radioactivité dans l'eau potable de Tokyo. À la centrale, on découvre que l'eau dans les bâtiments des réacteurs est contaminée par des matières radioactives, et que cette eau contaminée fuit dans l'océan. Au cours des mois suivants, les radiations mesurées démontrent que Fukushima Daiichi est le deuxième plus grave accident nucléaire après Tchernobyl.

Le reste de l'année 2011 est consacré à des travaux de nettoyage et de mise en sécurité de la centrale. Le 16 décembre 2011, TEPCO et le gouvernement japonais annoncent que les réacteurs ont atteint l'état d'arrêt à froid. En janvier 2012, on découvre dans la centrale des centaines de tonnes d'eau hautement radioactive. Qu'est-ce qui n'a pas fonctionné ?

INCAPABLES DE SE PRÉPARER AU PIRE

La Commission de régulation nucléaire, en charge de la sûreté nucléaire aux États-Unis, utilise le concept de séisme majoré de sécurité (SMS), le mouvement de sol vibratoire pour lequel certaines structures, systèmes et composants doivent être conçus pour rester fonctionnels. Ces « structures, systèmes et composants » sont ceux qui sont nécessaires pour assurer :

l'intégrité de l'enveloppe sous pression du caloporteur du réacteur ; la capacité d'arrêter le réacteur et de le maintenir dans un état d'arrêt sûr ; ou la capacité de prévenir ou d'atténuer les conséquences des accidents qui pourraient entraîner des risques potentiels hors site [au-delà d'une dose spécifiée].

En d'autres termes, un réacteur doit être conçu de sorte à ce qu'en cas de séisme, il ne perde pas de liquide de refroidissement du réacteur, il puisse être arrêté en toute sécurité et maintenu dans cet état, et ne libère pas de matières radioactives alentour. Hélas, les événements sismiques qui se sont produits en mars 2011 étaient tellement au-delà du SMS que les réacteurs de Fukushima ont échoué sur les trois points. Le SMS établi était bien trop bas.

La Commission de régulation nucléaire indique également que « les inondations et les raz-de-marée sismiques provoqués par une activité sismique locale ou éloignée (...) doivent être pris en compte dans la conception de la centrale nucléaire afin d'éviter tout risque indu pour la santé et la sécurité de la population ».

La catastrophe a alimenté le débat antinucléaire au Japon et dans d'autres pays à travers le monde, et a stimulé la recherche d'autres formes d'énergie renouvelable, comme la construction d'un parc éolien au large des côtes du Japon.

Le Premier ministre japonais Naoto Kan a ordonné la fermeture de l'un des plus anciens réacteurs du pays, et la construction de nouveaux réacteurs a été mise en attente. Il a déclaré que « le Japon devait réduire, puis mettre fin à sa dépendance envers l'énergie nucléaire », et que « s'il existe un risque que des accidents rendent la moitié du territoire de notre pays inhabitable, alors nous ne pouvons pas nous permettre de prendre ce risque. »

MOTIVATION

Colère
Charité
Envie
Foi
Gourmandise
Avidité
Espérance
Luxure
Orgueil
Paresse

LE SCANDALE ANTHONY WEINER

Mai - juin 2011

Principal coupable : le député démocrate américain Anthony Weiner

Dégâts causés : il a détruit sa carrière politique par l'envoi de messages contenant des images obscènes aux femmes qu'il rencontrait sur Twitter — et il s'est fait prendre.

Raison : difficile de répondre, peut-être sa vie manquait-elle tout simplement de piquant.

Bret Baier : Cette image en question sur Twitter est-elle une photo de vous ?

Anthony Weiner : Eh bien, laissez-moi vous rappeler que cette image en question sur Twitter a été piratée, ou c'est une blague que quelqu'un a postée sur mon compte Twitter avec le nom de quelqu'un d'autre, et qui dit qu'elle n'a jamais eu et ne me connaît pas et je ne la connais pas.

Interview pour *Fox News*, 1er juin 2011

Pour être clair, l'image est de moi et je l'ai envoyée… En outre, depuis quelques années, j'entretiens plusieurs conversations déplacées sur Twitter, Facebook, par courriel et occasionnellement au téléphone avec des femmes que j'ai rencontrées en ligne.

Anthony Weiner, conférence de presse du 6 juin 2011

La plupart des mauvaises décisions que nous avons examinés ont eu un impact négatif sur d'autres personnes que le décideur — souvent sur des milliers, voire des millions d'autres personnes — mais parfois une mauvaise décision est principalement un acte autodestructeur. Cela se vérifie dans le cas d'Anthony Weiner, qui a choisi d'utiliser les réseaux sociaux pour vivre une sexualité par procuration avec des femmes qu'il n'avait jamais rencontrées. Un faux pas accidentel, puisque les « sextos » ont ébranlé sa carrière politique.

Le public commence à s'intéresser à Anthony Weiner le 28 mai 2011 : un message accompagné d'une photo, apparemment envoyé depuis le compte Twitter public du représentant de l'État de New York Anthony Weiner, est publié sur le site Big Journalism, dirigé par Andrew Breitbart. Le message et le lien vers une photo sur le compte Twitter de M. Weiner (rapidement retirés, ainsi que toutes les photos de son compte Twitter) sont repérés par un utilisateur de Twitter qui en fait des captures d'écran et les envoie à Breibart. La photo, qui montre en gros plan le sexe gonflé d'Anthony Weiner sous un slip moulant, a été envoyée à une étudiante de 21 ans à Seattle. Le compte Twitter de celle-ci a également disparu au moment où les médias s'emparent de l'histoire.

© Thomas Good | Creative Commons

AVEUX PUBLICS
Anthony Weiner, qui utilise ici un mégaphone pour faire passer son message politique aux gens dans la rue, s'est montré plus réticent à avouer ses travers sur internet.

Entre-temps, Anthony Weiner envoie un tweet pour annoncer que son compte Facebook a été piraté, et qu'un inconnu a envoyé le message et la photo d'un inconnu en érection portant un caleçon, à une femme qu'il ne connaît pas. Les médias prennent cela comme la confirmation que l'histoire de Big Journalism est fondée et que le message et la photo ont été envoyés à partir de son compte.

Dans les jours qui suivent, un porte-parole d'Anthony Weiner, ainsi qu'Anthony Weiner lui-même, déclarent à plusieurs reprises à la presse que le compte a été piraté, qu'il n'y a pas d'histoire et qu'il aimerait passer à autre chose. Or les médias ne travaillent pas comme ça.

Dans une interview à Fox News, le 1er juin, Anthony Weiner réitère que son compte a été piraté et qu'il n'a pas envoyé de photo, mais il est incapable de dire avec certitude que l'érection n'est pas la sienne.

Certains se demandent alors comment une personne inconnue peut mettre la main sur une photo de l'homonyme d'Anthony Weiner. Il dit également au journaliste Bret Baier, qu'il a contacté un avocat et une société spécialisée dans la sécurité sur Internet, ce qui pose la question de savoir pourquoi un député dont le compte Twitter a été piraté n'a pas appelé le FBI. La réponse ne tarde pas à venir.

Le 6 juin, Big Journalism publie une autre photo, cette fois de Weiner torse nu, qui a été apparemment envoyée à une autre femme *via* Twitter, avec beaucoup d'autres photos intimes, des chats et des messages. Selon le blogueur Andrew Breitbart de Big Journalism, certaines des photos envoyées étaient sexuellement explicites.

ACCEPTER LA DÉFAITE

Il semble désormais inutile de nier. Plus tard ce jour-là, Anthony Weiner donne une conférence de presse à Manhattan et présente des excuses publiques pour avoir menti à tout le monde, en particulier à sa femme. Il a envoyé la photo originale de lui en slip, et il en est profondément désolé. Afin d'empêcher de nouvelles révélations dans les médias, il admet s'être « engagé dans plusieurs conversations inappropriées effectuées sur Twitter, Facebook, par courriel et occasionnellement au téléphone avec des femmes qu['il a] rencontrées en ligne. [Il a] échangé des messages et des photos de nature explicite avec environ six femmes au cours des trois dernières années. » Certaines de ces communications inappropriées ont eu lieu depuis son mariage moins d'un an plus tôt, mais il n'a jamais rencontré ou eu de relation physique avec aucune des femmes. Weiner considère qu'il n'a rien fait d'illégal ou qui pourrait nuire au gouvernement ou à son rôle en tant que membre du Congrès, et il n'a aucune intention de démissionner. Son parti voit cependant les choses un peu différemment.

La journée du mercredi 8 juin est bien remplie pour Weiner. Pour commencer, une image à caractère sexuel le représentant apparaît sur un site Web et il ne peut nier que c'est lui. Puis on annonce que sa femme est enceinte, et un démocrate lui demande de démissionner. Le reste de la semaine est pire, car il apparaît qu'il communiquait avec une jeune fille de 17 ans dans le Delaware. Plusieurs démocrates lui demandent de démissionner, et un site Internet publie des photos de Weiner à moitié nu, qui ont été clairement prises par lui dans la salle de gym du Congrès. La position de Weiner est encore moins tenable après la déclaration que fait le président Obama le lundi 13 juin, lors d'une interview : « Je peux vous dire que si c'était moi, je démissionnerai ». Cependant Weiner ne bouge toujours pas. C'est alors que Ginger Lee, une ancienne star du porno, donne une conférence de presse télévisée dans laquelle elle parle des messages qu'ils ont échangés, et dans lesquels il se vantait de la taille de son « paquet ». Anthony Weiner annonce, lors d'une conférence de presse dans sa circonscription de New York, qu'il démissionne de son poste. Sa démission prend effet le 21 juin — il paraît que très long, c'est trois semaines, en politique.

En septembre 2011, un nouveau représentant est élu pour le remplacer.

Le « sexto » qui a rendu publique sa vie privée et conduit au « Weinergate », était un accident — il pensait utiliser son compte Twitter privé, mais il a envoyé le message et le lien sur son compte public — mais le risque que ses étranges relations sur Internet avec des femmes inconnues finiraient par sortir était toujours là, mettant potentiellement en péril son intégrité politique, si ce n'est son mariage. On retiendra cependant son rejet de toute faute devant les caméras de télévision, dans lequel il s'est révélé être un menteur doué. Il peut donc encore avoir une brillante carrière politique devant lui.